FASHION

거품과 냄비

한국 **패션**의 **문화 정치학**

THE FASHION IN. KOREA

거품과 **냄비** – 한국 **패션**의 문화정치학

1판 1쇄 인쇄 | 2014년 6월 28일
1판 1쇄 발행 | 2014년 10월 13일

지은이 | 김종법
고 문 | 김학민
펴낸이 | 양기원
펴낸곳 | 학민사

등록번호 | 제10-142호
등록일자 | 1978년 3월 22일

주소 | 서울시 마포구 독막로 10 성지빌딩 715호(121-897)
전화 | 02-3143-3326~7
팩스 | 02-3143-3328

홈페이지 | http://www.hakminsa.co.kr
이메일 | hakminsa@hakminsa.co.kr

ISBN 978-89-7193-221-6 (03300), Printed in Korea

이 도서의 국립중앙도서관 출판시도서목록(CIP)은 e-CIP홈페이지(http://www.no.go.kr/ecip)와
국가자료공동목록시스템(http://nl.go.kr/kolisnet)에서 이용하실 수 있습니다.
(CIP제어번호 : CIP2014019080)

이 책은 2013년 교육부의 재원으로 한국연구재단의 지원을 받아 수행되었습니다.
(NRF-2013S1A3A2052725)

거품과 냄비

Cultural-Political Analysis of the Fashion in Korea

FASHION

The
Fashion
in KOREA

한국 패션의 문화정치학

김종법 지음

학민사
Hakmin Publishers

책머리에

　한 국 사 회 에 서　패 션 을　이 야 기 한 다 는　것은 서양 것을 한국에서 이야기하거나 조합하는 일이라고 생각할 수 도 있다. 특히 패션이라는 용어 자체가 외래어이고, 전통적인 의 상과 의류의 관점에서 본다면 한국에서 패션이라는 용어는 뭔가 '튀는 거', 아니면 뭔가 '서구적인 외모와 옷차림'을 의미하는 것이 보편적이다. 그럼에도 군이 한국사회를 읽는 키워드로 패 션을 선택한 것은 한국의 역사 속에서 패션이라는 요소가 생각 보다는 더 많은 영향력과 사회변화를 가져왔다는 사실과, 문화 정치학을 구성하는 새로운 요소로서 패션이라는 하부영역을 적 절하게 활용할 필요가 있기 때문이다.

　그렇다고 무작정 패션의 중요성을 강조하거나 문화의 가장 중요한 요소라고 주장하고 싶지는 않다. 다만 역사적으로 수많 은 질곡과 아픈 경험을 해왔던 우리 민족의 일상과 문화를 읽어

내는 수단으로 패션을 선택한 것이다. 오랜 역사 속에 함께 살아 왔고 살고 있으며, 앞으로도 영원히 우리와 공유할 수 있을 그런 패션이 갖는 일상성의 사회와 문화를 정치학이란 사회과학적인 관점에서 문화정치적으로 해석하고자 하는 목적이 있다.

그러나 그 단순함이나 편리함에 따라 대한민국 패션을 정치 사회학적으로나 정치문화적으로 간단하게 정리할 수 있는 것 또한 아니다. 다만 한국사회를 문화적으로 이야기할 때, 문화라는 보다 광범위한 시각에서 '한국문화'를 정의하고 규정하는 것보 다는 보다 하위에 있는 세부 영역과 주제를 통해 정리하고 해석 할 필요가 있다는 것이다.

'5천년 유구한 한민족의 역사와 문화'라는 허울 좋은 표현 은 더 이상 현대의 한국과 한국사회를 설명하지도 설명할 수도 없기 때문이다. 그렇게 유려하고 찬란한 문화는 도대체 어떤 것 으로 이야기할 수 있고, 어떤 영역으로 설명할 수 있을 것인가 를 구체적으로 고민할 필요가 있는 것이다.

이 책의 시작은 그러한 구체성에 대한 일부로서 패션이라는 요소를 통해 한국사회를 바라보고, 한국의 정체성, 그리고 나아 가 그것이 오늘날 아시아를 넘어 세계적으로 확산되고 있는 한 류나 한국문화와 어떤 상관성을 갖는지 그저 쉽고 편안한 문체 로 재구성하고자 하는 것이다.

그렇다고 한국의 민속사나 풍속사의 의미로 한국의상문화를 이야기하고자 하는 것은 더더욱 아니다. 역사적 의미에서 대한민국의 정체성에 대해 고민한다면 한반도의 전(全)역사시대를 아울러야겠지만, 이는 풍속사라는 일반 역사서가 될지도 모른다는 점과 의복이나 액세서리를 통해 패션의 일상사를 다루기에는 너무나 지난하고 지루한 작업이 될 것이라는 우려가 깊었고, 특히 고대와 중세를 아우르는 한국의 정체성을 패션이라는 서양의 현상이자 개념으로 접근한다는 것이 아무래도 부담스러웠다.

결국 대한민국이라는 현대 국가를 패션이라는 매개체를 통해 한국사회의 문화적 성격을 새로이 해석해보고, 그러한 문화형성 과정에서 나타난 정치적 작동원리와 성격을 되짚어보는 시간여행이 될 것이다. 그러나 패션의 정형화나 학문적 구성 자체가 아직 제대로 되지 않은 상태에서 이러한 시도 자체가 어쩌면 무모해보일지도 모르고, 다행히 성공한다할지라도 그리 녹록하지 않은 작업일 것이다.

오랫동안 함께 고민하며 책을 완성한 학민사 식구들, 그리고 저자에게 패션이라는 요소를 고민하게 해준 이탈리아에게 고마움을 전한다. 그리고 학문적인 동지로서 '문화거버넌스'라는 울타리 속에서 함께 연구를 수행하고 있는 한양대 최진우 교수를 비롯한 모든 연구원에게도 고마움을 전하며, 부족하지만 이 책이 한국의 문화정치를 이해하는데 조그마한 디딤돌이 될 수 있기를 기대한다.

오랜 시간의 기다림이 갖는 느림의 미학으로 패션이 그저 화려하고 단순히 튀는 그 어떤 것이 아닌 나를 표현하고 공동체를 결속시킬 수 있을 만큼의 주요한 연결 고리라는 사실을 새삼스레 떠올리며, 한국의 패션을 일상의 문화로 연결시키고 있는 모든 무명의 조연들에게 고마움을 전한다.

2014년 여름

김 종 법

CONTENTS

CONTENTS

우리 안의
패션과
문화

2 1 세 기 의 　 세 계 는 그 이전과는 너무나 다른 환경과 지형 속에서 다양한 모습을 가진 인간이 공존하고 있다. 또 공존의 모습과 방식도 이전 시대와는 너무도 확연하게 다른 모습을 띠고 있다. 5대양 6대륙의 인적·물적 교류의 확대를 넘어 서비스와 금융까지도 세계 어느 곳에 있더라도 동시에 느끼고 활용할 수 있다는 측면에서 세계화나 지구촌이라는 말이 하나의 단어만이 아니라 구체적 실체임을 절감한다. 모든 지구촌의 사건과 풍속, 그리고 유행에 대해 동시성을 갖고 느낄 수 있으며, 또 그것을 즐기고 있다.

함께 느끼고 동시에 즐길 수 있다는 의미는 한 지역이나 국가의 고유성이 강조되기보다는 보편적이면서 동시성과 동질성이 보장되는 하나의 흐름과 유행이 존재한다는 것이다. 그것이 경제 분야나 문화에서 말하는 세계화라는 단어를 굳이 가져다 이야기하지 않더라도 어느덧 세계는 공통된 생활양식과 취향에 따른 글로벌화 된 패션의 한 가운데 살고 있는 것이다. 오늘날 한국 사람들을 보면 이런 세계화 시대의 한 가운데 살고 있다는 것을 더욱 절실하게 느끼게 해준다.

　세계 어느 곳에 가더라도 한국 사람을 만날 수 있다는 점도 그렇거니와, 그 어느 나라보다도 발달한 IT 기술을 바탕으로 한 인터넷 강국이라는 사실은 한국의 세계화 지수가 높다는 것을 알 수 있다. 프랑스 사람이 저녁에 마시는 보르도 와인이나 샴페인을 동시에 한국에서도 마실 수 있고, 터키의 케밥 요리를 이태원이나 강남에서 먹을 수 있으며, 이탈리아 사람들이 입는 아르마니나 프라다를 서울에서 자연스럽게 사 입을 수 있다. 단지 함께 누린다는 사실 이외에 그 어느 나라보다 앞서나가고 있다는 표현이 더 정확할 정도로 한국은 일상에서 항상 전위적인 위치를 점하고 있는 것이다.

　지금의 모습만 보면 한국은 모든 부분에서 최첨단과 유행의 선두에 서있는 듯하다. 가난했지만 소박하고 여유로운 삶을 살았던 조선 시대, 미처 펴보지도 못한 채 사그라졌던 대한제국, 그리고 36년이라는 긴 세월을 일본의 억압에 신음했던 대한민국, 민족상잔의 아픔을 가진 우리의 과거를 돌아보면 격세지감이 느껴진다. 누구나 원하면 누릴 수 있는 첨단과 유행의 물결은 이제 단지 어른들만의 것이 아니라 5천만 대한민국의 모든 국민이 누릴 수 있게 되었다. 그렇다면 갓난아이에서 백발성성한 노인들까지 우리를 휘감고 있는 첨단과 유행이라는 현상을 무엇으로 설명하는 게 설득력 있을까?

단순한 사회현상으로 설명하기에는 뭔가 부족하고 아쉬운 느낌이 드는 현재의 이러한 상황을 보다 쉽게 이야기하기에는 아무래도 고전적이지만 가장 친근하고 구체적인 '패션'을 끄집어내는 것이 좋을 듯하다. 오랜 세월을 관통하며 대중들의 삶에 가장 밀착해 있었고, 그들의 생각과 행동까지도 이해하는데 패션이라는 도구만큼 유용하고 의미 있는 것도 찾아보기 어렵다. 길거리 아낙들이 둘렀던 머리의 수건과 행상을 하던 이들이 입었던 남루한 옷차림, 그리고 고관대작이나 권력에 빌붙은 대가로 입을 수 있었던 화려한 '빌로드'와 비단 한복의 모습을 통해서 공통적으로 읽을 수 있는 것도 패션이다.

노동자를 의미하는 블루칼라나 사무직을 뜻하는 화이트칼라 역시 패션이라는 계급적인 의미와 성격을 문화적으로나 사회학적으로 해석하는 코드가 될 수 있다. 같은 색, 같은 재료이지만 패션의 다양성을 가장 잘 보여주는 소품의 하나인 청바지, 의상이 갖는 2%의 부족함을 채워주는 다양한 형태의 액세서리 역시 패션을 통해 이야기할 수 있는 것이다.

이 책의 시작은 그렇게 출발했다. 역사적으로 수많은 질곡과 아픈 경험을 해왔던 우리 민족의 일상과 문화를 읽어내는 수단으로 패션을 선택한 것이다. 오랜 역사 속에 함께 살아왔고, 앞으로도 영원히 우리와 공유할 수 있을 그런 패션이 갖는 일상성의 사회문화적 함의를 해석하고자 하는 목적을 가지고 글을 시작하고자 한다. 그러나 단순함이나 편리함이 대한민국 패션을 정치사회학적으로, 문화적으로 간단하게 정리할 수 있는 것은 아니다. 5천년 대한민국 역사를 통째로 패션을 통해 정리하거나 해석하기는 너무나 방대한 작업이기 때문에 글의 시작을 어디서 부터 잡을 것인가는 커다란 고민이었다.

역사적 맥락에서 대한민국의 정체성을 고민한다면 한반도의 전(全)시대를 아울러야겠지만, 그렇게 하면 풍속사가 될지도 모른다. 또 의복이나 액세서리를 통해 패션의 일상사를 다루기에는 너무나 지난한 작업이 될 우려가 깊었고, 특히 고대와 중세를 아우르는 한국의 정체성을 패션이라는 서양의 현상이자 개념으로 접근한다는 것이 아무래도 부담스러웠다. 결국 그 타협점을 조선이 멸망하고 근대의 문턱에 들어서는 대한제국 언저리로 삼을 수밖에 없었다. 일제 강점기는 피하고 싶었지만, 우리 역사에서 그 기간을 생략한다면 또 다른 왜곡과 오류의 가능성이 농후하기 때문에 근대 한국의 시기를 서술의 출발점으로 정하였다.

1910년 전후가 될 이 시기부터 끄집어낼 이야기는 한국인의 정체성을 기반으로 한반도를 주 무대로 설정하되, 경우에 따라 한민족이 살고 있거나 존재하는 지역도 포함시킬 것이다. 또한 단순히 복식의 관점에서 패션을 해석하는 것이 아니라, 일상을 둘러싸고 전개되는 패션의 매개체들을 모두 아우르는 보다 포괄적인 시각에서 글을 전개하려고 한다. 결국 이 글의 대상은 신분과 나이를 뛰어넘는 전체 한민족 모두이며, 그들을 끌어들여 한국의 근대의 정치, 사회, 문화 속에 나타난 패션을 말할 것이다.

그렇다고 한국의 패션을 어떤 특정한 주제나 개념을 통해 설

불리 규정지으려는 것은 아니다. 중세의 굴레를 벗고 근대인으로 본격적으로 출발한 한국인의 일상을 통해 패션의 사회문화적 의미를 돌아보고자 하는 것이다. 100여 년이 넘는 기간에 형성되어 온 한국의 패션에 어떤 특징들을 끄집어 낼 수 있는지, 어떤 것을 한국의 패션이라 할 수 있을 것인지, 그리고 그 패션을 통해 우리에게 내재된 한국적 정체성은 어떤 것인지를 조심스럽게 돌아보고자 한다. 패션의 정형화나 학문적 구성 자체가 아직 제대로 되지 않은 상태에서 이러한 시도가 어쩌면 무모해 보일지도 모르고, 다행히 성공한다 할지라도 그리 녹녹하지 않은 작업이겠지만, 패션 현상이 한국사회를 분석하고 해석하는 또 다른 유용한 수단으로 자리매김할 수 있을 거라는 기대를 갖는다.

우선 이 글에서는 종적 시간의 흐름을 주요 골격으로 삼았다. 1910년대를 기점으로 현재까지를 적절하게 배분하여 10년 혹은 각 시기를 다소 중첩하여 이야기를 풀어나간다. 시대별 기준에서 가장 중요한 소주제는 다양하고 일반적인 의상과 소품들을 통해 당대를 가로지르는 패션의 시대정신을 대표할 수 있는 것으로 선택하였다. 또한 앞장과 뒷장의 연계성도 충분히 고려하여 각 장의 독립성을 저해하지 않으면서 서로 유기적인 관계를 갖도록 노력했다. 또 가능하면 적절한 일반적 사실과 사건을 통해 패션의 다양성과 주관성을 어느 정도 인정하면서, 충분한 공감대를 이끌어 낼 수 있도록 객관적 경험과 사례를 덧붙였다. 이는 패션의 불확실성을 보다 구체화하고 주관성에 합리적 객관성을 부여하기 위한 것이다.

또한 시대를 종적으로 가로지르는 이야기의 단순 나열을 보강하기 위해 세대와 나이, 패션을 구성하는 다양한 소주제를 다시 한 번 현대적 시각으로 재구성하였다. 특히 현재를 살아가는 우리들의 이야기와 사건들을 패션이라는 주제를 통해 독립적인 장으로 다룸으로써 우리 시대 패션이 그 명칭만큼이나 나양하나는 것을 알 수 있도록 했다.

1910년부터 해방 전후 시기에서 특히 강조하고자 했던 것은 근대적 패션이 출발하기도 전에 어긋나기 시작한 양상들이다. 1910년 을사늑약과 함께 조선이라는 중세의 굴레뿐만 대한제국이라는 신생 독립국가도 자생의 힘을 갖추기도 전에 역사를 등지고 말았다. 문제는 여기서 그친 것이 아니라 왕조와 지배계급의 역사와는 그다지 상관없던 일반 대중들에게도 커다란 영향을 미쳤다는 점이다. 우리의 의지와 우리의 능력에 의한 출발이 아니라는 사실은 기존의 유행이나 대중적인 것과는 별개로 받아들이게 되는 경우도 있었고, 새로운 것에 대한 거부감도 비교적 오랫동안 유지됨으로써 유행 주기가 장기화되거나 다른 유행과 겹치게 되는 특징을 나타냈다.

해방의 그날까지 이어진 이 시기에서 특히 주목되는 것은 '모던'이 갖는 의미와 일제 강점기의 사회적 분위기가 어떻게 패션에 영향을 미쳤는가 하는 점이다. 이제껏 보지 못했던 스타일의 의상과 소품들, 그리고 전혀 다른 디자인의 액세서리 등은 '모던'의 의미를 대중들에게 인식시키는데 결정적인 역할을 하게 되었는지를 설명한다. 또한 서양문물의 도입과정에서 나타났던 에피소드나 새로운 현상들을 중점적으로 기술함으로써 서구에서 들어온 패션이 어떻게 한국화 되었는가를 돌아볼 것이다. 한국화 되는 과정에 빚어진 각양각색의 충돌과 갈등, 어그러짐과 변색 등 일본이라는 창을 통해 우리의 일상으로 파고들었던 패션의 흐름과 특징들을 짚어보고자 한다.

두 번째 시기에는 해방과 함께 찾아온 우리 패션의 '독립'에 대해 이야기한다. 36년의 일제 강점기를 뒤로 하고 본격적인 한국적 패션의 시작은 어떠했던가를 다룬다. 해방의 기쁨이 채 가시기도 전에 찾아온 전쟁으로, 새로운 출발도 하기 전에 일본을 대신한 외세로서 미국에 의해 남한에 뿌려진 양키 문화와 패션은 신생 대한민국의 문화와 패션을 다양하게 했지만 그 수준은 다소 천박했다. 조선에서 근대로의 이행과정에 개입한 외세 가운데 일본만큼이나 우리 문화에 많은 영향을 끼치게 될 미국은 그렇게 들어왔다.

서양의 대표 국가이자, 당대 소련과 함께 강력한 세계제국이었던 미국은 식민지 지위를 막 벗어나려는 한국에 무장 군인으로서 그 얼굴을 내밀었다. 이 시기는 바로 미국의 등장과 그들이 가져온 문화와 패션이 어떻게 천박성을 띨 수밖에 없었던 것인가 보여주고 있다. 일제 총독부를 대신한 미군정과 미군 병사들에 의해 시작한 미국의 패션이 한반도가 아닌 남한만을 대상으로 물들였던 과정과 경로를 추적해보고, 그들의 흔적이 우리 문화와 패션 형성에 남겼던 자국들을 다시 되새겨보고자 한다.

세 번째 시기는 전쟁과 함께 찾아온 1950년대를 다루고 있다. 전쟁으로 **빼앗긴** 것이 단지 재산이나 인명만이 아니었음을 이 장을 통해 이야기하고 있다. 전쟁의 참혹함 속에서 우리 백성들이 하루하루 삶을 연명해 나가는 상황에서도 일상과 패션이 끊임없이 이어지는 모습을 원소물사와 폐허 위에서 이야기하고 있다. 찢어질 만큼 가난하다는 말은 이 시기에 나왔을지도 모른다. 더 이상 찢을래야 찢을 수 없는 가난의 굴레를 그만큼 표현할 수도 없었을 텐데, 그런 상황에서 패션이란 의미는 사치 그 자체였을 것이다. 그럼에도 원조물자를 통해 새로운 패션의 싹을 키워보고자 했던 시대 상황과 노력을 이야기하려고 한다. 특히 이 시기부터 돈에 대한 집착이 패션에 나타나는 모습이 투영된, 한국 사회에서 돈과 패션의 밀착관계를 그려볼 것이다.

네 번째 시기는 전쟁의 참화 속에서 꽃처럼 다시 태어난 한국의 패션을 다루고 있다. 동족상잔의 아픔은 이후에도 이데올로기에 의해 각인된 패션의 유형과 색깔을 결정짓는 중요한 계기가 되었다. 그렇게 각인된 패션이 반공 이데올로기와 부패한 독재정권의 성장, 소멸 과정에 어떻게 투영되어 나타났는지 구체적인 사례를 통해 짚어보고자 한다. 부와 정치권력이 유착하면서 패션이 갖는 사회적 의미도 정치권력과 밀접한 관계를 갖게 된다. 이 과정과 모습을 통해 우리 사회의 패션이라는 현상이 부와 권력의 토대 위에서 꽃피게 되는 상황을 그리게 될 것이다.

다섯 번째는 패션이 본격적으로 발전하게 되면서 맞았던 시련과 좌절의 1960년대이다. 이 시기는 50년대의 무능하고 부패한 국가 지도자들이 스스로 허물어지면서 국민적 저항과 대중민주주의의 시작이라는 시각에서 패션을 보고자 한다. 특히 4 · 19 혁명과 5 · 16 쿠데타의 긴박한 정치적 변혁기에도 대중에게 패션이 어떤 정치적 의미와 내용을 갖고 있었는가를 살펴보고자 한다. 민주주의와 그에 대한 군사적 테러가 향후 일반 대중이 펼치게 될 패션에 어떤 영향을 미쳤는가에 대해서도 자세히 알아봄으로써, 패션이 정치의 일상화와 매우 밀접한 관계에 있음을 밝히고자 했다.

여섯 번째는 1970년대 이야기이다. 전 세계를 휩쓸었던 68운동의 파고에도 아랑곳하지 않고 꿋꿋하게 앞만 보고 달리던 대한민국에 윤복희의 미니스커트와 장발족이 등장하면서, 패션이 새로운 전기를 맞이하게 되는 시기에 대해 이야기한다. 새로운 패션의 등장으로 좀 더 세분화될 계층과 연령에 따른 패션 스타일과 현상을 좀 더 구체화 시켜보고, 이후 발전하게 될 다양한 형태의 소품과 패션 스타일에 대해 조심스럽게 예측한다. 특히 이 시기는 지난 세기부터 외국에서 들어온 패션 물품들과는 질적 양적으로 차이가 있는데, 그러한 차이를 박정희 대통령 주도의 경제성장 시기라는 시대 상황과 연결하여 기술한다. 또한 본격적으로 한국적 양상으로 변화하고 있는 패션의 내용들을 다양한 영역과 계층을 통해 이야기하고자 한다.

일곱 번째 시기는 18년 독재권력의 붕괴와 함께 찾아온 민주주의의 새로운 출발이 좌절되면서 나타난 사회적 양상들이 패션에 어떻게 연결되는가를 이야기한다. 전두환 정권의 등장으로 민주주의의 봄은 오지 않았지만, 화려한 컬러 시대의 도래와 함께 패션 부문에서는 자유화와 국제화로 나아가기 위한 초석이 마련되었던 시기의 패션이다. 사회 전반에 새로운 분위기가 불었고, 그 새 바람의 향기가 패션 속에 녹아드는 모습과 양상들에 대한 이야기이다. 86아시안게임, 88올림픽은 한국인들에게 오랫동안 막혀 있었고, 접할 수 없었던 세계와 접촉할 수 있는 기회였다. 이 시기 세계와 접촉함으로써 변화와 풍부함을 가지게 된 한국적 패션을 본격적으로 서술한다.

여덟 번째는 88올림픽 이후 높아진 한국인의 패션 감각이 본격적으로 드러나는 시기에 대한 이야기이다. 여행 자유화로 개방과 견문의 기회를 가지게 되면서 외국의 패션을 수용하고 모방하는 단계를 이야기하고 있다. 이 과정에서 나타난 여러 폐해들에 대해서도 하나의 사회 현상으로 설명하고 있다. 또한 이 시기 한국 사회의 여러 특징들이 다양한 영역에서 패션과 투영되면서, 그야말로 첨단에서 복고까지 아우르는 천차만별의 유행과 패션을 설명한다.

아홉 번째는 뉴밀레니엄 21세기에 찾아온 패션을 이야기한다. 희망차고 밝은 21세기라는 기대와 달리 국제적으로 갈등과 긴장이 고조되면서 전체적으로 불안이 훨씬 강했던 사회 분위기가 패션에 그대로 투영되는 양상에 대해 이야기한다. 세계화와 신자유주의의 파고 속에서 한국인의 패션이 우리 안에 머무르지 않고 세계로 나아가는 모습들을 소개하고, 미래지향적 패션의 모습에 대해서도 간략하게 이야기할 것이다.

아울러 현재 우리 사회에 나타난 여러 패션의 모습을 몇 가지 현상과 개념으로 정리해봄으로써 역사를 관통하고 있는 우리 패션을 어떻게 이야기할 수 있을지 돌아본다.

이렇게 시간의 흐름을 따라 세대를 나누고 나면, 주제로 구분하는 다양한 패션의 영역에 들어가게 된다. 가장 먼저 이야기되는 소주제는 대한민국을 구성하는 여러 영역의 패션에 대한 것이다. 민주주의 사회에서 이야기하는 패션은 과연 민주적인가를 시작으로 역사적으로 형성되어 온 패션 민주주의를 재구성한다. 중세에서 근대로 바로 넘어온 우리에게 민주주의 역시 우리의 것이 아닌 외국의 사상이었고, 이를 받아들이던 우리는 준비되지 않아 민주주의를 왜곡하고 변형시켰다. 패션 역시 민주주의 발전과정에서 비틀어지고 구부러지면서 그 건강함을 상실하게 되었는데, 바로 그것을 이야기하고자 한다.

두 번째 소주제는 색깔과 패션의 관계, 곧 패션에서 나타나는 색깔을 이야기한다. 수많은 색을 유행시키면서 권위주의적 터널에서 화려한 자유주의 개방의 사회를 이끌어 내온 색깔의 중요성을 패션의 흐름을 통해 이야기하고자 한다. 각각의 색이 주는 이미지와 패션이 어떻게 조화를 이루었는가를 한국적 상황에 맞추어 풀어간다. 패션에서 색깔이 차지하는 중요성에 비추어 한국 사회에서는 왜 색깔이 오랫동안 부수적인 역할에 머물렀는가를 해석한다.

세 번째는 2002년 한국 사회를 뜨겁게 달구었던 한일월드컵에서 등장한 '붉은악마'를 통해 한국 사회의 전체주의적 패션을 이야기한다. 온 국민을 빨갛게 물들였던 한일월드컵을 통해 우리에게 자발적 동원이나 애국심이라는 이름으로 나타난 전체주의적 패션의 전통과 특징에 대해 이야기하고자 한다. 붉은악마를 동원된 군인들이라고 평가했던 외국의 눈에 비친 우리의 자화상을 통해 우리 사회 곳곳에 잠재되어 있는 공동체적이지만, 다소 전체주의적인 특징을 갖는 패션에 대해 이야기할 것이다.

네 번째는 경제적으로 윤택해지면서 그냥 끼니를 때우는 수준이 아니라 무엇을 어떻게 먹느냐가 중요해지기 시작하는 시기에 등장한 웰빙 문화와 패션을 연결하여 이야기하고자 한다. 먹고 사는 문제에 국한된 것이 아니라 생활 패턴 전체의 변화를 웰빙이라는 이름으로 유행과 패션 스타일의 변화된 모습과 내용을 풀어본다.

다섯 번째는 한류 열풍으로 전성기를 맞게 된 한국의 패션과, 이를 통해 한국적 패션이라는 것은 과연 어떤 것인가를 생각해 보는 대목이다. 역사적으로 한국의 패션은 이웃 나라들과의 교류를 통해 그 풍부함과 우수성을 함께 발전시켜왔지만, 현대 패션이라는 아이템을 대한민국의 대표 상품으로 발전시킨 경우는 90년대 한류 열풍이 처음이 아닌가 싶다. 여기에서는 한류 열풍이 우리 패션에 얼마나 공헌했는지, 혹은 전환기적 의미를 가질 수 있는 가에 대하여 이야기한다.

여섯 번째는 기성세대와 신세대라는 세대 간 갈등 구조를 뛰어 넘는 다양하고 독특한 세대 구분과 그들의 패션적 특징에 대해 이야기한다. 신세대 중에서도 디지털 족이나 그 외 삶의 방식이 전혀 다른 새로운 세대들은 나름의 스타일과 유행을 만들어 냈다. 그것이 세대의 특징뿐만 아니라 그들의 삶의 방식까지도 가늠해 볼 수 있는 패션이라는 측면에 대해 이야기하고자 하는 것이다.

일곱 번째는 예쁘다는 것이 여성에게만 어울리던 시대를 뛰어넘어 '꽃미남'과 '예쁜 남자'라는 신조어를 만들어 낸 시대 상황, 성전환 수술을 받아 성이 뒤바뀐 남성과 여성, 혹은 '여자 같은 남자'나 '남자 같은 여자'가 하나의 트렌드가 되어 버린 시대의 패션을 이야기한다. 우리 시대에 성별이 여성과 남성의 패션 선택의 기준으로서 유일하거나 효율적이라는 절대적 믿음은 사라져버렸다. 꽃미남과 보이시한 여자, 유니섹스라는 것만으로는 더 이상 설명될 수 없는 시대가 되었고, 여기서는 그러한 새로운 패션의 기준에 대해 다룬다.

여덟 번째는 패션의 주체가 개인인가 국가인가 라는 질문 속에서 패션의 올바른 설정과 국가와 개인 사이에서 갈팡질팡하는 패션에 대해 이야기한다. 기획된 패션, 어느 특정 집단이 주도하는 패션과 개인의 창의성과 자유의지가 중심이 되는 패션 사이에서 고민하는 장이 될 것이다. 또한 개인이 전체에 끼친 패션 영향과 국가나 집단이 중심이 되어 시작한 패션이 개인들에게 끼치는 영향에 대해서도 이야기한다.

아홉 번째는 일본과 미국이라는 외세에 의해 시작된 자본주의 체제 한국 사회를 관통하는 특징을 '거품'과 '냄비 근성'이라는 두 가지 개념으로 이야기하고자 한다. 근대적 패션의 시작 이후 우리 사회를 관통하고 있는 여러 특징적인 개념들 중에서 과연 '거품'이나 '냄비 근성'이라는 개념으로 특징지을 수 있는 지를 역사 속의 사건과 다양한 트렌드를 통해 풀어본다.

열 번째는 지구촌이라는 말이 어느덧 우리 생활의 일부분이 된 상황에서 대한민국이 가고 있는 패션의 세계화에 대해 이야 기한다. 이제는 누구나 쉽게 이용하는 중국산! 외제라는 단어에 걸맞지 않게 싸구려 제품의 전형으로 취급되는 중국 제품들은 세계화의 장단점을 모두 볼 수 있는 전형적인 상품이다. 중국산 제품 없이 살기 힘든 세계화 시대, 우리의 패션이 어떤 방향으로 가야 할 것인지에 대해 진지하게 논의해보는 장이 될 것이다. 아 울러 우리 패션의 세계화를 위해 필요한 것들과 부족한 것들이 무엇인지에 대해서도 따져본다.

열한 번째는 2008년 말부터 새로이 시작된 경제위기와 함께 세계화와 신자유주의의 전환점을 맞이하고 있는 상황에서 제기 되는 패션의 성격 변화에 대해 이야기하고자 한다. 경제적 가치 가 모든 사회적 가치에 우선하는 시기에 살고 있는 현재의 삶은 이전과는 너무나 다른 모습을 보이고 있다. 이러한 변화의 양상 은 세대와 이데올로기, 도덕과 윤리의 기준마저 흔들어 놓았으 며, 인생의 가치나 삶의 의미에 대한 뜬금없고 대책 없는 변화가 나타나기도 하였다. 그렇다면 이 시기 이러한 변화의 흐름을 패 션으로 어떻게 설명할 수 있을 것인가? 그러한 변화를 2008년 이 후의 정치 사회 문화적 환경과 연계하여 기술한다.

이 책의 내용들은 주관적이다. 구체적이고 객관적인 자료와 통계에 근거해 글을 구성하고 분석한 사회과학 서적이 아니지만, 패션이라는 주제를 통해 주관적 사고와 인식을 갖고 한국사회를 정치적으로 해석한 글이다. 가볍게 문화 영역에서 우리네 일상의 패턴과 스타일을 패션이라는 시각으로 모아 이야기하고 있으며, 각각의 주제를 단순한 인문학적 감상이 아니라 정치적으로 유의미하게 해석해 놓았다. 패션을 통해 우리 사회에 내재되어 있거나 표출되는 여러 현상들과 사건들이 '그때 그랬지, 혹은 그냥 그랬나보다!' 라고 넘어가는 것이 아니라 시기에 따라, 주제에 따라, 또는 세대에 따라 어떤 양상과 모습들을 나타냈는가를 되돌아보고, 그 안에 감추어진 우리네 정서를 정치적으로 정리해보고자 함이다.

패션은 한국사회를 관통하고 있는 다양한 관계들이 시대와 상황에 따라 다른 모습으로 나타났기 때문에 시대별로 제각기 다른 모습을 갖게 된다. 그러나 그러한 다름과 차이들 속에서도 비교적 일관되게 흐르는 한국 패션만의 정서라는 것이 분명 존재한다. 그것이 외세에 대한 무한한 숭배일 수도 있고, 외국 문물에 대한 무조건적 배타와 배제일 수도 있으며, 냄비 근성이나 거품 현상으로 설명할 수도 있고, 자본주의적 천박성으로 이야기할 수도 있을 것이다. 그러나 무엇보다 이 책에서 밝히고자 하는 것은 패션을 통해 우리 사회 기저에 흐르는 문제의식과 일반 민중들의 정서를 담아내는 것이다. 우리 사회 깊숙이 뿌리박고 있는 생각의 반영이자 골격으로서 패션을 해석하고자 한다.

특히 근대화 이후 내실보다는 외양을 중시하고, 성장과 개발만이 경제적 미덕으로 생각해 온 우리네 의식이 냄비와 천박함과 어우러지면서 많은 사회적 폐해까지 수반되었다. 따라서 이제라도 제대로 된 패션 문화와 한국적인 패션을 위해 우리가 할 수 있는 것이 무엇인지를 지나간 역사를 통해 찾아보고자 하는 것이다. 이런 논의나 이야기가 상투적일 수도 있을 것이다. 혹자가 '그래서 어쩌자는 건데?' 라고 물으면 필자 역시 뚜렷하게 대답하기 어려울 수도 있다.

그러나 '모 아니면 도' 라거나 개인적 욕망의 표현으로만 해석하는 극단적 양상으로 패션에 대한 의미를 방치한다는 것은 패션이라는 특정 영역뿐만이 아니라 인간생활의 모든 영역을 '나와 너' 나 '아군과 적군' 으로 가르는 슬픈 상황이 올 수 있다. 이런 점에서 새로운 방향의 모색이 필요하다. 그리고 그것이 누구나 쉽게 다가설 수 있고, 즐길 수 있으며, 직접 행하는데 어려움이 없는 패션이었으면 하는 바람이다.

봉건에서
근대로 가는
길목의
복병

01

동원과
억압으로
시작한
패션

1 9 0 5 년 을 사 늑 약 이 체결된 이후 일제는 우리 사
회에 빠르게 서양의 복식과 패션을 도입시켰다. 갑신개혁으로
실시되었던 서양식 복식과 두발의 채용이 왕실을 중심으로 한
몇몇 계층에 한정된 것이었다면, 일제 강점기는 서양식 패션이
보다 대중적인 차원에서 전국적으로 시행되었던 계기였다. 어느
덧 관리들의 공복이나 군복 등도 서양식 복식으로 자리 잡았고,
지배층을 넘어 중산층에서도 자연스럽게 양복을 입는 사람들이
늘어났다. 학생들의 교복 역시 자연스럽게 하나의 패턴으로 자
리 잡으면서 신분 구별과 직업 구분의 일상화된 표시로 작용하
였다.

그러나 본격적으로 근대적 패션이 시작된 것으로 보기에는
무리가 있었다. 패션이 갖는 다양함이나 독특함, 그리고 대중성
이라는 측면에서 봉건 질서를 갓 넘어온 한국사회에는 기존질서

가 뿌리 깊게 자리하고 있었고, 일본에 의한 패션의 대중적 확산이란 그저 식민지 사회에서의 규제와 통일, 그리고 통제를 용이하게 하기 위한 수단에 불과한 것이 대부분이었다. 한국사회에 집단적이고 전체주의적 패션 문화가 비틀어진 형태로 지금까지 나타나고 있는 것도 바로 이러한 잘못된 시작에서 비롯된 것일지도 모른다.

서구 문물에 대한 경외심이 일반적 정서였기 때문에 이를 쉽게 받아들인다는 것은 아무나 할 수 있는 일이 아니었다. 매일 쓰던 갓과 도포를 아무런 이유 없이 중절모와 양복으로 바꾸기에는 문화적 완충 시기가 너무 짧았다. 더군다나 그것이 오랑캐로 여기던 미국 등 서구 나라들과 우리 민족을 합방한 일본이었기 때문에 그 반감은 쉽게 해결될 일이 아니었다. 백성들이 한일합방이 무엇을 의미하는지 깨닫게 된 것은 일제의 식민 통치가 어느 정도 자리 잡아가기 시작하던 20년대에 들어서였다. 그럼에도 불구하고 이미 새로운 것을 받아들이는데 주저하지 않았던 패션 선구자들은 존재했다.

그들은 특정 계층에 속해 있던 이들이었다. 서구나 일본과 접촉이 가능했던 이들이었고, 귀족 또는 유학, 해외 탐방의 기회가 있었던 소수 상류층이 대부분이었거나, 아니면 그들에 빌붙어 살았던 하층민들이었다. 대표적인 이들이 바로 민씨 집안사람들이거나 관기, 혹은 요정에서 기생 노릇을 하던 이들이었다. 그들을 패션 선구자라고 불러야 할지는 논의가 있을 수 있겠지만, 패션이라는 측면에서 보면 그들은 선구자라 할 만했다.

한국사회에서 가장 먼저 드레스를 입었던 여성으로 기록되어 있는 배정자는 그런 면에서 우선 이야기될 수 있는 인물이다. 조선말의 기생으로 고위관료나 유학생들을 접하면서 신문물과 복식을 누구보다도 먼저 접할 수 있었던 이 여성은 일반인으로는 가장 먼저 서양식 드레스를 착용하고 만찬장에서 고종과 춤까지 추었다고 한다. 또한 그녀는 한일합방의 원흉 이토오 히로부미의 애첩이 되었고, 이토오는 그런 배정자를 끔찍이 아껴 퇴임 후 일본에까지 데려갈 정도였다고 전해진다. 그 외에도 전설적 무용수 최승희, 우리나라 최초의 여성 비행사 박경원, 한국사회를 스캔들로 뒤흔들었던 윤심덕 같은 여성도 현대적 감각의 복장과 스타일로 장안의 화제가 되었던 이들이었다.

그러나 그것은 뉴스 메이커로서의 상징적 의미였을 뿐 그 이상도 그 이하도 아니었다. 이들 선구자적 여성들은 남성적 스타일의 짧은 원피스나 단발머리, 또는 오늘날에 흔히 볼 수 있는 스커트를 입었으며, 계절에 따라 코트를 착용하기도 했고, 스카프나 망토, 스웨터, 클로슈 모자 등을 착용할 만큼 지나가는 이들의 시선을 잡아끌 정도의 반향과 풍파를 불러일으켰다. 고요한 사회에 돌을 던지며 그 파장의 크기를 가늠하고자 했던 이들이야말로 새로운 스타일의 복장을 한국화 하는데 선구적 역할을 했다.

이들 신여성의 등장과 함께 사회 전반에 걸친 의상과 복식의 변화가 더디지만 차근차근 진행되었다. 하지만 그들을 보는 일반인이나 나이 든 이들은 '예의도 없는 것들' 이나 '후레자식' 이니 '망조든 계집' 등으로 불렀을 뿐이다. 전통적으로 가정과 사회의 중심 기반이었던 삼강오륜은 말할 것도 없고, 아녀자의 덕목과 부녀자의 행실에 대해 사사건건 규제하던 유교적 기준에서 보면 말 그대로 눈이 뒤집힐 복장을 한 그들에게 경이에 찬 시선이나 용기 있는 행동으로 감탄과 박수를 보내지 않았을 것은 당연했다. 그렇지만 새로운 것을 추구하던 이들이나, 중세적 삶을 경멸하고 낡은 것을 버리고자 했던 이들에게는 경탄과 찬미의 대상이 되었을 것은 당연했다. 그러나 유감스럽게도 그러한 찬사를 보냈던 이들 대부분은 여성을 성적 대상으로 보았던 남성들이었고, 기존 여성들에게서 볼 수 없는 매력 때문에 그들을 찬미했다고 보는 것이 옳았다.

그럼에도 불구하고 이들 몇몇 선구자들의 패션은 전체 여성들의 의복과 삶의 방식에 변화를 주기 시작했다. 여성, 남성을 불구하고 의상이 짧아지고 활동하기에 편리한 스타일로 개량되어 보급되었던 것이다. 또한 다양한 사회활동과 여가에 대한 관심이 높아지면서 그러한 활동에 맞는 복장 유형이 생겨나고 발전되었는데, 스포츠 복이 대표적 예라 할 수 있었다. 한국사회에 첫발을 디디기 시작한 정구, 체조, 야구 등은 당시의 대표적 스포츠였고, 이에 맞는 운동복들이 제작되어 일본인이나 귀족들, 그리고 이를 누릴 수 있는 친일파들이 주로 입었다.

외형적 복식의 변화만큼 속옷에 대한 변화의 흐름도 빠르게 나타났다. 속적삼, 단속곳, 바지, 속속곳, 너른바지 등으로 불렸던 전통적 속옷들은 한복의 양식 변화 및 서양 복식의 착용과 함께 변화의 조짐을 보이기 시작했다. 1920년대부터 팬티가 전통 속곳을 대신하여 착용되기 시작하였다. 스커트나 드레스 등의 서양 복장을 착용했던 신여성들은 그에 맞는 짧은 팬티('사루마다'라고 하는 일제 팬티)를 입었으며, 흰색 인조견으로 제작된 속치마를 착용하는 것이 일반적이었다.

여성들보다 먼저 서양식 복장을 착용했던 남성들 역시 시간이 흐르면서 보다 다양하고 활동에 편한 복장들을 입기 시작했다. 고종에 의해 시작된 관제 서양 복식, 서양 선교사들, 외교관들, 유길준 등 개화파에 의해 시작된 민간 서양 복식의 착용은, 그리 큰 차이를 보이지 않았지만, 시간이 흐를수록 스타일이 다양해졌다. 양복의 전체 길이가 좀 더 길어졌고, 바지의 폭도 넓어졌다. 상의와 바지의 양복의 구성도 조끼라든지 맥고모자 등의 액세서리가 첨가되면서 더욱 다양한 형태를 띠게 되었고, 색상 역시 검정색 일변도에서 탈피하여 백색이나 체크무늬 등의 양복도 선보였다.

정장 위에 걸쳐 입는 겉옷으로 색코트(sack coat), 노퍽재킷(norfolk jacket), 스프링코트(spring coat), 레인코트, 오버코트 등 다양한 예복과 외출복들 역시 주요한 복장으로 자리 잡았다. 또 이들 멋쟁이들이 착용하였던 모자나 장신구들 역시 보다 다양해지면서 '양복 입은 신사'라는 전형적인 모습의 남성을 그려내었다. 당시 이런 모습을 하고 다니던 계층은 유학생들, 고급 관료, 부유한 집안의 자식들인 경우가 많았는데, 이는 당대 양복 착용이 갖는 사회적 의미를 명확하게 짚어주는 대목이다. 한국사회에서

부와 신분의 상징으로 의상과 패션이 갖는 함의를 가감 없이 보여준 사례가 바로 이 시기였다고 할 수 있다.

복장의 다양화는 사회의 변화와 다원화만큼이나 여러 분야와 신제품들을 선보이게 한 결정적 계기가 되었다. 외형적 화려함과 치장이 가진 자들, 지배계급의 기준이 되면서 그들의 호사스러움과 욕망을 충족시키는 물품들이 생산되거나 일본으로부터 수입되었다. 그 대표적인 것이 화장품으로, 기존 몇 가지에 국한되었던 화장품이 모던 취향에 맞추어 개발되었다. 한국 최초의 화장품으로 불리는 '박가분'이 대표적인데, 바로 오늘의 두산그룹의 모체가 된 생산물이다. 박승직이 개발, 판매한 '박가분'은 여성들에게 엄청난 인기를 끌어, 신문에 광고를 할 정도의 전국적인 제품이었다.

그 외에도 방한용 목적으로 제조되었던 숄이 치장과 아름다움을 더해주는 대표적 액세서리로 자리 잡았고, 양산도 비를 막는 역할과 함께 장신구로 여성들에게 널리 애용되었다. 일부 상류층 여성들을 중심으로 시계, 목걸이 등의 장신구와 핸드백과 같은 물품들이 애용되어 부의 상징으로 자리잡아갔고, 안경을 착용한 여성들이 늘면서 안경이 신여성의 상징이 되기도 하였다. 복식문화의 변화는 신발과 양말의 변화도 초래하였다. 신분과 계급을 상징했던 가죽신, 짚신 등 전통화는 양복에 어울리는 구두로 점차 변화되었다.

1920년대 이후 가장 유행하던 구두는 옥스퍼드 슈즈, 장화, 단화, 콤비, 고무신, 운동화 등이었다. 옥스퍼드 슈즈는 미들 힐

대신 굽이 다소 높은 형태로 제작되었다. 또 부츠, 하이힐도 유행을 선도하는 여성화로 각광을 받았는데, 신여성이나 상류층 여성들에게는 외형적 징표로서 이러한 구두들이 이용되었다. 그러니 이 시기 무엇보다 패션의 확산이라는 측면에서 성공한 제품은 고무신이었다. 실용성, 간편성, 경제성 등이 어우러져 탄생한 고무신은 곧바로 전국적 사랑을 받았고, 이후 1950년대까지도 대중성을 지속할 만큼 '국민 신발'로 애용되었다.

이 외에 서양의 제도와 문물도 지속적으로 소개되어 여러 분야에서 그 활동 영역을 넓혔다. 1921년에는 최초의 여류화가 나혜석이 개인전을 열었고, 23년에는 우리나라 최초의 여배우 이정숙이 영화 〈월하의 맹세〉에 출연하였다. 최초의 여성 무용가 배귀자가 무용발표회를 연 것이나, 앞서 이야기한 최초의 여성 성악가 윤심덕이 〈사의 찬미〉를 부른 것도 이 시기였다. 1927년에는 마현경과 이옥경이라는 최초의 아나운서가 등장하여 라디오 시대(경성방송국)의 출발을 알리기도 하였다.

그러나 1930년대에 들어서면서 한국사회의 패션은 정체기를 맞았다. 일제는 식민정책의 강화를 위해 복장 등 국민들의 일상 생활에까지 일일이 간섭하였고, 만주사변을 계기로 한국사회 전체를 전시체제로 편입시키기 위해 전방위적 통제와 간섭을 시작하였다. 이와 같은 일제 식민정책의 변화는 한국의 패션이 도약도 하지 못한 채 전체주의적 국가 주도의 획일화 된 형태로 나아가게 하는 계기가 되었으며, 이는 해방 직후에도 이 잔재를 떨치지 못하고 전체주의적, 집단주의적인 패션이 자연스럽게 자리 잡게 한 원인이 되었다.

만주사변에 이어 1930년대 후반에 발발한 소위 대동아 전쟁, 1941년 일본의 진주만 공습으로 야기된 태평양 전쟁은 한국을 일제 제국주의 전쟁의 식량 및 물자 기지로 만들어, 한국사회는 곧바로 국가동원 통제경제체제로 전환되었다. 이는 이제 막 시작한 한국사회의 근대적 변환과 자본축적에 커다란 멍에로 작용했다. 이러한 전시체제 하 획일 통제된 사회에서 패션은 지극히 제한적일 수밖에 없었으며, 결국 일부 특권층이나 몇몇 사람들에 의해 명맥이 유지될 수밖에 없었다.

그럼에도 불구하고 이 시기 한국의 패션은 몇 가지 측면에서 현대 패션이 갖는 일반적 특징을 나타냈다. 우선 패션이 갖는 대중화의 의미를 실현했다는 점이다. 근대적 산업 형태의 공장들이 세워지고 대량생산체제에 들어가면서 일상에서의 유행, 새로운 디자인, 색깔의 제품들이 바로 대중에게 다가설 수 있는 계기가 마련되었다. 1911년 한국인 최초 설립의 방직회사 경성직유, 1917년 방윤이 평양에 설립한 대원양말공장, 1919년 김성수가 자본금 100만원으로 설립한 경성방직회사 등이 그러한 기업들이었다.

1920년대에는 양복, 양장을 제작하는 디자이너와 기술자를 양성하는 교육기관들도 생겼다. 서울에 6개, 인천에 1개의 양재 교육기관이 있었으며, 개성, 평양 등의 대도시에도 이런 양성소와 기관들이 있었다. 서울의 '경신학교 양복과', '신흥양복 실습부', '세일양복 재단실습소' 등과 인천의 '의성양복재단전문

교습소', 개성의 '반도양복실습소'나 평양의 '평양양복실습소' 등이다. 또한 한국인이 주인이었던 양복점들이 모여 조합이 결성되기도 하였는데, 1922년 서울의 양복업주와 기술자들이 중심이 되어 설립한 경성양복연구회, 1927년 양복점 사용자협회라 할 수 있는 한성양복상조합이 결성되어 양복 생산이 보다 체계를 갖춘 조직에 의해 주도되기 시작하였다.

1930년대 패션과 관련하여 가장 눈에 띄는 사건으로는 1934년 6월 16일 인사동 태화여자관에서 개최된 최초의 패션쇼였다. 패션쇼를 하나의 이벤트로 본다면, 실제로 그것이 갖는 영향이나 중요성은 매우 제한적이다. 그러나 프랑스, 이탈리아 같은 패션 선진국들의 예에서 알 수 있듯, 패션쇼는 패션이 하나의 산업으로, 그리고 문화로 한 단계 발전할 수 있는 결정적 계기를 제공했다는 측면이 있기 때문에 당시 우리나라에서 개최된 최초의 패션쇼는 상당한 의미를 갖는다.

그러나 패션쇼의 명칭만큼은 아직 촌스러웠다. 여성의 옷에 대한 품평회 정도의 의미를 갖는 '여의(女衣)감상회'가 당시의 패션쇼였다. 어떻게 보면 아직 '모던'의 때가 덜 묻어 있었다. 여기서는 여성복이 중점적으로 발표되었으며, 직업적 모델이 아직 없었던 때라 직장 여성들을 무대에 세웠다. 당시 발표된 의상은 주로 일상에서 사용될 수 있는 것들이었다. 가정에서 입는 옷, 근무복, 외출복, 연회에서 입는 옷, 문상 갈 때 입는 옷, 그리고 수영복, 운동복 같은 레저 복 등이 이 패션쇼에서 선보였다. 오늘날과 같은 전문성을 갖춘 패션쇼라고 할 수는 없지만, 패션이 한 지역이나 국가 안에서 종합적 출발을 할 수 있기 위한 이 벤트가 패션쇼의 의의임을 고려한다면, 이 '여의감상회'는 역사적으로 큰 획을 그을 수 있는 사건이자 한국 패션사(史)의 전환점이었다.

두 번째 사건은 1937년 개장한 양장점 은좌옥과 이듬해 함흥에서 최경자에 의해 개원한 함흥양재학원이었다. 최경자는 몇 년 전 한 방송국에서 방영되었던 드라마 〈패션 70〉의 등장인물 장봉자의 모델이기도 했던 여성이다. 이전까지는 여성복이 전문적으로 제작되는 것도 아니었고, 양복점에서 남성복과 함께 만들어졌기 때문에 의상에서의 독자적 영역으로 보기 힘들었다. 그러나 최경자를 통해 전문적인 여성복 제작 시대를 열었고, 이는 19세기 프랑스의 오트 쿠튀르[*]의 탄생과 유사하다는 측면에서 흥미롭다. 양장점의 개설과 양장학원의 설립은 그런 측면에서 남성복과 동등한 입장에서 여성복을 시작할 수 있는 계기가 되었고, 이는 유행에 보다 민감한 영역인 패션 과정의 창조라는 면에서 한국사회에서 본격적으로 패션을 알리는 전주곡이라 해석할 수 있는 것이다.

1930년대 들어 다소 풍부해진 패션 기반은 의상 스타일의 유

---

* 오튀 쿠튀르는 19세기 프랑스 상류사회에서 탄생한 맞춤여성복을 일컫는다. 당시 상류사회 여성들을 위해 파리를 중심으로 많은 전문 의상실이 생겨나기 시작했는데, 이를 두고 기성복인 프레타 포르테와는 다른 의미로 사용했던 여성용 고급 맞춤전문복을 의미한다. 조안 핑켈슈타인(감대웅/김여경 옮김). 2005. 『패션의 유혹』(청년사, pp.14~15) 참조.

행을 더욱 알차게 하였다. 이와 더불어 이전에 볼 수 없었던 새로운 직물들이 수입되어 선보였다. 특히 새롭게 소개된 빌로드(벨벳)는 그 자체가 갖는 화려한 느낌 때문에 기생들이 선호하였다. 이후 일반 여성들까지 그 착용이 확산되면서 상당한 인기를 끌었던 소재였지만, 이내 전시체제로 들어서면서 사용이 통제되던 직물이기도 했다.

그 외에도 대량생산이 가능하게 되었던 인견과 새롭게 각광받기 시작한 니트 등도 주요한 직물의 하나였다. 또한 남성복에서 많이 사용되던 방직물은 여전히 널리 유행하였던 소재였고, 와이셔츠(드레스 셔츠가 정식 명칭이지만 사람들이 일반적으로 부르는 명칭)나 속옷 등에 사용되던 면 역시 주요 소재였다.

이 시기에는 의상의 형태도 더욱 다양해져, 화려한 색상과 시원한 무늬들이 채용되었다. 블라우스, 원피스, 그리고 다양한 종류의 스커트가 여성들의 유행 복장들이었고, 남성들 역시 프록코트, 더블 슈트, 트렌치코트, 체스터 필드코트 등을 즐겨 입으면서 패션이 갖는 주기성과 트렌드의 이미지를 창출할 수 있었다.

또 이 시기는 남성과 여성 공히 양복과 한복을 혼용하는 이들이 많았는데, 이는 한복에서 양복으로 전환되어 가는 과정에 나타난 과도기적 현상으로 볼 수 있다. 남성의 경우 한복 위에 코트를 입고, 구두와 모자로 차림을 한 이들을 많이 볼 수 있었으며, 여성은 스커트 정도 길이의 짧은 통치마에 단발머리, 그리고 하이힐을 신은 이들을 '신여성'이라고 할 정도로 한복과 양장을 혼용하였다. 여염집 여성들에서도 긴 치마에 두루마기 대신 코트를 입거나, 단화, 양산, 숄 등으로 치장하는 스타일이 등장하였다.

일부에서 시작되긴 했지만, 이러한 의상 착용은 하나의 트렌드로 자리 잡으면서 패션의 서구화 단계로 넘어가는 이정표가 되었다. 따라서 이 시기 우리나라에 서양 복식이 일상화될 수 있는 기반을 구축했지만, 좀 더 발전 진화하지 못하고 획일 전체주의적 경향으로 흐르게 된 것은 앞서 이야기한 전시동원체제의 시작 때문이었다. 1931년 만주사변을 시작으로 국가경제 전체가 전시경제체제로 돌입한 것은 1938년 일제가 선포한 국가총동원법이었다.

외세에 의해 시작된 한국 근대 패션의 한계는 식민지 조선에 커다란 폐해를 가져왔다. 문화의 무한한 변화와 다양성, 개인의 욕망과 욕구의 표현으로서 패션이 발흥되지 못하고, 패션이 주로 변절한 지배층에 의해 주도되었다는 사실은 자연스럽게 대중에게 확산될 수 있는 모방성에 다소 문제점으로 대두했다. 우선 그런 패션은 사치스럽고 비쌀 수밖에 없는 것이다. 양복, 양장 한 벌에 소 한 마리를 팔아야 한다거나, 구두 한 켤레 값이 쌀 한 가마니에 달한다고 이야기되던 시기, 패션의 추구란 곧 돈 있는 이들만이 누릴 수 있는 것이었다.

당시 서양식 패션의 선구자였던 이들의 면면을 살펴보면 더욱 그런 생각을 지울 수 없게 된다. 곧 기생들, 유학생 및 특수 직종의 사람들을 중심으로 시작된 이 땅의 서구식 패션은 부르주아적인 특징과 성향에서 출발한 것만은 틀림없다. 기생이라는 직업이 갖는 퇴폐적이고 타락한 이미지, 유학을 다녀오거나 유학생 신분에서 그저 하릴없이 카페, 다방에서 음악을 듣거나 차를 마시며 시간을 보내는 모습이야말로 소비지향적 자본주의 기생 계층의 대표적인 모습이었던 것이다. 여기에서 한국 패션의 시작이 굴절될 수밖에 없었으며, 그 속성이 천박할 수밖에 없었던 이유가 설명된다.

물론 암울한 조국의 미래에 대한 절망과 좌절로 술과 연애, 스캔들로 세월을 보냈던 '애국적 지식인'들이라고 칭하는 이들, 김두한과 같은 주먹들도 여기에 낄 수 있다. 그러나 대부분 일을 하기보다는 기생적인 삶을 살았다는 점에서 이들이 선보였던 '서구식 패션'은 그저그런 자본주의적 천박성만이 물씬 묻어나는 특징을 갖는다. 결국 일제 시기의 패션은 유감스럽게도 이후 한국의 패션을 부정적인 방향으로 몰고 가는데 큰 기여를 한 셈이었다.

퇴락, 허영, 신여성, 유학생, 기득권층, 식자층, 한량, 주먹깨나 쓰는 이들의 옷차림이 당시의 패션의 특징을 적나라하게 드러내주는 상징이라는 점은 서구식 패션이 우리에게 얼마나 허구적이었는지를 충분히 확인해 준다. 더구나 일제는 한국인들에게 미래의 희망보다는 좌절과 비관을 심어주면서, 열등 무기력한 민족이라는 이미지를 만들어 가는데 공을 들였기 때문에 비관 퇴폐적 지식인들을 양산해 내는 것을 은근히 조장했다.

1920년대 이후 눈에 띠게 두드러진 문예사조였던 퇴폐주의,

데카당스 등은 무기력하고 퇴락한 지식인들이 이런 흐름에 생각과 몸을 의탁하기에 가장 적절한 것이었다. 결국 그들의 생각과 옷차림의 외형적 표현으로 나타난 그런 서구식 패션은 허영과 겉멋만 잔뜩 들어간 기형이었던 것이다. 이런 영향에서 자유로울 수 없었던 대중들 역시 그저 외양뿐인 그 패션을 받아들이게 되었고, 갓을 쓴 상태에서 반질반질한 구두를 신거나, 한복 저고리에 뾰족 구두를 신게 되었던 것이다.

식민 통치 말기로 오면서는 이런 기형적이고 퇴폐적 이미지의 서구식 패션마저도 누릴 수 없게 되었다. 식민 수탈이라는 차원을 넘어 태평양 전쟁의 물자보급기지로서 조선이 필요했던 일제는 전쟁물자 공급에 저해되는 모든 물자의 개인적 사용을 금하였다. 배급제는 기본적 패션마저도 허용하지 않았던 제도였고, 결국 이 땅의 새로운 패션의 물결은 대중들에게 제대로 전파되기도 전에 권력을 가진 소수에게 집중되었고, 극히 일부 사람들만이 패션이라 할 수 있는 외모를 갖출 수 있었다.

02

얼떨결에
찾아온 해방,
준비 없이
맞은 패션

해 방 은 몇 몇 선각자들을 제외하고는 예상치 못한 사건이었다. 그저 '국민복'이라고 하는 일제 전시체제의 복장과 단순하고 간편한 의상에 길들여져 있던 우리 민족에게도 얼떨결에 찾아온 해방만큼이나 패션 역시 해방의 자유로움을 만끽할 준비가 되어 있지 않았다. 당시 패션이라 할 만한 것이라곤 일제에 동조하던 상류층에서 향유하고 있던 이들의 복식과 패션이었다. 여전히 대중들은 주로 한복을 입기는 했지만, 이 역시 침략전쟁 수행을 위해 부여한 최저한의 의류를 의미할 뿐 패션으로서의 생명력은 잃고 있었다.

해방 직전의 상황은 바로 한국인의 패션의 취약 단순함을 보여주고 있다. 관리의 복식은 획일화 되어 갔고, 일반에도 전시 분위기의 군사적 복장이 지배적이었다. 한국인의 정체성을 나타내는 한복은 그저 몸을 가리는것 이상의 의미를 갖지 못했고, 국민복이 일제 전시동원체제의 일원이자 황국신민임을 의미하는 패션으로 자리 잡았다. 국민학생부터 전문대생까지 모든 학생들이 '밀리터리 룩'의 시조라 할 수 있는 국민복을 입어야 했다. 선생들에게도 군대의 장교와 같이 칼을 차고 각반을 한 전투복이 일상화 되었다.

여인네들의 복장은 '몸빼'라 불리던 통치마가 주를 이루었으며, 간편함과 기능성을 중시하는 의상을 많이 입었다. 절체절명의 전시물자보급체제에서 화려함, 유행을 함의하는 패션은 공허한 외침이었을 뿐이었다. 결국 이 시기 여성들에게 나타났던 패션의 흐름은 조선 반도 내에 살던 일본인들과 그에 빌붙어 기생하던 친일파 무리들에게서나 볼 수 있었던 현상일 뿐이었다.

전쟁이 끝나고 해방이 되었지만, 혼란한 사회 분위기에서 새로운 의상이나 패션은 자생력을 갖기에 너무나 힘들었다. 해방이 곧 우리 민족에게 주권회복과 정치적 독립을 가져다 줄 수 있다고 생각했던 대중들의 기대와는 달리 또 다른 형태의 이민족 지배의 시작일 뿐이었다. 미국에 의해 시작된 남한의 군정은 민족의 정체성 회복이나 독립과는 거리가 먼 원조와 친일 잔재의 지속이라는 사회 분위기를 만들어 냈으며, 이는 의상과 패션의 흐름에도 상당한 영향을 미쳤다.

일제 강점기 서양식 복장은 친일파나 일본 유학생들, 또는 일본을 통해 들어온 것이 대부분이었다. 그러므로 양복, 양장을 입는다는 행위는 일제에 기생하던 인물일 것이라는 함의를 가졌다. 그런데 그 복장이 미국의 의상과 별로 다르지 않다는 사실은, 미군정의 시각에서 보면 친밀감과 동질감을 느꼈을 법하다. 물론 미국의 입장에서는 친일파들이 한반도 통치에 있어 행정 보조자로서의 기능성이 고려 대상이 되었을 것이다.

이러한 이유 등이 일제의 패션이 그대로 해방 이후의 패션으로 남아있을 수 있는 원인이 되었을 것이다. 친일파들이 미군정에 자연스럽게 편승하니, 해방 이전이나 이후에나 '양복쟁이'들에 대한 사회적 인식이 별반 다르지 않았을 것이다. 실제 당시 양복 한 벌의 값은 대중들이 쉽게 구입해 입을 수 있는 수준이 아니었다.

『한국경제연의』에 실린 1949년의 양복 값을 보면 당시 양복 한 벌 값이 월급쟁이 한 달 치 급여를 능가하는 수준이라는 것을 알 수 있다. 1949년 10월 1일의 양복 시세는 맞춤복이 12만 원 정도이고 기성복이 1만 8천 원에서 5만 원 정도라고 되어 있다. 당시 대통령 월급이 15만원, 장관 9만원, 5급 공무원은 1만 8천 원이었다는 사실은 양복을 입을 수 있는 사람은 부자이거나 세력가만이 가능하다는 것을 의미했다. 따라서 양복을 입을 수 있는 사람이란 일제부터 부자이거나 미군정에서 새롭게 부와 권력을 획득한 이들일 수밖에 없는 것이다.

이렇듯 외세에 의해 강요 이식된 한국 패션의 내면이 더욱 초라해지고 빈약하게 된 데에는 미국이라는 또 다른 외세의 힘이 작용했다. 제국주의 전쟁에서 패배한 일제를 대신하여 미국은 군정이라는 형태로 한반도, 특히 남한의 생활과 사회를 지배했다. 일제에 의해 간접적으로 전해졌던 서구식 패션 용품들은 대신 미국에 의해 직접적으로 한국사회에 도입되었다. 이로 인해 패션이 갖는 서구적 특징이 좀 더 분명해지기는 했지만, 그것이 곧 패션의 본질적 의의를 담보하는 것이 아니라는 사실은 미군정 기간 유행하거나 사용되었던 물자들을 통해 여실히 증명되었다.

군정 초기 배급제를 통해 대중들에게 전달된 물자들은 거의 자투리 수준의 직물이거나 일제가 남긴 물품들이 대부분이었고, 그나마 주일사령부에서 가끔씩 보내온 하품들이었다. 그러다보니 대중 차원에서 새로운 패션을 창출할 만한 경제적 여력이나 자원의 여유는 찾아보기 힘들었다. 상류층, 기생에서 댄스 걸로 이름을 바꾼 전직 기생들이 향유하고 있던 서양 패션은 여전히 소수 권력에 기생한 이들에게 국한되었다.

소수 권력 기생자들에 의해 움직이는 패션의 흐름은 어려운 경제여건으로 인해 더욱 내용을 위축시켰다. 하나 위안이 될 수 있었던 것은 새로이 선보인 물자 중 값싼 직물들, 특히 군용 직물들을 통해 대중 패션의 단초를 제공했다는 점 정도였다. 그러나 그것 역시 정상적인 소비와 유통의 경로를 밟지 않았으며, 군부대에서 빼돌린 물자가 'PX 아줌마들'에 의해 유통되던 것이 고작이었다. 시대가 변하였지만 물자의 부족은 이 땅의 근대적 패션을 한없이 더디게 하였다.

해방군으로서 미군은 일제의 뒤를 이어 남한 사회의 통치세력이 되었고, 군정은 바로 그 시작이었다. 미국은 동북아 전략, 특히 대일본 정책의 일환으로 군정을 시작했고, 군정의 첫걸음은 남한사회를 자기들의 정치적 이익에 걸맞는 구조로 바꾸는 것이었다. 미국은 남한에서 사회주의 정권이 탄생할까 노심초사했다. 따라서 독립 자주국가 수립에 대한 희망은 해방 직후 남한 사회의 정치·사회적 혼란으로 점점 그 실현이 어려워지는 방향으로 나아가고 있었다. 이러한 와중에 등장한 문화 양상이 양키이즘이었다.

북한의 사회주의 정권 수립에 대처하기 위해 남한의 정치세력들을 조종할 필요가 있었던 미군정은 당연히 군정에 우호적인 정치세력 육성을 위해 노력하였다. 한때 200여 개에 달했던 정당 중에서 한민당이 선택된 것은 한민당의 노선이 미국의 이해에 가장 근접하였기 때문이었다. 미국은 38선을 경계로 한 남한 사회에 자기들의 정책을 관철하고, 미국이 통치가 아니라 도움을 주러 왔다는 이미지를 창출할 필요가 있었다. 미국의 원조는 바로 이러한 배경에서 출발하였다. 실제 해방 직후 공산품 생산이 원활하지 않았던 한국사회는 서서히 미군기지 주변을 중심으로 유통되던 원조물자에 호기심을 갖게 되었다.

미군 물품의 유통은 현대 패션의 기반이 전무하던 한국사회에 새로운 자극이 될 수 있었다. 비록 원조와 군수품 유통이라는 형태를 띠기는 했지만, 이전에 보기 힘들었던 물품들이 합법, 불법의 경로를 통해 암시장에서 거래되기 시작했다. 이러한 물품들은 호기심과 함께 막연한 동경을 자아내기에 충분했다.

초콜릿, 껌, 담배, 위스키 등 소비재뿐만이 아니라 질 좋은 옷이나 구두 등도 한복과 고무신이 대부분이었던 대중들에게는 갖고 싶은 물건들이었다. 이렇게 시작된 미국에 대한 경외는 한민당이라는 정치적 실체와 결합되면서 그 속도를 더해갔다. 한민당에는 여러 계열이 존재하고 있었는데, 미군정의 수립과 함께 한민당이 주목받게 된 것은 미국 유학파와 영어 해독자가 많았다는 사실이다.

한민당 주요 부류는 친일파들이었고, 미군정은 권력에 기생하는데 익숙한 그들에게 양키문화를 접목하는데 큰 노력을 기울이지 않아도 되었다. 더구나 미군정을 이끈 미군들은 일본 주둔군에 비해 문제의 소지를 안고 있던 이들이 대부분이었다. 일본에 주둔한 미군에 비해 주한 미군은 학력 등이 다소 떨어졌다는 점을 감안한다면, 그들이 남한에서 전파한 문화가 저속하고 격이 낮을 수밖에 없는 것은 당연했다. 실제 주한 미군들이 보여준 미국식 문화란 댄스클럽, 재즈, 음주와 끽연, 그리고 자유연애라 불리던 성의 분방함 정도였다. 그런 문화는 한국인의 정서, 곧 유교적 가치와 윤리에 어긋나는 것이었고, 대중의 지배적 수준에 비추어보아 저속했다.

그렇게 양키이즘은 시작되었고, 이를 빠르게 받아들이고 흡수했던 것은 지배층과 미군정에서 일을 하던 사람들이었다. 그러나 양키이즘의 확산 속도는 일제하의 그것과는 비교할 수 없을 정도로 빨랐다. 해방 직후 새롭게 야기된 몇몇 사회현상들이 양키이즘의 확산에 크게 공헌하게 됨으로써 빚어진 문화전파의 새 현상이었다.

해방이 되면서 식민 지배를 피해 고국을 떠났던 일본 본토,

만주와 중국 대륙, 그리고 미국의 해외동포들이 돌아왔다. 이들은 여전히 민족주의적 생각을 갖고 있었지만, 대개 복장에 있어서는 서양식 의복에 더 익숙했다. 이들은 특권 지배층이 아니라 일반 대중 출신이었고, 어려운 형편에서 공부를 했던 유학생들이 많았다. 이는 그들이 기거했던 곳의 문화를 한반도 대중에게 전달하거나 확산시킬 수 있는 자연스런 동인이었다.

일제의 제국주의 전쟁으로 인한 속박과 수탈에 찌들어있었던 한반도, 특히 남한 사회에 불기 시작한 양키이즘은 이후 무차별 확산되는 폐해를 낳게 되었고, 이는 바로 해방 직후의 사회혼란 속에서 긍정적이고 발전적인 측면에서 외래문화를 수용한 것이 아니었다는 사실을 말해주고 있다.

더구나 일제 강점기 말부터 한국사회에 불기 시작한, 목표를 정하고 빠른 시간 안에 속도전을 통해 전쟁 물자를 보급하던 풍토는 은근과 끈기, 여유로움과 여백의 멋을 자랑하던 한국적 미풍양속을 깨뜨렸다. 일제 강점기 말의 이런 폐습은 미군의 저속 천박한 문화가 빠르게 이입될 수 있는 계기를 만들었고, 결국 한국 패션이 미군정의 원조물자에 의해 조성된 패션 문화와 더욱 거리를 갖게 만들었다.

그리고 당시 사회 지도층은 크게 분열되어 있어 이를 통제하고 바로잡는데 한계를 보였다. 일부 계층은 오히려 이에 편승하고 조장하여 정치경제적 피폐를 가속화시켰다. 미국의 원조물자는 대중들에게 공정하게 배급되지 못했고, 밀수와 암거래가 횡횡하여 전반에 걸쳐 국민생활이 어려웠다. 해방 직후 200여 개에 달하던 정당들도 피폐된 국민경제 활성을 위한 어떤 비전도 가지지 못하고 미군정의 임시방편적 경제정책에 순응하였다.

이러한 상황들이 양키이즘이라는 새로운 대중문화 유형과 패션이 국민적 지지와 수용과는 거리를 두게 했던 원인이었다. 그리고 이는 김구와 같은 민족주의자들이나 대중들에게는 타파해야할 악습으로 간주되었다. 실제 상해 임시정부 주석을 역임했던 김구는 미군정의 폐해와 무능, 불합리한 정책을 불신하고 거부하는 태도를 보이기까지 했다. "오늘부터는 양복도 구두도 모두 다 벗어버리고 전부 짚신을 신고 다니자"[*]라고까지 한 그의 발언은 바로 그러한 대중의 의중을 정확하게 나타낸 표현이었다.

대중들의 외면에도 불구하고 양키 패션은 어느덧 도회지를 중심으로 국민생활에 상당한 영향력을 미치게 되었다. 농촌이나 산간벽지에서는 여전히 물자 부족으로 대중적 패션이 형성되기 어려웠지만, 서울을 비롯하여 미군이 주둔한 도시들, 그리고 해외 동포들이 귀국하였던 항구들을 중심으로 양키 패션이 빠르게 확산되었다.

그렇다면 양키 패션의 외형은 어떤 것들이었을까? 남성들의 경우 '마카오 신사'로 불리던 멋진 양복을 입은 신사들이 그 유형에 속했고, 미군의 군복과 작업복 역시 새로운 외형이었다. 그 밖에 미군들이 피우던 쿨런 담배, 구두, 코트 등도 패션의 대표적

---

[*] 강준만, 『한국현대사 산책 : 1940년대편 1권』(인물과사상, 2004, p.272)에서 재인용.

구성요소였다. 여성들은 몸의 선이 드러난 원피스가 대표적이었고, 교복, 군복을 수선하여 만든 옷들도 양키 패션에 속했다.

사교 클럽의 서양 춤, 재즈, 경음악의 유행도 자유민주주의에 대해 충분한 준비가 없었던 정치만큼이나 해방 직후 대중의 패션 감각에 부정적인 영향을 미쳤다. 여전히 물자부족에 허덕이는 대중, 정치지도자들의 분열과 암투에 시달리는 대중의 생활은 곧 피폐와 궁핍 그 자체였다. 해방 직후의 무능한 군정과 부패한 사회상을 풍자한 다음과 같은 노래가 있다.

하루 종일 정거장

흐지부지 우체국
먹자판이 재판소
깜깜절벽 전기회사
종이쪽지 세무서
가져오라 면사무소
텅텅 볐다 배급소
고두럼 장작 때고 냉수 먹세[*]

이와 같은 상황에서 새로운 문물에 의해 자극을 받았던 한국의 패션은 오히려 한국적 전통 생활양식과 고전 패션의 아름다

<hr>

[*]　앞의 책, p.170.

움을 파괴하는 존재가 되었다.

민족정체성이 공산주의와 자본주의의 대결 구도로 해체되어 힘을 발휘하지 못함으로써 대중들이 쉽게 다가설 수 있었던 것은 그저 경외와 감사의 대상이었던 미국이었고, 그들의 '양키 문화'였던 것이다. 이는 양키이즘, '미국주의'로 이야기될 수 있는 새로운 패션 문화이면서, 권력층, 부유층에서 대중에 이르기까지 미국 문화에 빌붙어 미군정의 찌꺼기를 받아 싹이 튼 한국의 패션으로 진화했다. 이렇게 된 원인은 아무래도 전체주의적이던 일본 문화에 비해 미국 문화가 비교적 자유스러웠고, 군대라는 특성에 공생하는 위락적 요소들이 갑작스럽게 도입되었기 때문일 것이다.

이는 일제하에서 양복을 입었던 의미가 다소 변질될 수밖에 없는 특성이었다. 곧 일제의 상류 지배계급, 신문물, 유학 등의 함의와 밀접하였던 양복이라는 패션의 도구는 미군정의 기생적 향락과 퇴폐를 상징하는 함의로 바뀌었음을 의미하는 것이다. 실제 미군 부대를 중심으로 급속하게 번졌던 댄스 클럽의 서양음악과 춤, 술과 담배, 그리고 여성 접대부들은 바로 그러한 미국식 문화의 대표적 외양이었다.

미국식 문화와 패션이 부정적 역할만을 한 것은 아니었다. 그 복식은 보다 많은 대중이 입을 수 있도록 저렴했으며, 재즈 음악 등 다양한 오락거리들이 소개되어 한국사회가 본격적으로 현대사회로 진입할 수 있는 계기를 마련해주었다. 그럼에도 미군정을 통해 들어온 미국의 하층 대중문화가 한국적 패션이 준비되지 못한 상황에서 이후 기형적이고 부정적인 모습을 띠게 만든 것도 사실이었다. 또 이러한 패션의 확산경로가 주로 댄스 클럽이나 미군을 상대하던 접객업소 여성들이었다는 사실은 한국 현대 패션의 시작이 결코 순탄치 않을 뿐 아니라, 미국식 패션에 한국인이 결코 호의적일 수 없게 만들었다.

해방 직후의 사회적 혼란이 한국인이 원하지 않은 외부적 상황에서 비롯된 것이 많았듯이 패션의 시작도 혼란스럽고 파격적인 양상을 띠고 전개되었다. 이는 그때까지 유교적 윤리의식이 팽배해 있던 한국사회에 반발과 비난을 불러일으키기에 충분했다. 이는 신분사회에서 대중사회로 전환되는 과정에 발생할 수 있는 과도기적 상황이라 할 수 있다.

결국 양복이라는 서양 의상은 일제 강점기 이래 해방이 된 뒤에도 여전히 사회적으로 이질적인 패션이자 대중과 유리된 패션이었다. 이런 이유 때문에 해방 직후 한국의 패션 문화는 사회적 혼란에 매몰되어 제대로 기능하지 못했고 자생력이 약했다. 곧 한국 패션이 미군정의 정치사회적 그늘에서 벗어나지 못했을 뿐만 아니라, 오히려 그 그늘 안에서 시작할 수밖에 없는 태생적 한계를 지니게 되었다.

당장의 사회 정치적 혼란은 뒤로 하고라도 패션을 새롭게 만들어갈 물자와 자원이 너무나 모자랐다. 이는 한국 패션이 밀수와 미군부대에서 불법 유출되는 비정상적인 경로로 '발전'하게 되는 한 원인이 되었다. 곧 미군정 3년은 바로 이러한 패션 문화의 시작이자 형성기였다.

03

패션에 남은
민족상잔의
비극

불 완 전 한   해 방 이 한반도에 정치경제적 서광을 보여 주지 못한 것만큼이나 미군정도 문제점이 많았다. 일제 치하 경제와 산업에서 중추적 역할을 하던 일본인 기술자들과 경영진이 귀국하면서 생산 활동이 저하되어 물품의 부족은 필연적이었다. 정치가와 정당은 오로지 권력을 잡아야 한다는 목표 외에는 다른 것들을 돌아볼 의지가 없었고, 경제는 자연스럽게 방치되다시피 하였다. 상황이 이러다보니 새로운 유행을 창출하는데 절대적으로 필요한 원자재가 부족하였고, 그리하여 남한의 패션은 긴 공백기를 가질 수밖에 없었다.

이 시기 3년 동안 미군정은 '정치 경제의 문제점을 해결하지 못했고, 사회 문화에도 적지 않은 오점을 남겼다. 전통 미풍양속을 저해하는 유행의 등장이 대중들에게 그리 반가울리 없었지만, 그렇다고 전통과 미풍양속이 많이 남아 있었던 것도 아니었다. 우여곡절 끝에 수립된 남한 단독정부는 혼란의 끝이 아니라 새로운 위기의 시작이었지만, 정부 수립으로 정치적 위기와 혼란이 일단 진정되자 패션도 기지개를 켜기 시작했다.

미군정 시기부터 시작된 미국발 서양식 패션은 넓은 챙을 가진 모자와 중절모 등에서 다양한 액세서리까지 그 지평을 확장하였다. 고무신과 구두에 대한 수요가 증가했고, 이를 충족시키기 위해 많은 신발공장이 세워졌다. 부산이 신발 산업의 중심지가 된 것도 바로 이때부터였다. 1949년 부산에는 신발을 생산하던 공장이 무려 71개에 달했다. 이는 당시 전국적으로 신발에 대한 수요가 엄청나게 컸다는 사실뿐만 아니라 부산에 장차 신발을 비롯한 패션 산업의 중심이 될 기반이 어느 정도 구축될 수 있었다는 사실을 말해준다.

이렇게 조성된 패션 환경은 거친 수작업을 할 때 사용하는 장갑마저 하나의 패션 도구로까지 발전시키는 공헌을 하였다. 이 시기 수많은 여성들의 사랑을 받던 패션 도구의 하나가 바로 장갑이었다. 장갑에 수를 놓거나 끝 부분을 장식한 검은색 장갑은 신여성들의 나들이에 빼놓을 수 없는 액세서리였다.

그러나 새롭게 피기 시작한 패션은 6·25라는 전대미문의 동족상잔의 비극으로 사그라들었다. 6·25는 궁핍과 물자 기근에 허덕이던 남한 경제에 찬물을 끼얹은 격이었다. 패션도 제대로 피어나기도 전에 전쟁의 포화 속에 사라지고 말았다. 그저 생존만이 절체절명의 가치이자 목표가 되었다. 전쟁의 공포와 맞서 싸우며 삶을 이어가기 위한 의미와 용도로써 패션을 이해할 수밖에 없었다. 몸을 가리거나 덥히는 것이 '좋은 패션'인 시절이었다. 그래도 미군에 의해 본격적으로 전파되었던 몇몇 물품들은 패션의 새로운 시대가 도래했음을 알리는 징표였다. 껌, 초콜릿, 우유, 버터, 치즈 등 새로운 먹을거리들, 흑인, 영어, 그리고 군수용 물자들은 또 다른 의미를 갖는 새로운 물품들이었다.

한반도는 잿더미로 변해갔다. 그 속에서 새로운 무언가를 기대하는 것은 불가능하게 여겨졌다. 영화 〈웰컴 투 동막골〉이 당대의 이상향이었을지도 모를 만큼 새로운 기운은 멀었다. 군정 시기까지 어렵게 이어오던 근대적 패션은 기아의 고통으로 뒤틀렸다. 3년의 전쟁 와중에서는 살아남기 위한 최저한의 옷차림만이 존재했다. '양공주'라는 시대가 낳은 비극의 주체들을 중심으로 원피스, 드레스, 구두, 핸드백, 그리고 액세서리 등 초기 패션의 요소를 선보였지만, 그것으로 모두였다.

전쟁이 끝났다. 3백만 이상의 사상자를 낸 전쟁이 끝나면서 한반도는 다시 인간의 삶을 영위할 수 있는 땅으로 돌아올 수 있었다. 이데올로기의 대결과 갈등이 일단 봉합되자 사람들은 단순히 먹고 사는 문제를 넘어 어떻게 살아야 하는가의 문제로 눈을 돌릴 여유를 가질 수 있었다. 여전히 많은 이들이 기아와 물자난에 시달렸지만, 새로운 시대를 위한 바람은 시간이 지날수록 강해졌다.

그러나 불행하게도 그 바람은 자생적인 바람이 아니었고, 또다시 외부로부터의 원조와 구호를 타고 불어오는 바람이었다. 한국의 패션이 자생력을 갖지 못하고 여전히 외부의 힘에 의해 좌지우지될 수밖에 없는 운명이 대물림을 하고 있었다. 흔히 말하는 원조 패션과 구호 패션이었다. 곧 이 시기 패션은 패션적 요소보다는 먹고사는 문제, 인간의 가장 기본적 수준의 인식으로 비쳐졌다. 패션을 위한 원자재와 부자재가 턱없이 부족했던 당시 상황에 비추어 본다면 어느 정도 이해할 수 있지만, 다른 사람들과 다르게 보이고 싶다는 욕구나 새로운 것에 대한 갈망이 따라갈 만한 여유와 창조적 생각은 여전히 배고픔을 뒤로 한 채 잠자고 있었다.

남북 분단은 한 가족 한 핏줄을 갈라놓으면서 극도의 혼란과 비극의 상황을 초래했다. 북에서 내려온 피난민, 전쟁으로 부모를 잃은 고아, 가족과 헤어진 이들은 당장의 목숨의 부지가 목표였다. 이들에게 있어 옷은 그저 생명 부지의 도구에 지나지 않았으며, 거기에 유행이라 할 만한 그 어떤 흐름도 존재하지 않았다. 다만 고아와 걸인들이 집단화 되면서 그들만의 껴입기, 또는 겹쳐 입는 스타일이 후일 히피와 거지 패션에 모티브를 제공한 정도였다.

상황이 이럴진대 대중성을 특징으로 하는 패션은 여전히 요원하였으며, 말 그대로 한 벌의 옷이란 부자들과 권력자들이나 누릴 수 있는 사치품이 되었다. 옷과 그로부터 발생하는 패션은 여전히 돈에 의해 구현되는 것으로 인식되었고, 잘 차려입는다는 것은 곧 돈이 많다는 것으로 인식되었다. 패션산업 자체가 귀족적이고 자본주의적 특성을 갖고 있기는 했지만, 이 시기만큼 패션 자체가 사치스럽고 일반 국민들과 상관없는 것으로 인식되었던 적은 없었다. 전쟁 상황에서 여분의 옷가지와 장신구는 말 그대로 생존에는 아무 쓸모없는 물건들이었다. 생명 연장과 생존에 필요한 것은 먹을 것만이었다.

물론 전쟁의 포화가 미치지 않은 낙동강 이남지역을 중심으로 간간히 유행의 언저리를 맴돌고 있던 미미한 흐름들이 존재했지만, 이 역시 전쟁의 와중에서 패션이라고 보기에는 쓸모없는 것에 불과했다. 패션, 유행이라는 단어는 전혀 의미가 없는 것이었고, 한 동안 사람들의 입에 오르내리지도 않았다.

이후 미국이 전쟁에 본격적으로 개입하면서 초보적이긴 하지만 새로운 패션의 행태들이 나타났다. 미국의 개입은 수세에 몰렸던 전황을 일거에 역전시킬 수 있는 계기를 마련했고, 동시에 미군 원조물자가 광범위하게 유포되면서 대중들은 미제 물건들을 실생활에서 쉽게 접할 수 있었다. 일제의 해방군이었던 미군이 북한군을 물리치고 나라를 지켜주었다는 인식이 대중들에 확산되면서 미국의 문화와 제품에 대한 선호가 자연히 생겨났다.

미군정 시절 미군부대로부터 불법적으로 유통되던 것과는 다르게 공식적으로 원조 물자들이 국민들에게 보급되었다. 가장 새로운 것들은 음식과 복식에 관련된 것들이었다. 껌, 초콜릿, 담배 등을 얻기 위해 미군들에게 달려들었던 것은 아이들만이 아니었다. 굶주림에서 먹을 것이 필요했던 남녀노소 모두 미군들에게 손을 내밀었다.

한국의 패션은 그렇게 다시 재생되고 있었다. 한국 패션은 다시 미국의 원조물자와 미국의 문화적 시각 아래 더욱 철저하게 미국적 모습을 갖추게 된 것이다. 적어도 해방 직후 다소나마 남아있던 일제 잔재가 패션 분야에서만큼은 힘을 쓰지 못했던 시기였다. 반일 분위기의 민족적 정서를 등에 업고, 이를 대체한 미국주의가 세를 얻으면서 다시 왜곡되고 변질된 한국의 패션이 시작된 것이다. 우리 민족 스스로 자생력을 갖춘 패션이 아니었다. 미군에 의해, 그리고 그들의 원조물자 덕분에 시작된 패션이자 유행이었을 뿐이었다.

PX와 미군기지는 유행의 중심지였고, 전쟁에서 떨어져 있던 도시들에서는 보다 안정적인 유행의 흐름을 유지할 수 있었다. 이 시기 흔하게 회자되던 단어는 양공주와 PX 아줌마였다. 곧 이 사실은 이 시기가 얼마나 사회 문화적으로 미국의 영향이 강했는지를 알 수 있는 척도이다. 그들이 전파, 유통시킨 원조물자와 패션은 이전 시대보다 훨씬 큰 영향력을 끼쳤다.

1953년 7월 27일 휴전협정이 체결되면서 한국사회가 어느 정도 안정을 되찾자 패션 역시 새 출발의 기대와 여력을 갖추기 시작했다. 생존의 문제가 어느 정도 해결되면서 일상으로 돌아오자, 패션의 방식과 목표도 일정 수준 갖추게 된 것이다. 미국을 매개로 해외문화의 유입과 소개가 활발해지기 시작한 것도 이 무렵이었다. 〈로마의 휴일〉에서 오드리 헵번이 보여주었던 스타일과 패션이 상류층 여성들과 여대생들을 중심으로 유행하였고, 엘비스 프레슬리의 록큰롤 등 유명 가수들의 LP 판은 새로운 유행을 선도하는 매개체였다.

또한 의상과 유행의 기본을 형성하는 물자의 양과 질 역시 풍부해지기 시작했는데, 듀퐁의 나일론과 폴리에스테르도 50년대

중반부터 수입되었다. 이러한 환경은 전쟁의 폐허 속에서도 패션이 다시 태어날 수 있는 밑거름이 되었다. 특히 미국 영화와 음악에서 벗어나 한국인에 의해 제작되고, 한국인이 주인공이 되었던 영화가 이 흐름에서 주요 역할을 하였다. 패션의 진원지이자 문화적 위안을 주었던 한국영화의 힘은 이 시기부터 본격적으로 대두되었던 것이다.

전쟁의 폐허 속에서 이렇게 시작한 패션이었지만, 여전히 대중들은 삼시 세 끼니를 때우기조차 어려운 형편이었다. '유행이다' '스타일이다' 라는 이야기는 그저 부자들과 양공주, 상류사회 지식인들의 몫이었다. 대중들 누구나 즐길 수 있는 패션은 아직 형성되지 못하였다. 그저 두터운 담요 천으로 추위를 이기거나 몸을 가리는데 편리한 옷을 만들어 입었다. 인간 기본의 '의(衣)'를 해결하기 위한 원조물자 패션만이 존재하고 있었다.

원조물자 패션은 한국의 자생적 패션을 가로막았던 주원인이 되었다. 그러나 무엇보다 한국적 자생 패션이 피어날 수 없었던 원인으로는 미군정과 6·25 전쟁 외에도 내부적 요인 역시 무시할 수 없었다. 그것은 '한국적' 이라는 수식어를 어떻게 해석할 것인가에 대한 문제인데, 이는 결국 한국적 정체성의 해석 문제로 귀결되는 것이다.

한국적 패션의 정체성 논의는 나중에 다시 거론하겠지만, 이 시기 원조물자는 한국의 패션이 갖는 독특성과 복잡함을 배가시키는 요소임에 틀림없다. 한국 사회에 내재하고 있는 여러 요인들을 충분히 고려하면서 패션이 갖는 일반성을 어떻게 접목시키느냐 하는 것이 이 시기 패션을 해석하는 출발점일 것이다. 그러나 유감스럽게도 이 시기에 과연 한국적인 것이 남아 있었을까 할 정도로 피폐, 파괴되었고, 또 강대국 미국의 간섭과 개입은 토착적이고 한국적인 출발을 더디게 한 것도 사실이었다.

한국의 근대화 과정에 개입하였던 일본의 식민 지배, 미군에 의한 해방, 미군정의 한국정치 개입, 그리고 남과 북이 미국과 소련의 꼭두각시로서 치러낸 동족상잔의 전쟁 등은 한국적 패션을 또 다시 굴절시키면서 동시에 올바른 출발을 불가능하게 하는 요인으로 작용하였다.

04

전쟁의 파괴 :
패션의
창조적 출발

　전 쟁 의　상 흔 을　어렵사리 치유함과 동시에 이미 멀어진 통일의 희망, 남북분단의 고착화를 현실로 받아들이면서 이제 남은 길은 새로운 민주주의와 이를 뒷받침하기 위한 경제발전이었다. 패션의 속성은 단순히 생존과 존재만으로는 채워질 수 없는 개념이다. 기본 생활의 필요를 뛰어 넘는 풍요와 여유를 전제로 하는 것이 패션이기 때문에 패션을 위해서도 경제 발전은 중요한 문제였다.

　그러나 전쟁이 끝나고 바로 새롭게 시작할 것은 별로 없었다. 또한 전쟁은 종전이 아닌 휴전 상태였기 때문에 여전히 재발 가능성이 남아 있었고, 이런 상황은 미군의 영속적 주둔을 불러왔다. '보릿고개', '유엔마담', '꿀꿀이죽', 'PX 제품' 등은 당시의 상황을 집약적으로 나타냈던 단어들이었다. 미국의 절대적 지지를 받고 있던 이승만 정권은 그러한 사회 상황과 딱 어울리는 정부였지만, 유감스럽게도 정치적 무능과 경제에 대한 무지는 한국 사회 전체를 힘들게 하였다.

기나긴 겨울의 혹독함을 견디는 인동초처럼 패션에도 새로운 기운이 싹틀 수 있는 분위기가 조성되었다. 패션은 잿더미 속에서 하나둘 일어서기 시작한 한국의 50년대 후반 사회 상황과 같은 걸음걸이와 모양을 취했다. 조잡하기는 했지만 우리 손으로 세운 공장에서 간단한 생필품들이 선보였다. 원조와 구호품에 익숙하던 사회에 차츰 우리 손으로 만든 물건들이 판매되면서 '새로운 것'에 대한 욕망을 담은 노력과 시도들이 하나둘 생겨났다.

그러나 자유로움이 가장 중요한 생각의 기반인 패션에 전쟁 이후 상황은 그러한 자유를 펼칠 수 있는 장을 마련하기는 여전히 부족하였다. 무엇보다 여유와 멋을 부린 물건을 만들어 내기에는 물자가 턱없이 모자랐다. 전쟁의 상흔이 너무 컸다. 일상을 뒤엎는 새로움은 그 자체의 이미지보다는 부정적 이미지로 대중에게 인식되었다. 대표적인 것이 유엔마담이나 양공주라 불리는 이들이었고, 불법 유출된 군수물자와 미군 PX의 물건 등이 바로 그런 것들이었다. 이러한 부정적 인식은 새로움에 대한 거부감과 과대한 윤리적 판단이 개입될 여지를 남겼고, 과감하고 독창적인 시도 자체를 부정적으로 보는 사회적 분위기를 형성한 것이다.

여기에 반공의 광란이 사회 상황을 더 짓눌러버렸다. 전쟁은 한국 사회의 윤리 기준을 너무나 단순화시켰다. 반공과 용공의 이분법적 구도는 사회 분위기를 나와 적으로 극단화하게 되었고, 이는 결국 우리 편만을 강요하는 방향으로 흐르게 되었다.

이는 일제 잔재와 친일파들을 청산하지 못하게 한 결정적 요인으로 작용하였다. 친일파들이 어느 날 갑자기 친미파, 반공투사로 등장한다든지, 일제 경찰과 일본군의 하수인들이 사회 지도층으로 부각되면서 일본 잔재는 그대로 한국인의 삶과 의식 속에 잔존하게 된 것이다.

이들의 기회주의적 처신은 일제 강점기에 강요되었던 통제의 기억과 대중들의 냄비근성으로 쉽게 용인되는 분위기였다. 부정부패마저도 정당화되거나 '능력'으로 여겨지던 사회 분위기는 부정부패의 질과 양을 무한 확대시켰다. 실제 이승만을 정점으로 하는 자유당은 그러한 사회 분위기를 충분히 악용하여 숱한 불법과 부패를 저질렀다. 이승만의 3선 출마를 위해 개악한 '사사오입 개헌'은 대표적인 불법, 편법의 상징이었다. 김창룡과 노덕술같은 악질 친일파는 어느 사이 열혈 반공투사로 변해 있었다. 이러한 사회 현실은 동기와 과정보다는 결과와 목적을 달성하기 위한 불법과 부정을 정당화하는 인식을 갖게 하였다.

이승만의 불법 3선은 자유당 독재 체제를 강력히 구축하게 하였고, 일제의 통치 과정을 답습하는 것을 넘어 어제와 오늘이 다른 사회분위기를 만들어 냈다. 어제의 적이 오늘의 동지가 될 수 있었고, 친일과 친미는 이제 일상을 살아가는데 꼭 필요한 처세술로 변했다. 친일을 단죄하고 청산해야 하는 역사적 필연의 의미는 더 이상 중요한 것이 아니었다. 현재가 중요했고, 반공의 우산 아래 모이기만 하면 되는 그런 세상으로 바뀐 것이다. 제대로 된 문화와 패션이 나오기 힘든 사회 분위기가 상존했던 것이다. 급박하게 변해가는 세상에서 패션은 그저 시간과 속도의 반영일 뿐이었다.

그래서 등장한 패션이 전통이란 이름의 '구식'과 첨단이란 이름의 '신식'이 만난 오묘한 조화였다. 맥고모자와 양복, 한복 저고리와 구두, 치마저고리와 뾰족구두, 양산과 한복 등이 그러한 패션의 모습이었다. 패션의 신구 혼합과 함께 눈에 띄는 변화는 미국제품이 활발히 유통되면서 패션의 스타일이 지나치게 미국식으로 흐르게 된 점이다. 청바지는 말할 것도 없고, 나일론이 대량 생산되어 본격적으로 옷감으로 사용되었고, 면이 미국으로부터 대량 들어오자 면제품과 방직산업이 발달하였다.

그나마 실용주의적 미국식 패션 스타일이 도입된 것은 다행이었다. 모든 것을 절약해 살 수밖에 없는 시대 상황에서 나일론이나 군복지 등으로 만든 옷들은 실생활을 간편하고 편리하게 하였다. 한정된 자원 하에서 활동에 편리하고 수명이 오래 가는 옷들이 하나둘 자리 잡기 시작했다. 굳이 실용주의라고 이야기하지 않더라도 당시 상황에서 그것 말고는 선택의 여지가 없었던, 곧 강요된 실용주의 패션이 시작된 것이다. 항시 검약을 생활의 미덕으로 숭상하였고, 남은 쪼가리 물건을 재활용하는 것이 미덕이자 가치인 시대였다. 꿀꿀이죽, 쪼가리 천을 속에 넣은 누비이불, 옷을 겹쳐 입는 것도 이 시대의 삶의 방식이자 스타일이었다.

이 시기 패션과 관련하여 이야기할 수 있는 대표적 분야는 정치이다. 신생 민주공화국이라는 사실에서 오는 당연한 정치적 관심 외에도 분단과 외세, 그리고 정치적 헤게모니를 장악하기 위한 노력 등이 아우러져 다양한 정치적 행태와 그로부터 촉발된 여러 현상과 유행이 생겨났다. 해방 직후 백여 개가 넘던 정당들은 어느 정도 정리가 되었지만 여전히 많은 정당들이 존재하고 있었다. 정당의 지도자들은 이 시기 패션의 주요 리더의 역할을 하고 있었다. 대중 강연, 언론을 통해 투영된 이들의 이미지는 대중의 선망의 대상이었다. 그들의 말과 행동, 옷차림은 대중들이 따라 하는 기준의 하나가 되었다. 이승만의 두루마기, 조병옥의 나비넥타이, 장면과 김성수가 애용하던 지팡이와 맥고모자 등은 이 시대 정치 지도자들이 대중에게 영향을 미쳤던 패션이었다. 또 궐련을 대신한 파이프 담배, 반짝반짝 빛나는 구두도 이 시기 정치 지도자들의 전형적인 스타일이었다.

한 가지 더 눈여겨 볼 현상은 이 시기가 정치깡패의 전성시대였다는 점이다. 각 정당과 계파는 '장군의 아들'로 알려진 김두한 외에도 정치깡패들과 밀접한 관계를 가졌다. 정치깡패들이 대중들을 압박해 온갖 이득을 취할 수 있도록 비호해 준 세력이 바로 정치인들이라는 것은 공공연한 비밀이었다. 정치깡패는 대중에게 위협과 공포의 대상이었지만, 한편으로는 선망의 대상이기도 했다. 정치깡패와 여대생의 연애가 종종 화제 거리가 되기도 했다. 어쨌든 정치깡패 역시 패션에서만은 리더의 역할을 충실히 수행하였다.

그렇지만 여전히 어려운 시대였다. 정치, 경제, 문화, 사회 그 어느 것 하나 제대로 작동되는 분야가 없을 정도로 무능과 부패가 난무하던 때였다. 1천만에 달하는 실업자와 100만을 헤아리는 전쟁미망인, 고아들의 문제는 어디에서부터 그 해결책을 찾아야 할지 모를 만큼 큰 사회문제였다. 그럼에도 불구하고 많은 이들이 무언가를 만들어내는 데 뛰어들고, 또 나라를 바로세우기 위해 열심히 노력하였다.

그런 노력 중 큰 의미를 가질 수 있었던 것은 국산 시발 자동차의 생산이다. 엔진이나 주요 부품들이 국산은 아니었지만, 자동차를 조립하여 생산한다는 사실 자체만으로도 내일의 산업입국을 열 수 있는 디딤돌이 될 수 있는 것이었다. 1955년 9월 처음 생산하기 시작한 시발 자동차는 미국 지프의 4기통 엔진을 탑재하고 주요 부품과 외형을 수공으로 조립하여 만든 것이었다. 그러나 그 자체만으로도 전후 한국의 능력 향상을 의미하는 것으로 받아들여질 만큼 큰 자부심과 미래에 대한 희망을 보여주었다.

UN군과 미군에게서 받은 구호물자를 산업적 능력으로 변환시키기 시작한 것도 이 시기였다. 특히 생활 관련 제품을 만드는 가내수공업 공장들이 우후죽순 생겨나면서 그 동안 생존의 그늘에 숨어 있던 패션의 욕구들이 무대 앞으로 등장했다. 여기에는 재봉틀 한 대만 있어도 거의 무한정 가능했던 양장점, 옷 수선집 등이 첨병 역할을 하였다.

가장 먼저 모습을 드러낸 것은 미공군의 낙하산 기지로 만든 블라우스와 일명 '곱창' 칼라였다. 자체 생산의 옷감이 귀했던 당시 낙하산 기지는 여성들의 블라우스에 안성맞춤이었다. 낙하산 기지는 속이 비칠 만큼 반투명하고 몸에 달라붙기 때문에 겹지를 넣거나 안감을 붙이는 순발력으로 커버하였다. 또한 꼼꼼함을 발휘하여 단순 스타일의 코트에 변형을 가하기도 했다. 코트와 안감을 연결하는 부분에 천이나 테이프를 이용, 1cm 간격으로 쪼글쪼글하게 하는 속칭 '곱창' 칼라를 접목시킨 것이다. 그 외에도 군복을 수선하거나 염색해 입는 모습도 흔히 볼 수 있는 풍경이었다.

변형의 새로운 욕구를 해결하기 위해서는 손수 바느질을 하기도 했지만, 돈 있는 이들은 양장점이나 수선집을 이용했다. 이는 곧 유행을 선도하고 이를 종합화한 패션 거리의 등장을 촉진시켰다. 명동의 등장이 바로 그 시작이었다. 명동을 중심으로 유행과 패션이 일정 정도의 시장성을 갖추면서 좀 더 대중적 차원에서 패션이 시작될 수 있는 기반이 마련되었다.

미군부대는 그러한 면에서 가장 중요한 패션 소재의 공급처이기도 했다. 그들이 즐기던 음악과 영화, 잡지, 사진 등을 통해 새로운 유행과 스타일을 만들어냈다. 전쟁 직후 여성들이 즐겨 입었던 타이트 스커트를 시작으로 〈로마의 휴일〉에서 오드리 햅번이 입었던 플레어드 스커트, 1955년 아카데미상을 받은 〈모정〉의 여주인공이 입고 나온 차이나 풍의 드레스, 그리고 1957년 오드리 햅번 주연의 〈사브리나〉를 통해 유행시킨 맘보 음악과 맘보 바지는 이땅의 남성들까지도 홀태바지라고 하는 소위 '맘보 쯔봉'을 입게 했다.

그렇다고 한국인들이 뒷짐만 쥐고 바라보기만 한 것은 아니었다. 최경자는 함흥에 설립한 국제양장사를 해방 후 서울로 옮긴 뒤, 전쟁의 참화를 피해 대구로 내려갔다가 1954년 다시 명동에서 재개업하였다. 국제양장사는 '최경자복장연구소'라는 별도의 패션교육기관을 설립하기도 했다. 국제양장사는 당시 노경희, 최은희, 김지미 등의 유명 여배우들, 나애심 등 유명 가수들을 모델로 하여 자기들 의상을 홍보하여 패션의 대중화에 상당한 기여를 했다. 국제양장사의 이러한 시스템은 맞춤의상시대를 여는 계기가 되었다.

맞춤의상시대를 선도한 것은 국제양장사만이 아니었다. 노라노, 아리사, 영관사 등 많은 양장점들이 들어서면서 명동은 그야말로 50년대 한국 패션을 이끌었던 중심지가 되었다. 이런 노력들이 결실을 맺어 1956년 10월 반도호텔에서 한국 최초의 패션쇼라 할 수 있는 노라노 패션쇼가 열리게 되었고, 이로써 남성복보다는 여성 관련 의상들을 중심으로 한국 패션시장이 펼쳐지게되었다.

이러한 상황을 만들어낸 데에는 신문, 영화 등 대중매체의 영향도 컸다. 1954년 정비석의 소설 「자유부인」이 일간지에 연재되면서 촉발된 가치관과 사회의식의 변화는 50년대를 관통하는 주요 화두였다. 전쟁의 상흔으로 등장한 미망인 문제는 한국 사회에 커다란 반향을 불러일으켰고, 그러한 미망인의 성적 일탈이 「자유부인」을 통해 더욱 각인되었던 것이다.

1956년에는 한형모 감독이 이 소설을 영화화해 공전의 히트를 기록하면서 더더욱 여성에 대한 사회인식이나 성에 대한 관념의 변화는 불가피했고, 이는 한국 패션의 양상을 크게 변화시켰다. 영화 〈자유부인〉의 여주인공이 입었던 비로드(벨벳) 의상은 50년대 후반을 관통하는 대유행의 소재였다. 이를 통해 비로드 옷을 입은 여성은 곧 개방적이고 적극적이며 자유연애를 선호하는 현대 여성으로 인식될 정도로, 의상과 패션이 사회적 기준과 판단의 근거로 작용할 수 있다는 것을 보여주었다.

영화와 소설 속의 인물의 이미지에 대한 대중의 추종은, 패션을 하나의 문화로 인식하였던 여성지를 매개로 하여 더욱 촉발되었다. 여성월간지 『여원』 1955년 11월호에 처음으로 '패션 화보'가 들어가면서 패션에 대한 대중적 욕구를 전문적이고 특정화된 주제로 취급하는 시도가 본격화되었다. 이어 여성지뿐만 아니라 일간신문에서도 계절에 따른 의상의 변화와 흐름을 자세하게 보도하는 일들이 잦아졌다.

여성복 분야에서의 이와 같은 변화는 남성복에 이어 액세서리에까지 확대되었다. 남성 패션도 다양한 스타일이나 색상을 전제로 한 것은 아니었지만, 전보다는 훨씬 나아진 모습으로 발전되었다. 물자가 귀했던 시절이었지만, 미국 이외의 나라들에서 생산된 직물로 만든 양복들도 쉽게 볼 수 있었다. 여성 패션의 중심이 명동이었다면, 남성복은 주로 'ㅇㅇ라사'라고 간판을 건 양복지 전문 도매점이 몰려 있던 충무로 일대가 중심이었다. 여성복만큼의 화려하고 다양한 디자인은 아니었지만, 감색, 검정색을 기본으로 남성복들이 주문 제작되었다. 학생들이나 젊은 이들 사이에서는 미군 군복을 개조한 옷을 많이 입었다.

의상 이외에도 구두 등 신변잡화도 당대의 흐름과 유행을 공유하였다. '빽구두'라 불렸던 해군 장교들이 신는 구두를 본뜬 흰색 정장구두, 중절모 등이 남성들에게 인기 있는 패션 제품들이었다. 여성들은 전후의 시대 분위기를 반영한 쇼트커트 형 머리에 베레모나 필박스라고 하는 모자를 즐겨 썼다. 지방에서는 여전히 한복이나 한복을 약간 변형한 의상들이 주를 이루고 있어서 패션이란 그야말로 그림의 떡이었다.

그러나 급격한 사회변화와 함께 등장한 의상들에 적응하지 못하거나 잘 알지 못하는 이들도 많았다. 처음 입어보는 블라우스와 스커트의 앞뒤를 분간하지 못해 거꾸로 입는 여성들도 심심치 않게 볼 수 있었고, 남자들도 넥타이를 그냥 노끈처럼 매어 착용했던 경우도 있었다고 한다. 패션의 대중화를 열기에는 여전히 2%가 부족하였지만, 이 시기에 근대화를 열망하면서 경제 중흥을 위한 노력이 싹텄고, 그 열망의 부산물이자 도구로서 패션의 역할이 새롭게 부각되었다.

이 시기 국가 차원의 발전에 대한 명확한 시도는 1959년에 발표되었던 경제개발 5개년 계획이었다. 국가가 처음으로 경제발전을 위한 청사진을 제시하고 중점투자 역량을 강화하는 분야를 선정하는 계획에 패션의 중추이자 기반이라 할 섬유산업이 선정된 것은, 패션이 갖는 근대적 의미와 시대적 상황에 기인한 바가 컸던 것이다. 이는 한국의 근대화에 첨병 역할을 하게 될 섬유산업의 중흥과 발전, 이어서 한국적 패션 산업과 한국적 패션이 설정될 수 있도록 하는데 큰 기여를 하였다. 곧 섬유를 비롯한 패션 산업은 농업 중심의 한국의 산업구조를 바꾸는데 한 역할을 한 것이다.

1959년에는 금성사에서 처음으로 국산 라디오를 생산하기 시작하였다. 이러한 라디오 방송 등 대중매체의 급속한 전파는 일부에 국한하여 논의되어 오던 패션이라는 주제가 대중적으로 재생산되고 회자되는데도 큰 역할을 하였다. 대중매체는 패션의 도우미 역할을 꾸준히 하면서 한국 패션이 오랜 동면에서 깨어나 근대화의 새로운 동력을 얻을 수 있게 해 주었다. 여기에서 초래된 대중들의 의식의 변화는 사회의 양식을 바꿀 수 있었고, 패션은 그러한 인식전환과 변화에 주요 요인이자 결과로 나타났다. 따라서 1950년대 후반은 일부 상류층을 중심으로 이야기되던 패션이 점차 아래로 내려가면서 패션의 대중화가 시작될 수 있었던 계기와 초석을 마련한 시기라 할 수 있다.

그러나 그것도 잠시, 대중들의 패션에 대한 인식의 틀이 또다시 허물어지게 되는 사건들이 연발하였다. 이런 배경에는 당시의 정치적 상황이 큰 요인이었다. 친미와 반일의 갈래에서 반공 이데올로기에 똬리를 틀고 들어앉은 친일파들, 그리고 그들과 연대하여 새로운 지배세력으로 떠오른 친미파들에게 내일이란 오늘 하루를 잘 살면 해결할 수 있는 예정된 시간이었을 뿐이었다.

이런 사회적 분위기 속에서 묵묵히 자신의 일에 최선을 다하고 결과보다는 과정을 중요시하는 문화를 기대하기란 애당초 틀린 일이었다. 더군다나 임기응변과 변덕의 문화를 양산하고 선도한 것은 정치가들을 비롯한 경제, 사회계의 지도층이었다. 지식을 팔아 일신의 안위를 꿈꾸고, 부정부패를 통해 사업을 확장하는 것이 성공과 인생의 목표로 정립된 것도 바로 이 시기가 아닌가싶다.

정치와 사회의 이러한 잘못된 만남은 전 분야에 파급되었고, 그것이 일상의 문화로 착화되었다. '단벌신사'라는 말에서 알수 있듯, 다양한 사회적 층위에 따라 어울리는 패션을 만들어가기에는 여전히 물자가 부족했고 의식이 빈약했다. 대중은 대부분 일상의 삶에 연연하는 수준이었고, 새로운 것이나 특별한 것을 추구할만한 정신적·경제적 여유가 아직 없었다. 그래도 청계천, 남대문 등에서 미군 군수물자를 변형시키는 가내수공업 형태의 의류 공장들이 밤낮없이 미싱을 돌려 대중 대상의 패션을 만들어 내기 시작한 점은 한국 사회에 새로운 패션의 가능성을 보여주었다.

그렇지만 여전히 대중이 함께 향유할 수 있는 패션은 요원하였다. 춘하추동 거의 같은 옷을 덜 입거나 껴입는 수준의 옷차림이 대중이 추구할 수 있었던 트렌드였다. 그러던 차에 대중의 의식 전환과 대한민국의 정체성을 일깨워준 역사적 사건이 발생하였다. 4·19 혁명이었다. 4월혁명은 부정부패 정권에 대한 저항과 국민이 주체가 되는 민주주의의 완성이라는 정치적 목표를 가지면서 한편으로는 대중의 일상까지도 바꾸어 버렸다. 4월혁명은 조선왕조 멸망 이후 대중 스스로 자기 결정으로 정치적 행동을 취한 사건이다.

그러나 4월혁명은 한국적 민주주의의 자생성마저 뒤틀어 버린 국가개입의 변형적 민주주의를 촉발하게 된 출발점이기도 하다. 4월혁명이 어째서 변형적 민주주의를 촉발하는 계기였는가는 의견이 다를 수 있지만, 4월혁명은 민주주의의 토양이 얕은 한국의 정치현실, 외세 의존적이면서 남북이 극렬하게 대결하는 한반도 상황, 정경유착이 깊게 뿌리내린 신생 대한민국에 있어 민주주의의 성숙이 아니라 사회 불안을 부추길 수 있는 계기라는 인식도 가능했다. 그리고 불행하게도 이를 포착해 낸 것이 바로 군인들이었다.

패션의
근대화,
시련의
시작

01

4월혁명과 함께
사라진
자유 패션의 꿈

    경 제 발 전 과   **함 께** 일기 시작한 패션의 기반은 한국사회를 뒤흔든 정치적 사건들에 묻히게 되었다. 이승만 정권의 부정부패는 정치뿐만 아니라 사회 전반적인 분위기에도 악영향을 끼쳤다. 그 동안 심심치 않게 군과 경찰, 정치권력의 부정부패 문제가 이슈화되기는 했지만, 급기야 1960년 3 · 15 부정선거를 통해 권력의 막바지 치부를 드러내고야 말았다. 1959년 경제개발 5개년 계획과 연동되어 패션의 근대화가 막 시작되려는 시점에서 마산의거를 시작으로 급기야 4 · 19혁명이라는 시민봉기가 일어났다.

    1960년대는 이렇게 국가 내부의 혼돈을 거쳐 새로운 시대를 여는 정치권력의 등장과 함께 출발하였다. 전쟁의 후유증으로 자기성찰의 틈이 없었던 대중들이 어느 정도 생존의 문제에 확신을 갖게 되자, 우리 안의 부정부패에 관심을 갖게 되었고, 이는 곧 온 국민들의 눈에도 드러나게 되었다. 이 시기 가장 큰 특징은 전후 베이비붐에 따른 아동과 청소년층의 증가로 새로운 시장의 형성이었고, 또 우리와 세계의 교류와 호흡, TV의 보급으로 인한 국민 생활 여건의 변화 등이었다.

1950년대는 신생 대한민국의 기반이 잡혀가던 시기였다. 인구는 꾸준히 증가하였고, 정부 주도의 개발계획은 산업계를 활성화시키기 위한 준비 과정이 되었다. 충분한 자원이나 오랜 기간 축적된 물적 기반은 약했지만, 대중들은 자식에 대한 교육적 열망과 국가에 대한 충성심만은 여전히 강했다. 굶어죽는 한이 있어도 아이들 교육을 포기할 수 없었던 대중들의 신념은 이후 물적 자원의 부족을 인적 자원으로 대체할 수 있는 훌륭한 여건을 조성했다.

4·19혁명의 전환기적 사건이 5·16쿠데타에 의해 무위로 돌아가자, 사회 분위기는 민주주의에 대한 좌절과 함께 군부의 부정부패 근절 의지에 대한 희망이 교차하였다. 그러나 박정희를 중심으로 하는 군부 세력은 권력 획득에 대한 의지가 너무나 강했고, 결국 민정이양을 바라는 대다수 국민의 기대를 뒤로 하고 군부 스스로 집권, 제3공화국을 출범시켰다. 대통령이 된 박정희는 경제개발정책을 통해 국민의 환심을 얻고, 자원부재의 한국적 상황을 고려하여 수출중심 무역정책 기조를 세웠다.

이러한 수출 드라이브 정책의 효자산업이자 전략산업으로 떠오른 것이 패션산업이었다. 앞에서 서술했듯이, 1950년대부터 서울에는 청계천 등을 중심으로 가내수공업 수준의 소규모 공장들이 많이 있었고, 값싼 임금을 통한 생산이 언제나 가능한 조건을 가지고 있었다. 선천적으로 바느질과 재봉에 솜씨가 있는 우리 여성들의 손길은 이를 산업적 수준으로 끌어 올리는데 큰 문제가 없었다. 본격적으로 패션산업이 구조화되면서 패션의 흐름 역시 대량적이면서 다양한 분야로 파급되었다.

5·16 쿠데타로 혼란했던 정치도 어찌되었든 안정기에 들어서고 있었기 때문에 국가 주도 산업으로서의 패션이 이 땅에서 본격적으로 출범할 수 있었다. 이는 국내적으로도 일정 규모의 패션 시장이 형성될 수 있었다는 것을 의미했고, 연령과 계층에 따른 시장 분화가 가능했다는 의미이기도 했다. 가장 두드러진 부문은 아동복이었다. 전후 베이비붐 세대의 성장이 가시화되면서 아이들을 위한 기성복 시장이 점차 커져갔다. 아이만큼은 남 부럽지 않게 입히고 싶었던 보통의 부모들의 각별한 희생정신이 기반이 되었음은 두말할 필요가 없었다.

이런 이유 등으로 폭발적인 아동복 시장의 성장은 많은 아동복 전문회사의 등장을 촉진시켰다. 이전에는 아이들의 옷이란 그저 개량하거나 변형시킨 형태가 대부분이었지만, 이 시기 들어오면 본격적으로 아이들 옷을 전문으로 만드는 공장과 의류회사들이 생겨난 것이었다. '마마', '포핀스', '사보나', '원' 등의 회사들이 자체 상표를 가지고 아동복을 만들려고 했던 시기도 이때였다. 특히 아이들을 전문적인 패션모델로 활용하면서 한때 중상층 사회에서 어머니들 사이에서 아이들을 패션모델로 만들려는 기운이 바람처럼 일어나기도 했는데, 오늘날 치맛바람의 원조에 해당된다 할 것이다.

또한 정부의 의생활 규제정책에 반발하여 영화배우들의 의상을 따라 하려는 모방 패션이 가장 활발하게 일어났던 때도 이 시기였다. 영화 〈맨발의 청춘〉에서 많은 여성들을 사로잡았던 신성일이나 트위스트 김의 옷차림과 행동이 이 시대를 풍미했던 하나의 트렌드로 자리 잡았던 것은 그러한 사회적 의식의 반영이라고 할 수 있겠다. 또한 최은희나 문희, 그리고 엄앵란 등의 여배우들 역시 여성들의 모방 패션에 자주 등장하는 배우들이었다.

한 가지 재미있는 것은 이 시기 패션산업의 성장과 함께 산업적 수준에서 가발 산업이 집중적으로 각광받기 시작했는데, 여기에는 당시 전세계적으로 머리를 크게 부풀리는 헤어스타일이 유행하게 된 계기와 우리네 여성들의 곱고 탄력 있는 흑발을 재료로 사용할 수 있다는 조건 등이 어우러진 결과였다. 당시 이런 사정 때문에 고이 길어온 머리를 팔기 위해 미장원이나 가발공장 앞이 문전성시를 이루기도 했다.

산업적 차원에서 국가가 패션에 본격적으로 개입하면서 개인의 영역까지 침범하는 시기 역시 이때였다. 1950년대 말부터 정부는 자원절약 차원에서 국민 의생활을 정부의 방침과 법으로 옭아매려고 했었다. 1955년 7월 8일 재건복이라는 의상을 의무적으로 입게 하는 법안을 만들어 의회에서 통과시켰다. 이 의상은 기본적으로 자원절약과 바깥 활동을 하는데 있어 경제적인 측면을 고려한 생활복이라는 의미가 있었다. 이와 같은 간편복은 1961년에도 '재건복'이라는 명칭으로 여전히 국민들에게 착용을 의무화했다. 그러나 많은 국민들은 그러한 획일적이고 반

강제적인 의생활에 반발하면서 보다 자유스럽고 다양한 의생활을 원하였다. 결국 일제 강점기 일본에 의해 강제적으로 착용을 강요했던 국민복과 유사하다는 여론과 평시에도 입는 군복과 같다는 느낌을 준다는 국민들의 저항에 부딪혀 이 복장이 일반화되는 데에는 실패했다.

이는 그만큼 당시 전국민의 의식이나 생활양식이 자유스럽고 기나긴 획일화나 통제를 벗어나려는 움직임이 강했다는 의미이며, 4·19혁명은 그러한 국민적 열망의 정치적 그리고 사회적인 표현에 다름 아니었다. 그동안 한국사회를 지배해온 과거와의 단절과 청산을 통해 새롭게 지향해야할 민주사회 건설의 희망을 보여준 사건이었고, 외국의 원조에 의한 국민경제를 자주적으로 복원하고 국가의 통제나 사회악과의 절연이라는 측면에서도 중요한 시도였다. 그러기에 이후 들어선 정부에서는 보다 진취적이고 자유민주적인 조치들을 기획하거니 시행하려는 의도를 가지고 있었던 것이다.

따라서 이 시기는 전쟁 이후 흐트러진 국가를 바로잡고 국민 스스로에 의한 자주독립 국가를 지향하고, 아울러 시대가 요구하는 새로운 의식과 사고에 따라 한국적인 패션을 추구할 수 있었던 절호의 기회였던 것이다. 역사에서 "~했었더라면~"이라는 말처럼 우스운 것이 없다고 하지만 만약 그 때 제대로 된 시작을 할 수만 있었다면, 우리의 현재는 분명 달라졌을 것이고, 우리의 의식주 모두가 지금과 같이 다소 혼란스럽고 국적불명의 형태를 취하지는 않았을 것이다. 어쨌든 정치적 자유에 대한 열망, 자유롭고 다양한 패션에 대한 기대는 불과 2달 정도밖에 지속되지 못했고, 다시 한 번 대한민국은 국가 통제와 대량생산적이고 다소 획일적인 패션의 시대로 진입하게 된다.

국가는 경제개발계획이라는 미명 아래 국민들에게 검소한 생활을 강요하였고, 절제와 복종이 미덕이 되는 사회적 윤리를 만들어내었다. 앞서 잠시 거론한 '국민복'에 대한 발상이나 '재건복' 등의 등장은 전형적인 국가가 패션에 개입한 예이며, 이는 개인의 자유를 기반으로 하는 패션의 자유민주주의적 속성에 배치되는 것이었다. 어쩌면 4 · 19 혁명의 성과를 좌절시킨 5 · 16 군사쿠데타는 그런 의미에서 개인에 의한 패션 발달에 가장 해악을 끼친 정치적 사건이라 할 수도 있을 것이다.

패션의 시대사에서 이 시기는 해방 이후나 전쟁 이후의 암흑기보다도 더 암울하고 좌절한 시기일지도 모른다. 혹자는 5 · 16 쿠데타로 인해 조국의 근대화가 앞당겨졌다고 주장할지도 모르지만, 적어도 패션이라는 사회 현상에서 볼 때 그것은 패션이 갖는 자율성과 생명력을 완전히 몰살시킨 시도에 불과하다고 할 수 있다. 자율과 개방, 자유와 민주, 그리고 사회의 자생적 순환구조에 의해 발생하고 소멸하는 자연 그대로의 법칙이야말로 패션이라는 사회적이고 문화적인 현상의 가장 주요한 생명 공급원이라는 사실을 생각한다면, 어째서 5 · 16 쿠데타가 패션이라는 측면에서 얼마만큼 우리 사회에 악영향을 끼쳤는가를 가늠할 수 있는 것이다.

당시 어려운 경제구조 속에서도 섬유산업이 차지하고 있는 비중이 날로 높아가고, 수출만이 살 길이라던 우리 경제에서 섬유산업이 어느덧 국가의 중추 산업으로서 수출 구성비의 11%를 넘어서고 있었던 시기가 1961년이라는 사실과, 이를 국민생활의 질과 직접적으로 연결시켜 본다면 당시 우리나라의 패션은 분명 개도국으로서 나아가야할 올바르고 바람직한 방향을 선택했던 것이다. 그러나 5·16 쿠데타는 그런 우리 스스로의 자주적이고 자율적인 패션국가의 길을 봉쇄하였던 것이다.

02

'군바리' 패션

4 · 1 9 혁 명 이 가져다준 자유와 민주의 즐거움에 빠져 단잠을 자던 1961년 5월 16일 새벽, 국민들은 6 · 25 전쟁 발발 시 북한군이 몰고 내려왔던 탱크와 유사한 굉음을 다시 한 번 들을 수 있었다. 5 · 16 쿠데타였다. 5 · 16 쿠데타가 발생하게 된 배경에는 여러 가지가 있겠지만, 보통 2가지 정도로 크게 집약된다. 하나는 정치적인 측면에서 4 · 19 혁명 이후 점증하는 민주화와 친일청산의 노력에 대한 군부의 위기와 집권 세력 내부의 불만 등이 상호 맞아떨어지면서 발발했다는 것이다. 둘째는 군 내부의 문제로 한국사회에서 사회적 지위 신장과 더불어 권력에 대한 욕구가 충만 되어 있던 군부 내에서 육사 8기생을 중심으로 고급 장성의 부정부패와 승진의 적체현상을 공격하는 '하극상사건'이 일어났고, 이를 계기로 소장 박정희와 중령 김종필을 중심으로 한 육사 8기생들이 1960년 9월 쿠데타를 모의하였다는 것이다.

이렇게 발생한 5 · 16 쿠데타는 한국사회 발전사에 지을 수 없는 오점을 남겼으며, 사회문화적 측면에서도 새로운 시대를 열고자 했던 자유와 민주의 열망을 앗아가 버린 정치적 사건이자 비극이었다. 패션 분야에서의 좌절 역시 커다란 것이었다. 3년여의 군정은 해방 이후 독립한 한국에 미군정과 유사한 의미를 가졌고, 오히려 1차적 종속과 원조관계였던 미군정보다도 더 한국사회에 악영향을 미쳤다. 그것은 '반공'이라는 낡은 이념이 국가와 사회 전반을 지배하면서 국민의 자유롭고 민주적인 사고와 표현에 족쇄를 채우는 역할을 하게 되었으며, 패션 분야에서도 전반적 흐름이 군대와 방공의식으로 무장된 '군바리'들에 의해 좌지우지되는 결과를 낳았기 때문이었다.

쿠데타 이후 군사혁명위원회가 발표한 이른바 '혁명공약 6개항'에는 반공을 국시로 삼고 형식적이고 구호에만 그쳤던 반공태세를 재정비 강화할 것을 가장 시급한 과제로 내걸었다. 과거 청산의 기준이 되었던 친일의 잔재를 일소하고 대한민국의 정통성을 확립하려는 모든 시도들은 이제 반공이냐 아니냐의 기준에 따라 그 실효성을 판단하였다. 말 그대로 '그런 건 공산당이나 하는 짓'이라든가 '너 빨갱이지?'라는 한 마디면 정책이나 사실의 진실 여부에 관계없이 누구나 받아들여야 하는 그런 세상이 된 것이다.

이는 가장 자유스러워야할 패션의 기본정신과 너무나 배치되는 것이었다. 딱딱한 군복과 유사한 제복이나 단체복 상하와 권위를 나타내는 정해져 있는 색깔이나 규격 등은 군이라는 속성이 갖는 가장 기본적 특성인 것이다. 이를 국민생활, 아니 적어도 공무원이나 다른 유사한 집단에도 그대로 반영한 것이 소위 군바리 패션문화였다. 규율과 계급이 근간이 되는 사회인 군, 아니 보다 정확히 말하자면 박정희를 축으로 하는 소수의 군부 집단은 국민의 일상사와 의생활에서도 그러한 군대식 정신을 특히 강조했다.

단체정신의 강조를 위해, 그리고 흐트러진 국가기강을 바로 세우기 위해 국민들에게 군인정신과 군대식 생활방식을 강조할 수밖에 없었다고 그들은 이야기할 것이다. 사회에 만연한 부정부패를 일소하고 국민들에게 간소하고 근검절약하는 생활방식을 실천적으로 제시하기 위해 제복과 유니폼을 입히는 것이야말로 짧은 기간 안에 택할 수 있었던 유일한 방법이었다고 변명하고 싶어 할지도 모른다. 그러나 그것은 정말 우스운 변명이었을 뿐이었다.

사회를 군대와 마찬가지로 상하관계가 뚜렷한 질서 있는 조직으로 키우고자 했던 것이 진정한 의도였을 것이다. 그러기 위해서는 상하 구분이나 직업 혹은 직위 등을 나타낼 수 있는 유니폼이나 제복 등이 필요했고, 이를 위해 국가가 지정하여 국민의 의생활을 통제하려고 했던 것이다. 그런 의미에서 보자면 이 시대 패션이야말로 이전에 없어서 할 수 없었던 패션과는 또 다른 의미를 갖는 것이다. 학생들에게 제복과 동일한 교복을 일률적으로 입히거나, 제식훈련 또는 교련이라는 군사훈련 과목을 교과정에 편성했던 것은 국민의 의식과 생활을 가장 기본이 되는 학교에서부터 통제하고 다스리려는 의도가 강했다고 볼 수 있다.

관공서에서 일하는 이들에게도 일률적으로 군인과 유사한 제복을 입히고 근무복이니 신생활복이니 하는 형식으로 규율과 통제를 획일적으로 시행했던 것 역시 군정 3년의 결과이자 악습이었다. 군사혁명위원회가 공언했던 양심적인 민간 정치인에게로의 권력이양은 군복을 벗은 군인 박정희가 민간인으로서 정권을 이양 받았다는 사실 이외에 달라진 것은 없었다. 군인 박정희에서 예비역 장성 박정희로 진행된 '셀프 권력 이양' 절차에서 알 수 있듯이, 이와 같은 잘못된 전통이 오랫동안 한국사회를 지배할 수밖에 없었다는 것을 암시하고 있다.

군인과 군대에 의한 사회 질서와 정치 안정은 외형상 이루어졌지만, 오랜 의식의 속박은 학문, 종교, 양심, 언론의 자유를 억압하고 일반 국민의 의생활까지 통제하면서 창의적이고 자유로운 패션이란 거의 존재할 수 없는 여건만을 조성하였다. 섬유산업이란 국민의 의생활을 풍요롭게 하기 위한 기반이 아니라 그저 효자 수출산업으로 자리매김되었고, 패션이 국민 안에 녹아드는 일상의 문화이자 표현이 아니라 산업의 중추이며 제복과 군복을 만드는 옷감을 생산하는 군수산업으로 전락해 버린 것이다.

실제로 이 시기 국내에서 패션 분야에서의 발전된 모습이란 그저 복식디자이너협회의 결성과 섬유산업이 국내 산업 중에서 가장 중요한 비중을 차지하는 업종으로 성장했다는 정도이다. 이러한 상황으로 발전할 수 있도록 결정적으로 공헌을 한 것은 때마침 맞아떨어진 국내외 상황전개였다. 군사혁명위원회 의장이던 박정희가 군복을 벗고 민간인으로 돌아와 대통령으로 선출되어 군정의 정책이 그 연장선에서 이어졌다는 내부적 상황과, 국제적으로 베트남 전쟁이 발발하면서 국면전환적인 성격을 갖는 한국의 전쟁 개입을 고집스럽게 밀어붙이게 될 수 있는 외부적 상황이 조성되었다.

유감스럽게도 '양심적인 정치인에게 정권을 이양하고 군은 본연의 임무로 복귀한다'라는 군사혁명위의 6번째 공약을 지키지 못하고 쿠데타의 수장이었던 박정희가 계속해서 정권을 이어가게 되었다는 사실은 이후 한국사회의 모든 분야에서 군부와 청산되지 못한 친일의 찌꺼기들이 잔존하게 되는 결정적 요인이었다. 베트남 전쟁은 그러한 박정희의 약점을 희석시키고 국민들에게 전쟁에 참가할 만큼 강한 국력을 가질 수 있게 되었다는 희망과, 그러한 역량을 감당할 수 있는 주체는 군부밖에 없다는 인식을 결정적으로 심어주게 되었다. 결국 이는 쿠데타의 정당성을 국민이 인정하는 꼴이 되었기에 이후의 국가 주도 정책에 대한 암묵적 합의를 오랫동안 지속시킬 수 있었다.

상황이 이러했기에 국민의 의생활이란 정부가 인정하는 선에서만 가능한 것이 되었고, 결국 패션의 자율적이고 창조적인 유행은 내부적으로 형성되기 어려웠다. 이미 군정시절부터 결정된 학생들의 교복 착용과 삭발, 그리고 정해진 근무복과 근검절약만을 강조하는 생활복 등은 여전히 국민 대다수가 따라야할 사회적 규칙이 되어버렸다. 생활양식과 관련된 부문에서 관이 주도하는 여러 운동과 지침은 무의식적으로 국민들에게 정해진 의상 착용의 규칙을 자연스럽게 몸에 배게 하였다. 직장에서의 옷차림은 이래야 하고, 학교에서는 저래야 한다는 일종의 심리적 강박관념이 나타났던 것이다.

그러한 자신들의 룰에서 벗어나면 비정상적이고 불순하며 불온한 생각을 갖고 있거나, 사회질서, 아니 심지어 사회체제를 전복하려는 의도를 가진 자는 아닐까 하는 생각이 싹트기 시작했다. 결국 이와 같은 경직된 사고의 틀은 일상에서 벗어나는 의상이나 유행을 부도덕하고 몰지각한 행위이자 사회규범에서 일탈한 것으로 받아들이고, '나만의 패션' 혹은 '다양하거나 파격적인 패션'은 한참을 기다려야만 했다.

그럼에도 불구하고 패션의 대중화에 가장 영향력이 큰 TV의 본격적인 등장은 여러모로 시사하는 바가 컸다. 공영방송 KBS TV가 개국하게 된 사건은 하나의 의상이 대중에게 동시다발적으로 급속하게 전달될 수 있다는 점에서나 유행이 전국적으로 공유될 수 있는 계기가 되었다는 점에서 본격적인 대중패션시대의 서막을 알리는 일이었다. 1961년 KBS TV 개국에 이어 많은 공중파 방송국들이 연이어 개국했다. 1963년의 동아방송, 1964년의 동양방송(TBC)의 개국은 그야말로 대중문화시대에 진입할 수 있는 제도적 토대였다. 국민들은 방송을 통해 보다 정확한 사회의 모습과 정치상황, 그리고 국내외의 좀 더 다양한 모습들을 보고 들을 수 있게 되었다.

그러나 대중문화의 확산이나 패션의 대중화에 가장 많은 기여를 할 수 있었던 만큼이나 정치권력이나 통치자의 입장에서도 유효한 통치수단이자 도구였다. 정책이나 정치적 홍보를 국민에게 알리고 무언의 동의를 구할 수 있는 수단이었고, 자기정당화를 위한 조작 가능성이 충분한 방책이 될 수 있었다. 어쩌면 박정희 정권 수립과 5·16 쿠데타의 정당성을 용인해주고, 군부와 군바리들의 문화가 주류의 그것으로 빠른 시간에 자리 잡을 수 있었던 것 역시 TV의 위력이었을 것이다.

당시 TV의 등장으로 웃지 못 할 사건들도 많이 있었다. 시골이나 농촌에서는 집안에 새 여자, 외간 남자가 들어왔다고 난리가 난 경우도 있었고, 수상기 안에 사는 사람들을 보기 위해 수상기를 해체하기도 했고, 집안의 보물 1호가 TV 수상기였던 집도 많았다. 그만큼 TV는 온 국민을 사로잡는 매력적이 기계였고, 빠른 시간에 패션의 전파소로서 자리 잡았다. 더욱이 당시에는 생소했던 비틀즈나 베트남전의 소식, 생전에 한 번도 보지 못했던 대통령의 얼굴을 화면을 통해 볼 수 있었으며, 안방극장이라는 드라마가 전 국민을 사로잡았고, 이는 국민들에게 시대를 관통하는 의상이나 유행을 직접 보고 듣게 하여 이에 보다 친숙해지며 민감해질 수 있도록 하는데 상당한 공헌을 하였다.

국민들은 TV를 통해 유행에 대한 의미와 현상, 그리고 그것이 형상화되는 의상이나 소품들에 대한 간접적인 경험을 함으로써 그저 근무복이나 신생활복, 혹은 교복 등으로 단순하게 나누어져 있던 의생활의 패턴을 보다 다양하고 새로운 형태로 추구하려는 욕구를 가지게 되었다. 이와 같은 흐름에 더욱 힘을 보탠 것은 정부의 근검절약 캠페인이 아니라 해외로부터 들려오는 소식들이었다.

이는 이 시기 패션의 흐름이 단순히 일방적으로 정치적 권력에 의해 결정되었음을 의미하지는 않았다는 것이며, 장차 60년대 전세계를 휩쓸었던 새로운 문화와 패션의 영향을 받을 가능성이 잠재했다는 점은 대한민국 패션의 역사에서 중요한 의미를 지닌다. 그러나 군부와 군인 출신 정치가들의 인식은 너무나 분명한 한계를 가지고 있었다. 모든 지침이나 운동은 곧바로 목표치와 연결되었고, 목표 수치를 달성하느냐 아니냐가 중요한 문제가 되었다. 그래서 폐지수집운동 같은 경우 관공서의 오래된 보존가치가 있는 문서들조차 폐지로 전락하는 경우가 종종 있었다. 이는 여전히 당시 한국 사회가 엄격한 규율과 규제에 의해 통제되고 있었다는 것을 단적으로 보여주는 일이었고, 결국 패션의 자율성은 존재하기 어려운 사회여건이었다.

03

68운동과
언저리 패션

정 부 와 관 치 중 심 의 패션문화가 주류를 형성하고 있었지만, TV를 비롯한 대중매체의 발달과 국가의 기간산업으로서 섬유산업이 발전하고 있는 내적인 기반확충은 패션의 자기 발전성을 부추겼다. TV는 그러한 패션의 속성을 확인시켜주는 적절한 도구였다. 당시 전 세계적인 전후 베이비붐 세대의 등장과 함께 가히 문화혁명이라 할 정도의 새로운 문화에 대한 다양한 시도와 양상들이 나타났다.

비틀즈와 히피는 그러한 새로운 시도와 양상의 대표 주자들이었다. TV와 라디오 등의 방송매체에서는 비틀즈의 노래나 모습을 심심치 않게 접할 수 있었고, 그것은 우리 국민들에게는 가히 혁명에 가까운 새로운 문화였다. 치렁치렁한 머리와 지나치게 헐렁하고 긴 옷을 착용한 히피족들에 대한 보도는 말 그대로 충격이었다. 그리고 이들이 주도하는 베트남 전쟁에 대한 반대와 기성의 제도와 질서를 부정하는 모습 등을 담은 소식은 당시 한국사회에서 받아들일 수 있는 것이 아니었다. 특히 그러한 문화의 흐름 속에 자리 잡고 있던 베트남 전쟁 반대는 우리의 상황과는 너무나 동떨어진 것이었다.

당시 한국은 끈질기게 베트남 파병을 원했고, 결국 본격적인 참전에 돌입하면서 국가 전체가 전쟁에 환호하고 있었다. 정부는 전쟁을 통해 국익 신장과 경제발전을 선전하고 있었고, 실제로 베트남 참전군인의 목숨을 담보로 고속도로 건설과 국토 개발에 매진하였다. 1969년 경인고속도로의 개통은 그러한 국토건설의 가시적 효과였으며, 베트남 전쟁의 순기능을 선전할 수 있는 절호의 기회였다. 따라서 전쟁 반대란 곧 매국노, 아니 '빨갱이'와 다름없었고, 베트남전을 반대하는 문화적 조류를 따른다는 것 역시 공산당이나 하는 짓이었다. 중국의 문화혁명에 동조하던 68운동 세대의 가치관을 우리가 받아들일 수 있는 것은 더더욱 아니었다. 비틀즈를 동경하거나 히피 스타일의 의상을 착용하는 것만으로도 상당히 불온하고, 사회 불순분자들이나 할 수 있는 행동으로 인식되는 분위기였다.

그렇게 우리는 68운동의 세계적 흐름에서 비껴나 언저리에만 머물고 있었다. 그것도 소수의 음악인이나 드러나지 않은 몇몇 진보적 지식인들에만 국한되어 공유되는 문화의 흐름이었다. 이 흐름에서 벗어난 우리의 문화 흐름은 이후 68운동을 겪었던 국가들에 비해 상당히 뒤처진 모습을 보이게 되었고, 정상적인 문화의 진보와 발전과정에서 많이 비껴나 있게 되었다.

그러나 어두운 시대에도 이를 거부하는 몸부림과 몸짓은 작은 생명을 키우듯 보이지 않는 곳에서 슬그머니 존재하고 있었으며, 패션 역시 예외는 아니었다. 그 대표적인 사건은 아무래도 미니스커트의 등장이라고 할 것이다. 1966년에 디자이너 앙드레 김이 파리에서 패션쇼를 개최한 것도 커다란 사건이라 할 수 있겠지만, 1967년 가수 윤복희가 미국에서 보고 처음으로 들여와 TV에 선을 보였던 미니스커트의 등장이야말로 당시 한국의 상황에 비추어 보면 파격과 충격 그 자체였다.

어째서 미니스커트가 파격적이고 저항문화의 의미를 갖는 것인지에 대한 해석은 보는 이에 따라 다소 다를 수 있다. 68운동이 갖는 기본 목표가 기성세대와는 다른 우리 세대의 문화 창조였으므로 우리 사회에서 전통적인 유교적 기준이나 도덕적 규범에 비추어 무릎 위까지 허연 허벅지를 드러냈다는 것만으로도 남성지배의 가부장적 사회에 대한 반발이자 저항이었다. 경범죄라는 현행법에 아랑곳 하지 않고, 경찰관들과의 '무릎 위 15cm' 전쟁을 통해 국가와 남성들에 대항하는 직접적인 행동으로 나아갔던 것이다.

미니스커트의 등장이 패션에서의 새로운 유행과 스타일이라는 단순한 의미보다 미니스커트가 상징하는 사회적 함의가 대한민국 패션의 발전에서 더욱 중요한 의미를 갖는 것은 바로 그런 이유이다. 미니스커트는 가부장적인 남성중심 사회에서 여성 스스로 자신을 드러내고, 보다 적극적으로 사회에 참여하겠다는 의지를 표현한 것이었다. ●이는 68운동 이후 일기 시작한 여권신장과 페니미즘의 영향을 일정 부분 수용한 패션 형태라는 점에서 한국사회 역시 이러한 흐름에서 비껴나 있지 않았던 것이다.

이 시기를 기점으로 한국사회에서도 여성단체나 여성의 사회적 진출이 그 어느 때보다 활발하게 일고 있었고, 이를 가시적으로 나타냈던 패션의 흐름이 바로 미니스커트였던 것이다. 미니스커트는 67년 처음 소개된 이후 TV를 비롯한 각종 대중매체의 집중적인 관심을 받으면서 급기야 대부분의 젊은 여성들이 좇았던 사상 최대 규모의 유행 트렌드가 될 정도였고, 이는 60년대 말부터 70년대 초반까지를 장식했다.

미니스커트로 시작된 여성복 패션은 곧이어 남성적인 영역까지 침범하면서 유니섹스라는, 남성과 여성이라는 성적 구분을 뛰어 넘는 부분으로까지 나아가게 되었다. 구체적으로 등장한 스타일은 팬츠였는데, 미니스커트와 함께 여성들이 많이 착용하였으며, 조끼라든지 재킷, 또는 정장 스타일의 슈트 등을 여성들이 입기 시작하였다. 이러한 영향은 급기야 외모적으로도 짧은 헤어스타일이나 넥타이와 같은 소품까지도 남성과 공유하는 경향이 있었고, 그만큼 여성의 사회적 진출과 영역 확장의 의미로 해석하였다.

68운동의 문화적 영향력은 1960년대 말부터 청바지로 대표되는 진의 유행을 가져왔고, 패션이라는 것이 특정 계층이나 직업

---

* 물론 지금은 미니스커트야말로 남성적인 시각에서 여성을 성상품화 하는 가장 주요한 수단이라고 이야기하지만, 이는 21세기적 페미니즘의 시각이며, 당시 한국사회에서의 미니스커트에 대한 인식이나 해석은 가부장적 사회에 대한 여성의 도전으로 받아들여지기에 충분한 것이었다.

군에서 공유할 수 있는 특별한 것이 아니라 누구나 원하는 이들이 함께 공유할 수 있는 트렌드이자 유행이라는 인식을 갖게 하는데 큰 공헌을 하였다. 이에 따른 사회적 인식의 변화도 큰 것이었으며, 기존의 유교적 사회질서 안에서 숨죽여 지내던 청년과 여성들이 자신들만의 의식과 생각을 공유하는 새로운 문화 흐름들이 생겨나기 시작한 것도 바로 이 시기였다.

제2차 경제개발계획(1967~71)이 확정되면서 한국사회는 산업사회로 가는 징후들이 보이기 시작했다. 1964년 일찌감치 수출 1억불 달성에 성공하면서 수출지향의 무역제일정책을 정부 차원에서 펼치기 시작했고, 이는 급격하게 도시화와 수도권 집중화를 초래하였다. 갑작스런 도시의 팽창과 수출산업에 대한 장려 등은 공업화를 통한 산업화 과정에서 심각한 문화지체 현상들이 발생할 수밖에 없는 환경을 조성하게 되었고, 그에 뒤떨어지는 계층들과 그룹들은 여전히 사회의 어두운 단면으로 남게 되었다. 도시빈민 문제나 난개발과 도시 집중화로 인한 달동네들이 서서히 형성되기 시작한 것도 1960년대가 갖는 암울한 단면이었다.

새로운 문화와 패션의 흐름에 동참할 수 있었던 이들도 있었지만, 여전히 경제개발의 이면에 깔린 사회적 소외 계층들 역시 적지 않았던 1960년대 말의 사회적 분위기는 '문화적 양극화'로 이야기할 수 있을 것이다. 그럼에도 불구하고 이 시기의 가장 큰 특징의 하나는 본격적인 대중사회로 나아갈 수 있는 외연과 기반 확충에 박차를 가했다는 점이다. 물론 그러한 배경에는 아무래도 언론의 상업화와 함께 전국화, 그리고 각종 전문 잡지의 등장 및 또 다른 민영방송 MBC TV의 개국이 있었다.

1960년대 초부터 잇따른 TV 방송국의 개국에 이어 1965년부터는 신문과 잡지를 비롯한 대중매체들이 특정한 독자를 대상으로 한 전문지 성격을 가진 전국적 규모의 잡지 또는 신문으로 창간하기 시작하였다. 이 때 창간된 주요 신문은 어린이 신문 〈소년동아〉, 〈소년조선〉과 〈중앙일보〉의 전신인 〈중앙〉, 그리고 〈여성동아〉나 의상과 패션 전문지라 할 수 있는 〈의상〉을 들 수 있다. 이제 특정한 일간지나 TV 외에도 항시성을 갖는 대중매체로서 전문지와 잡지의 등장은 패션의 대중화에 결정적인 기여를 하게 된 것이다.

이는 그저 사람들이 단순히 의상이나 트렌드를 보고 동경하는 것으로 끝나는 것이 아니라, 사진이나 화보 또는 관련 기사 등을 통해 따르고 추구해야할 목적이 있는 패션의 대중성에 한 발 다가갔다는 측면에서 중요한 의미를 지니는 것이다.

이와 같은 언론의 상업화와 전문적 패션 잡지의 등장은 당시 경제개발의 와중에서 산업화와 접목되면서 더욱 큰 힘을 발휘하였다. 이전까지 패션 트렌드나 유행의 중심에는 맞춤복이라는 의류 생산 시스템이 자리 잡고 있었지만, 바야흐로 일정한 평균적 치수를 중심으로 대량생산된 의류와 패션 상품들이 시장을 통해 유통되는 구조를 갖출 수 있는 역량을 갖추게 됨으로써 패션의 대중화를 선언할 여건이 마련되었다는 사실이다. 서양 패션의 역사에서도 잘 알 수 있듯이 이러한 의류생산구조의 전환이야말로 패션이 대중화되고 일정한 주기를 가질 수 있는 기본 요소인 것이다.

그렇지만 이렇듯 대중문화의 시대가 열리는 입구에 서 있던 대한민국 사회였지만, 정작 문화의 중요한 내용은 그다지 많은 것을 담지 못하는 반쪽짜리 대중문화 시대를 열 수밖에 없었다. 당대 미국과 유럽, 그리고 일본까지도 거세게 몰아쳤던 68운동의 흐름에 본격적으로 손을 담그기도 전에 베트남 전쟁과 박정희 개발독재체제의 안착이라는 독특하고 제 3세계적인 자본주의 체제를 고착화하는데 힘을 쏟음으로써 진정한 의미에서의 의식의 혁명은 도래하지도 않았고, 패션의 천박한 자본주의적 색채만이 남게 되는 결정적 계기를 제공하는 것으로 1960년대를 마무리하였다.

04

자유를 향한
갈망 :
청바지와 통기타

대 한 민 국　역 사 에 서 1970년대를 평가하는 시각에는
보통 두 가지가 있다. 하나는 여러 국내외적 위기상황에도 불구
하고 흔히 '한강의 기적'으로 일컫는 경제발전의 기반을 닦은
시기라는 평가이며, 다른 하나는 경제개발의 이면에 감춰진 박
정희 1인 독재 체제와 비민주적 사회요소들의 도입으로 한국사
회의 민주화를 10년 이상 더디게 했다는 상반된 평가이다.

이는 정치, 사회, 경제, 문화 등의 전(全)영역을 통틀어 말하는
것이기에 이에 대한 개인적 평가를 여기서 할 수 없겠지만, 패션
과 관련하여 다음과 같은 특징을 이야기할 수는 있다. 요약하자
면 이 시기는 패션의 대중화에는 일정 부분 기여를 했지만, 패션
의 또 다른 측면인 개인적이고 독창적인 다양성을 억누르는 시
대였다는 점만은 분명하다고 이야기할 수 있다.

1960년대 말의 새롭고 자유스러운 분위기는 1970년대에 들어
서도 여전히 강했다. 미니스커트는 여전히 주요한 패션 트렌드였

고, 여성뿐만이 아니라 남성들 역시 규범화된 의복의 틀에서 조금씩 벗어나려는 노력을 하였다. 양복이 보편화 되면서 다양한 색깔의 직물로 양복을 만들기 시작했고, 검정이나 감색 계열의 일률적인 정장에서 탈피하여 보다 자유스러운 색상의 의상이나 페미니즘적 영향을 받은 좀 더 여성적인 테일러 룩이 등장하기 시작했다. 무엇보다도 가장 큰 반향을 불러일으켰던 것은 자유분방한 청년문화의 영향을 받은 패션 트렌드의 등장이었다.

청바지로 대표되는 진의 유행이 그것인데, 여기에는 몇 가지 부수적인 장신구들이 따라다녔다. 하나는 기타이고, 기타 반주에 흥얼대던 포크송이 그것이었다. 물론 노래나 기타가 남성의 전유물은 아니었지만, 청소년과 대학생들을 중심으로 유행했던 자유스러운 청바지 문화는 단숨에 모든 젊은이들을 사로잡았다. 1960년대 전세계를 달구었던 68운동의 여파인 자유스럽고 반항적인 이미지의 청년 문화가 마침내 한국에서도 본격적으로 기지개를 켜기 시작한 것이다.

상황이 이와 같이 발전된 데에는 몇 가지 정치적 사건들이 있었다. 재선의 박정희 대통령은 3선을 금하고 있던 헌법 개정을 통해 집권 연장과 독재정권의 수호를 기도, 1971년 국가비상사태를 선포하게 된다. 1970년 베트남 참전의 대가로 벌어들인 외화를 국토건설에 쏟아 부어 이를 경부고속도로 개통이라는 가시적 성과로 대체하는데 성공한 박정희 정권은 개헌을 통해서라도 집권 연장을 하겠다는 의도를 드러내며, 평온한 정국을 위기 상황으로 몰아 국가비상사태를 선포하였다.

그러나 1970년대 노동운동에 큰 획을 그었던 '아름다운 청년' 전태일의 분신은 우리 사회에 경제개발의 폐해를 알리는 경종이 되었다. 또한 33명의 목숨을 앗아간 와우 아파트 붕괴사고 등이 겹치면서 박정희식 개발독재에 의문을 갖는 대학생들과 지식인들, 그리고 노동자들이 생겨났다. 시위가 자유스럽지 못하던 상황에서 문인이나 지식인들은 글과 작품을 통해 비민주적 사회 분위기를 비판하였고, 대학생들이 중심이 된 젊은이들은 새롭게 몰입할 수 있는 문화요소들을 추구했다. 포크송이나 청바지, 그리고 기타는 그렇게 시대의 상징이 되었고, 당시 많은 젊은이들은 음악과 의상을 통해 자유에 대한 갈망과 욕구를 채워나가게 되었던 것이다.

1972년 10월유신을 겪으면서 자유와 민주라는 가치에 목말라하던 이 땅의 청년들은 정치적 좌절을 새로운 문화와 패션의 흐름에 내던졌다. TV와 신문, 그리고 다방 등에서 자주 들려주던 포크 음악은 이렇게 젊은 세대의 주류 문화로 자리 잡았고, 그런 음악은 청바지와 기타로 상징되었다. 당시의 시대적 상황을 충분히 염두에 둔다고 해도 1970년대 초반의 이와 같은 흐름과 패션을 주도한 이들은 기성세대와는 다른 특징이 있었다.

흔히 베이비붐 세대라고 명명하는 이들은 10대 말에서 20대 초반의 젊은이들로 제 2차 세계대전 이후에 태어난 전후 세대라는 공통된 특징을 갖는다. 이들은 기성세대와 기성문화에 반감을 갖고 있으며, 자유와 물질적 풍요라는 어느 정도의 자본주의 체제의 수혜자라는 측면이 강했다. 또한 68운동의 와중에서 새로운 문화적 경험을 한 세대이며, 비틀즈와 히피, 그리고 반전과 같은 좀 더 진보적인 의식을 공유한다는 점에서 그저 경제발전에 기뻐하고 가족의 생계와 부의 축적을 우선시하는 기성세대와는 전혀 다른 색깔을 지녔던 세대였다.

유교적 전통이나 가치보다는 자유와 평등이라는 민주적 가치와 개념들을 우선시하며, 국가와 민족이라는 대의명분만큼이나 인권이니 민주적 권리에 대한 의식이 살아 있었던 이들이었다. 비록 한국이 베트남 전쟁의 수행과, 박정희 정권 아래 세계적 흐름에서 비껴나 있었다고 해도 내부적으로 배양된 젊은이들의 새로운 의식과 유행은 암울했던 1970년대 문화의 토양이 될 수 있었다. 따라서 이들이 주도하는 새로운 패션의 흐름 역시 기존의 그것과는 많이 달랐다.

가장 눈에 띄는 것은 1960년대 말부터 유행했던 미니스커트나 팬츠 스타일의 지속적인 유행 이외에도 페미니즘적 영향을 많이 받은 의상과 스타일, 그리고 액세서리였다. 1975년이 유엔이 정한 '여성의 해'라는 사실을 덧붙이지 않는다 해도 유니섹스 모드에 따라 남녀가 공히 사용할 수 있는 스타일, 몸에 딱 붙는 남성복 같은 의류들이 제작되고 유행했다는 점, 캐주얼 의류의 시장 규모가 급속도로 확장되면서 의류 시장에서 중요한 아이템으로 등장했다는 점 역시 그러한 해석을 가능하게 해준다.

또한 섬유산업의 양적 증대와 함께 질적 성장을 시작하면서 한국에서 생산되기 시작한 폴리에스테르 저지나 천연소재 등이 의류와 가정에서 사용하는 신변잡화의 소재로 이용되었고, 유럽이나 미국 등에서 공부한 디자이너들이 서구 문화와 스타일을 담은 의상들을 제작하면서 한국사회에서도 68운동의 직접적인 영향이나 느낌을 담은 스타일인 히피풍 의상이 자연스럽게 소개되기도 했다.

패션 소재의 다양화, 디자인과 스타일에서 선택의 폭이 넓어지면서 이를 소비하는 계층과 능력에 따른 의류시장의 분화가 시작되었다. 이미 맞춤복 시대부터 고급의상을 제작하고 있었던 명동은 상류계층이 선호하는 고급의상실과 고가의 기성복 메이커들이 자리하게 되었고, 한국적 패션의 메카로 자리매김하게 될 남대문과 동대문은 중저가의 소규모 제품들을 파는 도소매상이 밀집한 지역으로 분화하였다. 대중 패션 시대를 넘어서 자체적인 시장과 패션을 창조하고 유행을 만들어 내는 곳으로 분화될 정도로 한국의 패션 산업이 어느덧 양적·질적으로 상당히 성장하였다는 것을 보여주었다.

이는 어느 정도 패션 사이클을 창조할 수 있는 수준의 대중문화가 기반이 되고 있다는 사실을 의미했고, 실제로 당시 영화를 비롯하여 가요나 TV 드라마를 통해 그 역량이 입증되었다. 70년대 중반에 만들어진 〈별들의 고향〉과 〈영자의 전성시대〉는 한동안 청년문화와 그들의 의식을 그대로 보여주는 영화로 공전의 히트를 기록하며 저항적 젊은이들의 전성시대가 구가될 정도로 그 여파가 컸고, TV 드라마 〈여로〉 등은 시대의 아픔과 대중문화의 위력을 유감없이 보여주었다. 그러나 패션과 보다 밀접한 영역에서의 직접적인 유행과 트렌드 창출은 가요가 담당했다.

대중가요계는 전통적이고 주류였던 트로트 계열에서 나훈아와 남진, 그리고 이미자 등으로 대표되는 두 명의 걸출한 남자 가수와 한 명의 여자 가수가, 다른 한편에서는 비주류이자 새로운 음악적 흐름으로 선구자적 역할을 했던 신중현과 김추자로 대표되는 록계가 대중음악과 패션의 흐름을 좌지우지하는 큰 물줄기를 이루고 있었다. 패션 트렌드로 보자면 앞의 세 명의 트로트 가수들에 의해서는 디자이너들과 고급 의상실에서 통용되는 의상과 패션이 만들어졌고, 뒤의 록 음악 가수들에 의해서는 청바지와 히피적 트렌드로 대표되는 다소 반항적이고 거친 패션의 흐름이 발생하였던 것이다.

언제나 그랬듯이 앞의 전통적이고 순종적이던 트로트 계는 각종 매체의 스포트라이트를 받으며 변함없는 음악적 주류로 자리 잡았지만, 뒤의 거칠고 반항적 이미지의 록계열의 음악은 결국 대마초 사건 등 비사회적이고 비상식적인 추문 속에서 공식 대중매체 밖으로 사라져버렸고, 결국은 '언더'라는 명칭을 얻으며 젊은이들 가까이서 호흡하는 길을 선택하게 되었다. 다방과 다방 DJ, 그리고 생맥주와 생음악이 젊은이들의 인기를 얻었던 것도 바로 그러한 이유에서였다.

이제 패션은 보다 복잡하고 비정상적인 정치적 상황과 겹쳐지면서 관이 주도하는 트렌드의 세계로 나아가든지, 저항과 반항의 세계로 나아가든지 하는 선택의 기로에 섰고, 이를 확실하게 강요한 것은 70년대 중후반 유신정국이었다.

05

국가,
패션에
간섭하다!

패 션 을   연 구 하 는 이들이 보통 패션의 역사를 이야기
하는 시점을 18세기 말이나 19세기로 잡는 데에는 그만한 이유
가 있다. 패션이 갖는 다양성과 복합성, 그리고 개별성을 고려한
다면 사회가 신분제이거나 계급제 사회에서 패션을 논한다는 것
자체가 아무런 의미가 없기 때문이다. 이런 이유로 인해 패션학
이 아직까지 존재하지 않거나 과학적 적용이 안 되고 있는지 모
른다. 이런 경우 의상사나 의상학에서 이야기하는 복식사만이
존재할 수밖에 없다는 것이 단순한 진리일 것이다.

대한민국 패션을 이야기하면서 그다지 관련이 없을 것 같은
패션의 역사 문제를 왜 이야기하지 않으면 안 될까? 그것은 1970
년대의 패션이야말로 중세나 근대 이전 계급사회에서나 볼 수
있을 만한 여러 가지 통제적 조치들이 국민과 정치라는 이름으
로 행해졌던 시기이기 때문이다. 유신체제와 그에 상응하거나
관련 있는 조치들이 우리나라 패션의 현대사에서 중요한 이유가

바로 그 때문이다.

이미 오랜 역사적 경험 속에서 관에 의한 통제를 받았던 한국 사회에서 패션이라는 영역에서의 통제 역시 지속적으로 자행되어 왔다. 일본 제국주의 시대의 국민복에서부터 60년대의 재건복에 이르기까지 국민의 기본 의생활은 정부의 통제와 계획 아래 진행되었으므로 엄격한 의미에서 대중 패션은 존재하지 않았다고 보는 것이 옳을 것이다. 그런데 1970년대까지 패션에 대한 정부의 통제적 발상은 끊이지 않았다.

박정희 자신이 엄격한 장교 출신, 그것도 일제하 만주 군관학교 출신이라는 점 외에도 평생 군대의 규율과 틀 안에서 살아왔기 때문에 인간의 사상이나 의식까지도 통제 가능한 것이라고 생각했을 법하다. 하물며 의상이나 외형적인 차림 정도야 그에 비하면 조족지혈에 불과하리라는 사실은 굳이 깊게 생각하지 않아도 알 것이다. 종신 대통령을 꿈꾸며 1972년 10월에 통과시킨 유신헌법과 그 체제는 철저한 통제정책과 통제국가로 나아가는 시작이었다.

박정희는 도시로의 유입으로 인구감소를 겪고 있는 농촌과, 장기집권의 새로운 지지세력으로서 농민을 포섭하기 위하여 1971년 새마을운동을 시작하였다. 피폐한 농촌을 일으켜 세우고 농민에게 희망을 주겠다는 박정희의 감언이설은 실제로 새마을운동이 농촌파괴와 전통사회의 해체를 가져왔고, 북한의 5호담당제에 상응할만한 새로운 통제정책의 일환이었다는 점을 확인해주었다. 새마을 운동이라는 관변운동의 성격을 농촌에 유포함으로써 유신체제의 정당성과 장기집권의 동의를 구하는 통로로 이용했다. 박정희는 농지를 구획사업으로 전환시켜 전통적인 농촌의 모습들을 해체하고, 초가집을 빨갛고 파란 지붕의 어정쩡한 슬레이트 주택으로 개량하였으며, 획일적인 새마을복을 입게 함으로써 통제적인 집단성을 유지하려는 의도를 관철시켰다.

공무원들의 통일적 근무 복장을 일반 농촌 주민들에게까지 강요하였다. 공무원과 산업체 근로자, 학생들에 이어 농민들에까지 제복 성격이 강한 새마을 복장을 강요함으로써 말 그대로 관산학농(官産學農) 사위일체의 의생활을 통제할 제도적 장치가 마련되었다. 이는 의생활의 통제라는 측면보다는 국민들의 자율성과 창조적 의지를 제어하려는 성격이 강했다.

박정희 정권이 갖는 전체주의적 특징을 굳이 들지 않더라도 조직과 국가를 중시하는 박정희의 통치 스타일은 급기야 각 분야별 영역과 직군 별로 복장과 행동의 통일을 통한 집단화를 요구하였고, 이는 외형적으로 가장 먼저 드러나는 복장과 의상의 통제로 나타난 것이다. 특히 정치적으로 큰 약점이자 자신도 분명하게 알고 있었던 유신체제의 부당성과 불법성을 단속하기 위하여 보다 체계적이고 집단적인 통제정책들을 내놓게 되었고, 새마을운동 역시 그러한 맥락에서 운용되었다고 볼 수 있다.

유신체제는 그 시작부터 반대자들에 대한 탄압과 통제를 통해 출발하였다. 유신체제를 떠받들기 위해 시작한 것이 바로 새마을운동과 수출지상주의였다. 정치적 약점을 경제적이고 외형적인 지표로 전환하려 했던 박정희식 통계 우선 정치가 다시 한

번 시작되었다. 이를 위해 국민의 의식과 사고에 가장 많이 영향을 미치고 있었던 방송법과 영화법을 개악했고, 언론에 대한 통제도 보다 심해졌다. 정치적 탄압과 통제만으로 마음을 놓을 수 없었던 정부는 급기야 국민의 의생활과 생활양식까지 통제하려는 조치를 취했다.

우선 젊은이들 중심으로 1960년대 말부터 유행의 상징물이었던 미니스커트와 장발을 미풍양속을 해치는 사회악으로 규정하고 단속에 나서기 시작했다. 풍기문란 단속이라는 미명 아래 길거리와 공공장소 등 사람이 모이는 곳 어디서나 미니스커트의 길이와 머리카락의 길이를 자로 재서 기준치 이상이면 단속하는 진풍경이 벌어졌다. 국민의 생활양식까지도 통제하겠다는 아주 치졸한 방식을 택하였던 것이다. 그만큼 유신체제가 갖는 취약성과 합법성에 자신이 없었다는 반증이기도 했다.

파출소마다 미니스커트의 길이를 위반하거나 장발을 한 청년들로 발 디딜 틈이 없을 정도였고, 나중에는 즉석에서 머리에 고속도로를 내는 웃지 못할 사건도 벌어졌다. 인간의 의식을 그런 식으로 통제할 수 있다고 생각하는 것 자체가 그저 우습기만 했지만, 대중매체의 발달과 외부로부터 유입되는 급격하고 진보적인 청년문화를 막을 방법은 그런 조치밖에 달리 할 수 있는 것들이 없었다. 68운동 이후 한국사회에도 그 여진이 미치고 있는 진보적 문화 흐름과, 방송이나 대중문화를 통해 급속하게 전파되고 있는 젊은이들의 새로운 문화와 그들이 추종하는 패션의 흐름이야말로 김대중 김영삼 같은 정치가보다도 더 무서운 적이

될 수 있다고 판단했다는 점에서 박정희의 예리한 정치적 감각은 평가받을 만한 일이었다.

새로운 방송법과 영화법은 아예 정해진 규격에 맞는 배우와 장면 등을 요구하는 수준이었고, 장발족이나 히피족을 연상시키는 대중가수나 연예인들은 출연 자체를 금지하였다. 한 술 더 떠 이 시기에 집중적으로 만들어진 반공영화(혹은 드라마)와 정책 홍보성 영화 등은 아예 대놓고 유신체제의 냉전 이데올로기와 애국주의를 강요하는 수준으로까지 나아갔다. 국민의 귀와 눈, 그리고 입까지도 막아보겠다는 의도였다. 이때부터 새로운 장르였던 록이나 포크 계열은 방송출연이 금지되었고, 생음악 공연장이나 '언더'라고 불리는 대학가 등으로 숨어들어가 버렸다. '금지'라는 단어가 이 시대만큼 우리 주위에서 항상 맴돌았던 때는 아마 없었을 것이다.

'해라'보다는 '하지 말아라'라는 부정적 의미가 우리의 의식을 사로잡으면서, 사회 각 분야에서는 금지규정이 속속 제정되기 시작했다. 패션의 역사에서 금지와 금기는 최악의 가치이다. 무언가를 위해 새롭게 시도하고 창조적이어야 할 도전 정신이 없는 패션이 존재할 수 없듯이 '금지'나 '금기'만큼 패션에 해악을 미치는 것은 없기 때문이다. 바야흐로 한국사회는 패션 역시 정해진 틀 안에서 허용된 스타일만을 만들어 유통시켜야 하는 암울한 시기가 도래한 것이다.

미풍양속에 어긋나지 않는 패션 트렌드만을 허용하는 사회에서, 개성 있고 창조적인 패션은 곧 불순분자로, 체제전복적 성향을 가진 사람으로까지 강제하는 사회에서 패션은 그야말로 억압받는 민주주의와 동일한 입장에 처해 있었다. 문학, 음악, 영화, 미술, 사진 등 대중예술 모두가 체제안정적일 경우에만 허용하며, 그 판단을 해당 분야의 전문가가 아닌 행정 관료들이 하는 나라에서 진정한 의미의 패션이 존재할 수 없다는 점 역시 분명했다.

문제는 금지나 단속으로 끝났던 것이 아니라 이들 예술인들과 문화인들을 구속하는 사태로까지 이어졌다. 범법을 할 경우 지위고하를 막론하고 엄격한 처벌을 받아야 마땅하지만, 금지 대상의 연예인들에게는 보복적 예방조치의 성격이 강했다. 특히 대중음악계에는 대량의 금지곡을 발표하고, 이장희, 윤형주, 신중현, 김추자 등의 음악인들을 대마초 흡연 혐의로 구속시키는 사태가 발생했다. 대부분 저항적 음악의 포크 계열이나 록 계열이었다. 금지곡 목록에 오른 이들의 노래와 음악은 그 이유도 모른 채 금지되는 수난을 겪어야만 했다. 1975년 100만 장이 팔린 신중현의 〈미인〉 같은 곡이 어째서 금지곡이 되었는지, 〈아침이슬〉, 〈친구〉 등의 노래 역시 금지곡이 된 이유를 알 수 없었으며, 이를 불렀던 가수들은 대마초 사건 등으로 TV나 라디오 등의 매체에 더 이상 설 수 없는 희극적 사태가 벌어진 것이다.

공권력의 폭력은 여기에 머무르지 않고 국민의 입과 귀를 봉쇄하기 위해 정부에 비판적인 언론인들을 대량 해직시키는 사건이 자행되기도 했다. 그야말로 전방위적인 폭력과 탄압이 공권력이라는 이름으로 사회 구석구석에서 행해졌고, 이제 모든 문화 트렌드나 패션은 무미건조한 상업적이고 단순한 즐거움이라는 명제에 충실할 수밖에 없었다. 패션의 중심지 역할을 했던 대중 예술계와 문화계가, 그리고 언론이 탄압과 폭력에 의해 움츠러들면서 트렌드나 유행은 정치적 색채를 띠지 않으면서 상업성을 추구하거나 물질적인 측면이 강조되는 쪽으로 흐르게 되었다.

대중성을 강조하는 일률적 디자인의 의상이나 소품들이 주류를 이루었고, 개인의 욕구나 개성은 집단과 전체가 허용하는 선에서만 드러낼 수 있었다. 미니스커트의 위법성을 보완하기 위한 스타킹 착용의 활성화, 의류제품들이 좀 더 밝고 화려해졌다는 사실 등도 당시의 시대적 상황을 반영하는 것이었다. 가수가 TV나 대중 앞에 서야 하는 경우 더 이상 청바지에 티셔츠를 입고 노래하거나 연기할 수 없는 분위기였다.

반항적이거나 어두운 이미지보다는 '딴따라'라는 명칭이 의미하듯 대중에게 그저 즐거움과 눈요기 거리를 제공하면 되는 것이었다. 의식을 담아내거나 고뇌에 찬 음악이란 더 이상 만들어서도 안 되고, 불러서도 안 되기 때문이었다. 결국 이러한 이유 때문에 연예인이나 방송인들은 정치 권력이 용인하는 범위 내에서 가능한 화려하고 눈요기가 되는 의상들을 입어야 했고, 이를 추종하는 대중들 역시 화려하고, 고정되지 않고, 항상 변화가 있는 패션 트렌드를 선호하게 되었던 것이다.

Fashion

무너진
민주화,
쓰러진
패션

01

다시 쓰러진
패션
민주주의

통 제 와　폭 력 으 로 유지하던 박정희식 강권 통치는 그
리 오래 가지 않았다. 인간의 의식과 욕구를 억누르거나 가둔다
고 해서 영원히 감출 수 있거나 통제할 수 있는 것은 아니라는
패션의 진리가 정치에도 그대로 적용되었다. 고문과 폭력으로
유지되던 박정희 정권은 더 이상 움츠릴 수 없는 용수철에 의해
하루아침에 무너져 버렸다. 그러나 희망의 아침이 오기도 전에
다시 대한민국은 전두환이라는 또 다른 군인에 의해 여지없이
짓밟히고 말았다.

1979년 10·26 사태로 붕괴한 박정희의 유신체제를 12·12
사태로 신군부가 대신하게 된 것을 우연으로 보기에는 너무나
필연적인 구도가 내재되어 있었다고 볼 수 있다. 한국 사회의 주
류로 자리 잡은 군인이라는 신분이 갖는 국가에 대한 생각이나
대통령 시해라는 사건에서 자신들만이 유일한 해결책이자 정치
적 후계자라는 생각은 박정희의 정치적 유산으로 굳어진 것이었

으므로 박정희가 없더라도 그를 대신할 군 출신은 어디에나 깔려 있었던 것이다. 물론 국민적 저항이 있었다. 1980년 민주화의 봄에 대한 국민적 기대와 행동은 1970년대 야만의 세월을 금방이라도 보상할 수 있을 것처럼 보였지만, 권력을 움켜쥐고 있던 군부에 의한 집권 연장은 전두환이라는 정치군인이 아니었더라도 다른 누군가에 의해 저질러질 가능성이 컸던 것은 그 때문이다.

좌절된 민주주의의 봄만큼이나 패션의 민주주의 역시 또 다시 쓰러지고 말았다. 5·18 광주민주화 운동의 희생을 짓밟고 들어선 전두환 신군부의 제5공화국에서는 패션의 모습도 이전의 박정희 정권 때와는 조금 달랐다. 정권에 의해 통제되었다는 점에서는 동일한 형태를 띠었지만, 박정희 시대는 패션이 양극화된 모습, 다시 말해 지배 계층을 중심으로 하여 일정한 패턴과 트렌드가 유지되고 일반대중이나 하층 계층으로 갈수록 그저 기본적인 의생활 수준에서 통제된 패션만이 존재했다고 이야기할 수 있다.

이에 반해 전두환 시대의 패션은 상하라는 뚜렷한 이분법적 구도에서 탈피하여 어느 정도의 경제력이 뒷받침된 상태에서 보다 광범위하게 대중패션의 시대가 열리게 되는 기반이 마련되었다. 또한 직접적인 통제와 규제가 아닌 자율이라는 이름으로 행해진 권위주의적 패션이 주를 이뤘다는 점에서 두 시대는 기본적으로 차이가 있었다고 볼 수 있다.

전두환이 어째서 더 권위적이었냐에 대해서는 여러 이유가 있고, 이에 대한 다양한 분석이 존재한다. 무엇보다 그는 군부 사조직인 하나회의 수장으로 자신을 정점으로 한 수직적 조직체계를 작동시켜 권력을 잡은 인물이고, 그러한 그의 성격은 초월적이고 수평적인 관계를 용납하지 못하는 권위주의적 통치 리더십을 기반으로 한다. 이 부분은 분명 이전의 박정희 시대와는 차이가 있는 특징으로, 이후 한국사회가 권위주의의 영향과 구조 속으로 흘러들어가게 되는 결정적 계기가 된다.

이러한 상황에서 패션의 흐름 역시 상하 구분이 확실하게 드러나고, 위압적이며 지위를 명확하게 나타내는 패션, 억압적인 패션, 권위의 패션과 같은 방향으로 흐를 수밖에 없었다. 직장과 사회에서의 서열이 중시되고, 이를 의상이나 복장 등에서 분명히 표현하려는 경향이 강한 것이 제5공화국의 문화적 특징이었다. 이는 신군부가 기수 중심의 서열을 강조하였던 하나회를 통해 통치하던 스타일을 그대로 일상에 적용하였기 때문인데, 서열과 직책 및 기수 등에 따라 말투와 자리 등이 배정되었고, 직장에서의 승진이나 인사 역시 서열과 연차 등을 중시하는 형식을 강조한데서도 잘 나타난다.

의상, 상품 등에서 검은색이나 감색 계열이 집중적으로 선호되었던 시기 역시 이때라고 이야기할 수 있을 정도로 정장 또는 승용차, 구두 등에서 검은색과 짙은 색깔이 차지하는 비중이 컸다. 검은색은 죽음이라든지 어둠, 또는 악을 상징하는 색이라고 알려져 있다. 그러나 검은색은 안정감을 주면서 뭔가 있어 보이는 색으로 평가되었고, 권력이라든지 그 안에 감추어진 힘을 암시하는 색으로 인식되기 시작한 것이다. 바로 이런 점들 때문에 권력기관은 검은색을 비롯한 어두운 색조를 많이 선호하는 것이다.

이전은 컬러시대가 아니었으므로 의상이나 상품 등에 다양한 색깔이 필요 없었지만, 1980년대는 컬러시대로 진입했다. 따라서 다양한 컬러 중에도 검은색이 갖는 안정성과 부유함의 이미지가 권력의 속성과 맞아떨어지면서 검은색이 패션의 중심으로 자리 잡은 것이다. 흰색과 검은색밖에 없을 때에는 검은색이나 흰색이 두드러지기 어렵지만, 컬러시대에는 검은색이나 흰색이 다른 색의 뒷받침을 통해 더욱 두드러질 수 있는 이치와 같은 것이다. 부자들과 권력자들이 검은색을 선호하게 된 것은 이런 연유 때문이며, 이 색이 본격적으로 일상생활과 패션에도 녹아들었던 것이 바로 이 시기였다.

이 시기 중요한 전환점은 TV에서 발생했다. 흑백방송을 탈피하고 컬러로 방송을 시작했던 것이 1980년이었다는 사실은 이 시기야말로 본격적인 패션의 시대로 진입했다는 것을 말해준다. 흑백시대에서 컬러시대로의 전환은 많은 면에서 변화를 가져오게 했다. 먼저 일반 국민들이 있는 그대로의 색과 스타일을 명확하게 알 수 있게 되어 패션이 갖는 모방성을 그대로 재현하는데 주요한 기준이 되었다는 점이다. 두 번째는 스타일만큼 색의 배합이나 컬러링이 중요한 패션 요소로 대두되었다는 사실이며, 세 번째는 패션에서 색이 강조되는 이미지나 영상 효과가 중요시되면서 광고산업과의 동반상승 효과를 가져 온 점이다.

이전까지 패션의 진원지였던 TV, 신문 등의 흑백 대중매체로부터 단순한 스타일의 소개나 트렌드의 유형만을 제시받는 것이 아니라, 광고를 통한 이미지와 영상이라는 수단으로 패션의 기본원칙들을 그대로 보여줄 수 있는 시대가 도래한 것이다. 1980년의 암울한 분위기를 덮어버리기라도 하듯 컬러 시대는 그렇게 우리에게 다가왔다. 흑백시대에서 컬러시대로의 전환은 규율적이고 집단적이던 국민 의생활과 패션 양식에도 비록 외형적인 것일망정 나름의 변화를 가져왔다.

유신체제의 몰락이 지나친 통제와 공권력에 의한 폭력이 그 발단이 되었다는 것을 너무나 잘 알고 있었던 신군부 정권은 국민들에게 외형적인 자율성을 보장해주고, 국민들의 정치적 관심을 다른 곳으로 돌리려는 목적을 가지고 좀 더 교활한 방법으로 접근을 했다. 가장 대표적인 것이 1982년에 전격 실시된 야간통행금지의 해제와 프로야구 출범이었다. 여기에 대학의 자율성 보장이란 이름으로 행한 졸업정원제의 실시와 정원 확충을 위한 분교 설립을 인가해 주었던 것도 있다.

국민통제의 가장 상징적인 야간통행금지는 군사정권 시절의 유물이었다. 사회안전을 명분으로 밤 12시 이후의 통행을 금지했던 통행금지 정책은 국가안보라는 측면도 없지는 않았지만, 국민들의 자유롭고 자발적인 이동의 자유를 제한하는 대표적인 통제수단이었다. 이를 신군부가 국민편의와 시대정신이라는 거창한 타이틀을 붙여 해제하였던 것이다. 통행금지의 해제는 정상적인 국민생활과 보다 역동적인 국민경제라는 측면에서 바람

직한 것이었다. 물론 밤의 문화가 활발해지면서 청소년 비행문
제와 과도하고 지나친 음주문화, 또는 조폭의 등장이라는 폐해
도 등장했지만, 국민의 의식을 옭아매고 있던 통제와 억압의 장
치에서 풀려났다는 것은 패션의 측면에서도 의미 있는 사건이
었다.

귀가를 위해 9시만 넘으면 한산하던 거리가 10시가 넘어서도
북적이고 거리가 오가는 이들로 넘치게 되자, 명동을 비롯한 도
심 곳곳에는 밤늦도록 불야성을 이룬 상가들과 젊은이들로 살아
숨 쉬는 밤거리가 되었다. 밤거리의 활기는 곧바로 패션의 다양
화와 함께 그 다양성을 충족시키기 위한 의류 매장과 상가들의
번성을 불러 일으켰다. 남대문과 동대문이 중심이 되어 밤거리
패션문화를 시작한 것도 바로 이 시기였다. 어쨌든 이는 다양한
계층과 가격대의 의류, 패션 메이커들이 출범하는 계기가 되었
고, 패션과 관련된 수많은 브랜드들이 생겨났다.

형식적으로 나뉘어졌던 여성복/남성복/아동복의 구분 등식
은 그다지 의미가 없게 되었다. 성과 연령, 그리고 직업을 뛰어
넘는 다양하고 세분화된 영역이 생겨나면서, 전문 매장이 등장
했고, 전(全) 연령대와 성을 아우르는 의상과 패션 잡화들을 만들
어내는 브랜드와 회사들이 연이어 시장으로 진입했다.

대기업을 중심으로 한 패션 기업들 간의 대결구도가 정착되
기도 했다. 삼성과 LG, 대우, 선경 등의 대기업을 모태로 한 패
션종합기업의 등장은 소비자들을 볼모로 거의 전쟁을 불사할 정
도였다. 삼성물산과 LG상사의 대결구도나 대우어패럴과 선경인

더스트리 등의 경쟁관계 외에도, 제일모직이나 반도, 동일 레나운, 대영산업의 뺑뺑, 경성방직의 경방 등도 분야별로 경쟁체제로 들어갔다. 오래전부터 종합패션의류회사로 출범한 회사들 외에도 여성 전문 브랜드의 라보떼, 논노, 벨라, 모라도 등도 지속적인 성장세를 구가하였다.

여기에 경제 성장의 혜택을 받은 전후 베이비 붐 세대가 결혼하면서 가족계획이라는 정부의 인구 억제정책에 따라 아이가 하나 혹은 둘만 있게 되면서 아이들에게 적극적으로 투자하는 경향이 강했다. '내 아이'와 '우리 아이'에게는 남들과 다르게 입혀야겠다는 생각들이 고착화되면서 전문 아동복 메이커들이 많이 생겨났다. 이는 패션의 전문화와 영역이라는 측면에서 이전보다 훨씬 분화되고 특화된 시장이 발생한다는 의미였고, 한국의 패션시장이 양적 질적으로 상당한 수준에 도달하였다는 사실을 반증했다.

프로야구의 출범을 계기로 본격적인 스포츠 패션도 주목을 받게 되었다. 프로야구의 출범 자체가 정치적이라는 것은 잘 알려진 사실이지만, 국민에게 가장 인기 있는 스포츠로 자리 잡으면서 프로스포츠를 통한 레저와 스포츠 패션이라는 선진국형 패션들이 선보였다는 점은 한국 패션의 역사에서 중요한 의미를 갖는다. 역설적이게도 국민들에게 정치적 관심을 대신할 새로운 대상과 영역들이 등장하면서 여가와 취미라는 여유의 경제학과 개인 취향의 소비주의가 어우러지면서 패션이 한 단계 발전할 수 있는 토대가 마련된 것이다.

그러나 여전히 순수하고 자연스런 관점에서의 패션은 아직 도래하지 않았다. 자율이라는 이름으로 많은 제도적 개혁들이 추진되고 실시되었지만, 이는 신군부의 정치적 폭력성과 비합법성을 감추기 위한 계산되고 의도된 자율이었다. 그러한 자율 중에서 가장 대표적인 것이 졸업정원제와 정원 증가에 따른 분교라고 하는 지방 캠퍼스의 설립이었다.

대학의 문호개방과 보다 많은 사람들에게 대학 입학을 허용한다는 취지로 졸업정원제와 분교 설립을 허용했지만, 실제로는 대학생들에게 현실 정치에 대한 관심을 접고 취직을 위한 학점 관리에 힘쓰면서 졸업에만 전념하라는 뜻이 담겨져 있던 것이다. 이는 대학을 정치비판의 장으로부터 분리시키겠다는 의도였지만, 한국사회에서 학생운동이 차지하고 있는 비중을 고려한다면 다분히 체제순응적인 사회인 양성이 가장 큰 목표였다고 볼 수 있다. 여전히 정치적 민주화나 학내 민주주의가 진행되지 않은 상황에서 대학생들의 관심을 학점이나 졸업의 문제로 돌리고자 하는 정치적 의도를 담고 있던 조치인 것이다.

이 조치는 어느 정도 성공한 측면도 있었다. 학생들은 정원제에 걸려 졸업을 하지 못하는 사태를 우려해서 학점을 채우기 위해 노력하거나 이를 피하기 위해 입대를 하는 경우가 많았고, 아예 입학하면서 정치적 집회나 시국에는 관심을 갖지 않은 채 소비적인 대학생활에 만족하는 학생들도 많이 생겼다. 과외금지 조처로 대학생들의 아르바이트가 끊겼음에도 전반적인 경제성장으로 인해 가정 소비능력의 증가가 가져온 결과였다.

대학생들의 소비풍조는 경제적 여유에 조응한 패션 욕구의 증대를 가져왔고, 전반적으로 대학의 패션 지향성이나 패션 용품 구매능력이 증대할 수 있는 소비성이 눈에 띄게 향상되었다. 패션의 비정치성을 정부가 자율이라는 명목 아래 조장했던 대표적인 시기였다. 이와 같은 권위적 자율은 좀 더 많은 국민들에게 허용되었고, 패션 구매대상으로서의 잠재력이 강하고 미래의 패션 주도층이 될 중고등학생들에게까지 허용됨으로써 패션의 기반 확대와 그를 활용한 패션 대기업의 성공신화를 만들었다.

02

교복 자율화와
이랜드의
패션 신화

1 9 8 0 년 대 패 션 산 업 이 단순한 수출산업으로서
의 체질 외에 내부적 기반확충에 성공하였던 계기는 1982년 중
고등학생의 교복과 두발 자율화 조치였다. 1960년대 중반과
1970년대 초에 태어난 이들 중고등학생들은 전쟁 이후의 베이비
붐 세대의 자식들로 대개 물질적 풍요의 혜택을 직접 받고 자란
청소년들이었다. '둘만 낳아 잘 기르자' 라는 가족계획 표어를
통해 태어나고 성장한 이들은 이전 대가족 시대와 다산 가족시
대에서 옷이란 그저 형제간에 물려 입거나 대를 이어 입을 수 있
는 필수품에서 각자의 나이와 성별에 맞게 소비할 대상으로 자
리매김되면서 의류 소비자이자 마케팅 목표층이 되었다.

교복 자율화의 효과는 바로 다양한 패션 트렌드로 나타났다.
패션 구매층의 갑작스런 증가로 인해 이들을 대상으로 하는 영
캐주얼 브랜드를 내세운 업체들이 속속 등장하였다. 우리에게도
낯익은 이랜드, 브렌따노, 헌트, 하이 파이브, 빈폴이 있었고, 여

기에 리바이스, 리 등 해외 캐주얼 업체들의 한국 상륙도 본격화되었다. 이 시기 한국사회에서 패션의 양적 질적 변화는 그 어느 때보다 넓고 컸다. 그 중에서도 패션 기업의 성공적 재벌 신화는 한국사회 패션이 갖는 긍정적인 면과 부정적인 면 모두를 동시에 보여준 사례였다.

1980년 이화여대 앞에서 자본금 500만원으로 시작한 이랜드 그룹은 말 그대로 신화였다. 대기업이라고 하면 현대, 삼성, 대우 등으로 대표되는 종합그룹의 이미지가 강했고, 패션 관련 대기업이라 할지라도 이미 대기업이 모체로 있는 계열사에 불과했다. 물론 논노나 동일 레나운 등이 있기는 했지만, 여성용 의류를 전문으로 만드는 회사였고, 패션을 중심 테마로 하는 종합패션그룹으로 보기에는 다소 무리가 있다. 그러나 이랜드는 좀 달랐다.

이랜드는 창업 6년 만인 1986년에 65억의 매출액을 달성하고, 다시 3년 만인 1989년에 1300억 원의 매출액을 달성하여 어느 측면에서 보더라도 패션을 주 아이템으로 하여 단기간에 재벌 수준에 도달한 대기업이 되었다. 한국사회에 내재된 패션 욕구의 폭발이 그런 신화를 가져오게 할 수 있었던 것이다. 물론 분석가에 따라 이랜드의 성공원인을 다르게 보기도 하지만, 교복 자율화라는 시대 상황과 기존 기성복이 갖는 정장이나 고급스러운 이미지를 탈피하여 대중적인 브랜드 이미지를 청소년과 젊은이들을 중심으로 펼쳐 나간 전략이 성공을 거두었다고 볼 수 있다.

이랜드의 성공은 패션 역사에서 몇 가지 사실을 시사해 준다. 첫째, 그 동안 일제 잔재의 유산이라고 볼 수 있는 교복이라고 하는 제복문화와, 국가의 강제와 통제로 상징되는 집단주의에서 탈피했다는 사실이다. 교복이 주는 통일적이고 획일적인 이미지는 가난하고 못살던 시절 부의 편재나 부자집 아이들에 대한 위화감을 완화시켜주었다는 장점보다는 아이들을 규칙과 통제에 익숙하게 하고, 개성이나 자립성을 길러주기보다는 단체의 일원으로서 국가와 민족 등의 정치적 대상에 포위되어 무분별한 민족주의나 인종주의로 빠질 위험성을 상존하게 했다. 이는 집단적 광기로 빠질 위험성이 있을 뿐만 아니라 자신도 모르는 사이에 동원에 익숙해지고, 국가에 복종하는 순종적 조직인으로 자랄 가능성이 많다는 것이다. 독재정권이 교복을 고집하고자 했던 이유의 하나는 바로 그런 목적이 있었던 것이다.

두 번째는 패션의 대중성과 상품성이 분명하게 증명된 사례라는 점이다. 1970년대는 TV나 라디오 등 대중매체의 발달로 패션의 대중화가 어느 정도 달성된 상태였다. 그러나 실질적으로 그러한 사회적 여건을 뒷받침해주는 패션 상품의 대중화는 다소 기대에 못 미치는 상황이었다. 그런 열악한 환경에서 이랜드의 성공은 섬유나 의류 기업들의 세계화 등이 가능한 수준의 양적 성장을 이룬 첫 번째 사례라는 점에서 중요한 의미를 갖는다. 이전에 의류를 전문적으로 생산했던 기업들은 전문화되거나 특화된 아이템에 기반을 두고 패션 전체를 아우르는 전문패션기업이라기보다는 모기업인 재벌의 특정 영역만을 한정하여 생산하는 의류회사들이었고, 더욱이 국제화나 세계화 차원에서 기업을 경영하는 것이 아니라 내수용이라는 특징이 있었다.

세 번째는 10대 후반과 20대 초반이 패션시장에서 중요한 고객층이 되었다는 점이다. 10대 후반이나 20대 초반의 젊은이들이 실제로 구매력을 갖기는 한국적 상황에서는 어려운 편이다. 그럼에도 불구하고 이들이 기대는 부모들은 자식을 위해 생명까지도 바치는 세대라고 할 수 있다. 곧 이들 10대들이나 20대 초반의 젊은이들은 '둘만 낳아 잘 기르자' 세대인바 부모들의 자식에 대한 사랑이 거의 절대적인 연령층이라 할 수 있다. 그런 이유 때문에 이들 청소년과 젊은이들은 부모의 돈으로 패션제품을 구매하고 트렌드를 창출하는 연령층으로 등장한 것이다.

네 번째는 패션산업과 패션의 성공에서 광고의 비중을 분명하게 인식시키는 계기가 되었다는 점이다. 이랜드라는 브랜드가 성공할 수 있었던 데에는 광고의 역할이 컸다는 사실은 잘 알려져 있다. 패션의 대중화나 새로운 창출, 그리고 상품화에는 반드시 광고라고 하는 '자본주의의 꽃'이 동반되지 않으면 그 효과가 크지 않다는 것을 이랜드가 직접 증명해 보였다. 당시 의류광고는 그저 옷을 보여주기만 했던 단순한 내용이었던데 반해 이랜드는 자사 브랜드에 10대나 젊은이의 감성을 자극하는 내용을 실었다.

이외에도 이랜드를 통해 패션이라는 아이템과 주제로 성장하는 기업이 등장할 수 있었다는 점은 시대의 흐름을 읽을 수 있다면 거의 모든 영역에서 새롭게 떠오르는 기업이 가능하다는 사실을 증명했다. 실제로 이랜드 이후 1990년대와 2000년대에 걸맞는 업종과 기업들이 등장함으로써 율산이나 대우와 같은 그룹들의 성공사례와는 다른 기업전통을 만들어냈다. 물론 그 과정과 성장의 이면에 감춰진 탈법이나 불법성이 존재했을지도 모르지만, '시대정신'이 곧 '기업정신'이나 '시장의 정신과 필요'를 의미하는 것으로 받아들여짐으로써 우리 사회의 분화와 진보에 상당한 영향을 미쳤다는 점은 인정할 만했다.

그러나 이랜드의 성공신화 뒤에는 몇 가지 부정적 효과를 동반한 것도 사실이다. 먼저 외형적인 패션 트렌드나 패션에 대한 막연한 모방심리가 넘쳐나게 되었다는 점이다. 자신의 개성과 상황, 또는 장소에 맞는 패션 트렌드를 추구하기보다는 그저 '누가 입었더라' 식의 막연한 모방 패션이 주류를 이루었다는 점이다. 10대들에게서 보기 쉬운 경향이 패션과 그 트렌드에서 그대로 답습되었다는 점은 또 다른 집단 패션의 우를 범하는 것이었다.

두 번째는 이들이 경제력을 직접 갖지 않았다는 의미에서 부의 향상을 통한 트렌드나 패션 창출이라기보다는 어느 정도 부모나 기성세대가 허용하는 기준 안에서 패션 흐름이나 스타일이 결정될 수 있다는 제한적이고 간접적인 패션으로 추락할 가능성이 많았다는 사실이다.

세 번째는 이랜드라는 전문패션기업의 양적 성장이 질적이고 전문화된 성장이나 분화로 이어지지 않았다는 사실이다. 이랜드는 이랜드라는 브랜드 이외에도 브렌따노나 헌트 등의 다양한 후속 브랜드들을 출범시켰지만, 거의 비슷한 이미지나 계층을 목표로 한 안정적 마케팅을 선택함으로써 패션을 대중상품화하는데 국한시켰다. 이 점은 패션전문 의류회사라는 특성을 반감시키고, 이윤이 남고 안정적인 경영과 수익이 가능한 대기업으로 성격을 변화시켰다는 점에서, 특화되고 전문화된 패션의류회사의 성장과 발전이라는 측면에서는 부족한 면으로 남게 되었다.

그럼에도 불구하고 이랜드의 성공신화는 국가로부터 주어진 자율을 패션산업과 대중패션으로 발전시킨 중요하고 의미 있는 사건이었다. 중고등학교에 머물러 있던 자율의 확대와 패션의 지평확대는 대학이라는 상아탑이 국가로부터의 통제를 대부분 벗어날 수 있도록 하는데 상당한 기여를 했다. 그것은 1985년에 시행된 대학 캠퍼스로부터의 경찰 철수 사건에서도 분명하게 드러나고 있다.

대학생들의 일거수일투족을 감시했던 대학 캠퍼스 안의 경찰들이 대학 담장 밖으로 사라지면서 보다 자유스럽고 활기찬 대학문화와 패션이 자리할 수 있었다. 대다수의 학생들이 여전히 젊음의 상징인 청바지와 티셔츠, 기타를 메고 젊음과 낭만을 이야기하면서 마음껏 노래하였다는 것은 그저 소비적인 측면에서 이야기할 수 있는 효과이겠지만, 감시받거나 통제받지 않는 캠퍼스에서 그 동안 움츠리고 있던 정치적 토론이나 집회를 자유롭게 열 수 있었다는 사실은 보다 많은 대학생들이 현실정치와 당대 한국의 민주주의에 대해 알아 갈 수 있고 접할 수 있는 기회를 주었다.

이는 단순한 정치적 성향의 문제에만 국한된 것이 아니라 그저 위에서 내려 받던 생각이나 사고의 틀을 자신의 지평에서 판단하고 취사선택하는 수준으로 발전시키면서 개성을 강화하는 방향으로 자연스럽게 진화되었다. 이는 기성세대들과의 차이를 분명하게 느끼고, 전통과 악습의 틀을 깨려는 신사고와 감각을 지니게 된 계기였고, 이를 통해 자신만의 정서와 취향, 그리고 그것을 외형적으로 패션을 통해 나타내려고 했다.

이러한 정서와 흐름은 기성세대와 신세대라는 사회현상을 만들어 냈고, 신세대와 기성세대를 구분하는 기준과 원칙으로 작용했다. 특히 10대의 경우에는 옷 입기와 옷의 스타일이라는 외형적 패션 모습을 통해, 대학생들을 비롯한 20대 초반의 젊은이들은 사고와 행동의 진취성을 통해 기성세대와 다르게 행동하고 생각했으며, 결국 이는 세대 간 의식과 문화, 그리고 패션의 충돌로 나타났다.

03

삐뚤어진
국제화 시대
패션

박 정 희 개 발 독 재 시 기 였 던 1970년대의 통제와 억압의 정치가 1980년 광주 민주화 운동을 밟고 집권한 전두환을 정점으로 하는 신군부의 권위주의 정치로 전환되면서, 외형적으로는 어느 정도의 자율화를 이끌어 냈다. 그러나 사회와 국가 내부적으로는 여전한 정치적 긴장과 세대 간의 갈등이 노정되어 나타났고, 대결의 양상이 정부와 시민(혹은 시민단체), 신세대와 기성세대, 노동자와 기업주 등으로 구체화 되었다.

군 위주의 정부에서 과거와의 단절이라는 상징적 표시로 일정 정도 허용한 자율화 정책은 또 다른 정치적 긴장을 불러일으키는 계기가 되었다. 알맹이 없는 자율을 내용 있는 자유와 민주적 가치로 전환시켜 달라는 요구들이 여기저기서 분출하였다. 더군다나 국내적 자율은 이미 국제적 수준의 자유와 의식을 가지고 있었던 국민들에게는 2%가 부족한 것이었다. 더군다나 곧 있을 86아시안게임과 88올림픽은 국민들의 이러한 욕구를 앞당

길 수밖에 없는 사안이었다.

결국 긴장과 대결적 사회 분위기를 완화하고 사회에 새로운 바람을 불러일으켰던 것은 스포츠였다. 단지 스포츠 분야의 국제화와 한국의 위상강화라는 정치적 의미 외에도 86아시안게임과 그 뒤의 88올림픽은 한국 국민의 분열된 정서를 다시 모으기에 정치적으로 활용할 수 있는 호기였다. 비록 86아시안게임과 88올림픽 유치나 개최과정이 상당히 정치적인 의도가 개입된 결과였을지라도 패션이라는 관점에서는 평범하지 않은 의미를 제공하였다.

86아시안게임이 88올림픽에 비해 비록 지정학적으로 좀 더 좁은 범위를 갖는 스포츠행사였지만, 스포츠를 통해 국민의 생활양식과 패션 트렌드에 많은 변화를 주었던 사건이었다. 이전까지 스포츠란 그저 국위선양이나 국가의 힘을 과시하는 대표선수들만의 놀이에 불과했다면, 86아시안게임은 우리 국민 모두에게 스포츠에 대한 생각을 다시 하게끔 하였던 주요한 계기였다.

단순히 '금메달이냐 은메달이냐' 라는 경쟁을 통한 메달 수에 따른 순위 문제에 국한된 것이 아니라, 국제적 스포츠 행사를 자원봉사자들이라는 새로운 참여의 스포츠 문화를 통해 국민들 스스로 준비했다는 사실과 준비과정에서 자연스럽게 인식된 '생활 속의 체육(스포츠)' 라는 구호가 말해주듯, 국민들의 의식과 생활양식을 바꿀만한 커다란 의의가 있었다. 그것이 곧 패션 트렌드에도 반영되었고, 스포츠 패션이라는 명칭으로 고스란히 패션의 영역으로 자리 잡았다.

19세기 말과 20세기 초 패션의 질적 도약과 영역 확장을 이루었던 계기로 여가와 취미의 영역까지 연쇄작용을 발생시켰던 스포츠가 한국에서도 본격적으로 패션의 영역으로 들어오게 된 것이다. 스포츠가 패션의 영역에서 본격적으로 기지개를 켜게 되었다는 사실은 한국의 생활양식에 상당한 변화가 초래되었다는 것을 의미한다. 운동선수나 혹은 운동선수가 되기 위하여 하는 것으로 인식되었던 스포츠가 일상의 틀 안에서 건강과 여가, 그리고 취미의 일환으로 누구나 즐길 수 있는 전(全)국민적 여가활동의 하나로 인식되었다는 사실은 한국에서 패션이 그저 직업적인 의미 외에도 여유의 경제력을 나타내는 지표가 되었음을 뜻하였다.

이제까지 국내에서 이야기하는 패션의 창출은 그저 해외의 유명 트렌드를 모방하거나 서양식의 디자인과 유사한 스타일을 만들어 내는 정도로 인식되었다. 이런 분위기에서 우리 것은 보잘것없는 것이었다. 실제로 1960년대 말 합성섬유를 이용한 개량 한복을 선보이기도 했지만, 지나치게 서구 취향을 가미하여 만든 데다가 한복 특유의 맵시를 살리지도 못했고, 생활에 필요할 만큼 실용적이지 못하여 결국 한복의 일상화나 생활복으로서 역할을 하지 못한 채 현실 생활에서 더 이상 활용되지 못하고 사라지고 말았다. 이후 한복은 일상복보다는 명절이나 특별한 때에 입는 전통 의상으로 전락하였고, 이를 패션화하거나 세계에 선보이려는 시도조차 하지 않았던 것이다.

그러나 86년 아시안게임과 88올림픽은 이러한 한복의 우수성을 알리고 우리만의 패션 창출이 가능할 수 있다는 여력을 보여준 것이다. 이는 세계 패션대국으로 추앙받는 나라의 하나인 이탈리아 패션 산업의 본격적인 중흥시기가 로마 올림픽이었다는 점을 연상시키는 일이었다. 이탈리아의 경우 1960년대 이전까지는 주로 프랑스나 영국의 하청생산 국가였지만, 올림픽이라는 기회를 이용하여 이탈리아를 알리고, 국가의 기반산업으로 발전시킨 것이 바로 패션산업이었다.

당시 우리나라도 한복의 우수성을 그저 문화적 전통의 수준에서 알리는 것에 급급한 사정이었지만, 아시안게임을 시작으로 대회 기간 동안 국내에서 열렸던 한복 전시회는 그런 가능성을 확인할 수 있는 계기였다. 또한 1966년 김봉남이라는 한국인 디자이너(일명 앙드레 김)가 파리에서 처음으로 패션쇼를 가진 뒤 이제 한국인 디자이너들의 역량도 눈에 띄게 발전했다. 아시안게임과 올림픽이라는 국제적 행사가 국내 디자이너들의 역량을 끌어 올리고 국제적 감각과 스타일을 갖추는데 주요한 계기가 된 것이다. 이는 앙드레 김 같은 디자이너들이 서울 올림픽뿐만이 아니라 이후의 주요 올림픽 등에서도 패션쇼를 지속적으로 열었다는 사실에서도 충분히 알 수 있다.

그러나 이탈리아만큼의 성공을 거두는데까지 이르지는 못했다. 여기에는 몇 가지 이유들이 있었는데, 첫째는 관이 주도하는 패션산업이었다는 것이다. 국가적 행사의 성공적 개최를 위해 국가가 동원령을 내린 것까지는 좋았지만, 그것이 한국적 패션의 독특함이나 개성을 충분히 살리는 것이 아니라 그저 외형적으로 보여주는 이벤트로 전락하였다는 사실이다. 아시안게임이나 올림픽 유치가 정치적 의도가 강했다는 점을 이해한다면 당연한 결과겠지만 아쉬움이 남는 점이었다. 그렇다 하더라도 아시안게임과 올림픽 게임이라는 절대적 호기를 민이 주도하여 일반 국민들이나 패션업계 종사자들이 진정으로 도약할 수 있고 발전할 수 있는 기회를 놓친 것은 두고두고 후회할 일이었다.

둘째는 국내적으로 기술적인 측면이나 디자인 면에서 기반이 허약했던 국내 업체들이 국제적 스포츠 행사를 통해 도약하기보다는 해외의 유명 브랜드를 수입하는 기회로 활용했기 때문이다. 특히 스포츠 용품에서의 수입은 눈에 띌 정도로 급증했고, 한국의 잠재력 있는 영역의 시장까지 잠식하는 부정적 효과를 불러왔다. 물론 국제상사의 '프로스펙스' 등의 신발과 스포츠 용품 전문회사가 있기는 했지만, 국제적으로 주목받기에는 여전히 역량이 부족했고, 오히려 '나이키'니 '리복' '필라' 등의 해외 브랜드들이 본격적으로 한국시장에서 영업할 수 있었던 계기를 만들어 주었던 것이다.

세 번째는 패션의 '국제화'란 의미가 잘못 형성되었기 때문이었다. 흔히 '국제화'를 이야기할 때는 상품의 수준이 국제적으로 통용되거나 인정받는데 지장이 없다는 의미이겠지만, 한국의 경우 여행 자유화를 통해 해외여행을 다녀오기 시작하면서, 아시안게임과 올림픽을 거치는 동안 외국 브랜드에 대한 다소 맹목적인 숭배를 하였다는 점이다. 이는 국제화의 의미를 세계인이 사용하는 고가의 상품을 함께 사용하는 것으로 잘못 인식한 결과라 할 수 있다. 따라서 한국 패션 제품들이 국제적으로 인지도를 얻어서 국제 시장에서 좋은 평가를 받아 그 수준을 끌어올렸다는 의미에서 국제화가 아니라, 단지 해외의 고가 브랜드를 함께 공유하고 구매할 수 있다는 수준에서의 국제화로 전락해 버리고 만 느낌이다.

그럼에도 불구하고 아시안게임과 올림픽은 패션이라는 영역을 보다 생활 속으로 확장시키고, 국제적 안목을 갖춘 디자이너들과 많은 디자이너 지망생들에게 해외에서 공부할 수 있는 기회를 제공함으로써 한국에서 패션산업이 양적 질적으로 새로운 도약의 기회를 가질 수 있는 토대를 마련했다는 점에서 중요한 사건이자 출발점이었다.

교복과 두발의 자율화로부터 시작된 권위주의 정부 하의 자율화 정책은 스포츠라는 계기를 통해, 친일과 군부, 그리고 천박한 자본주의 등이 오랜 역사 속에 얽혀 내려온 독특한 한국적 민주주의에 좀 더 가까이 다가설 수 있도록 했다는 점에서 작지만 상당히 의미 있는 것이었다. 특히 그러한 자율화는 자유화로 이어지고 국제적 스포츠 행사를 계기로 새로운 패션의 영역이 만들어지게 되어, 한국패션의 국제화에 커다란 기여를 한 것으로 평가받을 수 있다. 더욱이 아시안게임과 올림픽 게임 기간 중에 수준 높은 외국의 패션 브랜드들을 접하면서 색이나 디자인에 대한 안목을 높일 수 있는 전환기적 이정표를 마련했고, 해외로부터 불어온 패션의 바람과 함께 한국사회의 민주주의 열풍도 동시에 들어오게 되었다.

어쩌면 1987년의 대통령 직선제 개헌을 이끌어 냈던 것도 바로 그러한 자유분방하고 민주주의적인 힘이 권위주의와 국가의 폭력을 넘어서 원하고자 하는 목표를 획득한 것으로 볼 수 있다. 그렇게 1987년은 정치적 민주화가 싹트게 되고, 젊은이들이 추구하는 패션의 지향이 해외까지 넓혀지는 전환기라고 하겠다.

04

유월항쟁과
패션의
민주화

1986년 아시안게임의 성공적 개최로 국민들은 모든 것을 얻는 듯했다. 이제 더 이상 한국전쟁으로 피폐화된 한국이 아닌 세계 속의 한국으로 인정받았다는 사실에 감격해 했고, 꾸준한 경제성장과 국력증강은 선진국으로의 진입이 눈앞에 와 있는 것으로 착각하게 하였다. 또 아시안게임의 성공으로 전두환의 제5공화국에 대한 비합법성을 어느 정도 완화시키는 분위기를 조성하였고, 이를 군부에서는 정권연장의 구실과 호기로 삼았다. 이 시기 정치적 상황은 이렇게 복잡했다.

여전히 군사정권의 연장을 꿈꾸는 전두환은 자신이 계속 집권하든지, 아니면 대리인을 내세워 체육관 선거를 자행하려는 계획을 갖고 있었다. 86아시안게임에서의 호성적과 계속되는 공안정국 등은 이러한 계획을 달성하는 듯했다. 그러나 국민들은 저항했다. 결국 박종철 고문치사 사건으로 궁지에 몰린 뒤 6 · 29 선언을 통해 전두환 정권은 전국민의 열망이었던 대통령직선제를 양보하고 노태우를 후보로 옹립시켰다. 국민들은 민주정부에 대한 기대가 매우 높았지만, 사면 복권된 김대중 씨와 야당 총재였던 김영삼 씨가 단일후보 합의에 실패하면서 다가올 대선은 노태우 민정당 후보, 김영삼, 김대중, 김종필 등 야당 후보가 난립하는 양상을 띠게 되었다. 얻는 것이 있으면 잃는 것도 있는 것일까? 이런 자중지란은 민중의 피와 땀을 희생하여 얻은 대통령직선제와 정권교체의 열망을 접어둔 채 36.6% 지지만을 얻은 노태우 후보가 1/3 대통령으로 선출되었다.

여기서 한 가지 짚고 넘어가야할 것은 1987년 거세게 불어 닥쳤던 민주화 운동의 성격이다. 여러모로 중요한 의미를 담고 있는 이 운동을 어떻게 해석하느냐에 따라 1990년대 이후의 한국 패션을 정확하게 짚어볼 수 있기 때문이다. 어떤 이들은 1987년 민주화 운동의 과정을 서구 68운동에 비유하는 이들도 있고, 어떤 이들은 프랑스의 시민혁명과 유사한 성격의 미완성 시민혁명으로 비유하기도 한다. 과연 그럴까? 결론부터 이야기하자면 그 정도의 의미를 부여하기에는 너무나 미완성적인 특징들이 많았다.

1987년 민주화 운동은 그 시작부터 철저하게 정치적 목적과 방향성을 확고하게 설정한 뒤에 출발하였다. 이는 문화적이고 의식혁명의 성격을 가졌던 68운동과는 그 본질에서부터 차이가 있는 외형적 사회변혁운동일 뿐이었다. 그렇다고 의식이나 사회체제자체의 변혁을 가져온 프랑스식 시민혁명은 더더구나 아니었다. 대통령직선제가 쟁취되자 그것에 만족한 시민들은 민주주의를 이룩한 것으로 착각한 것이었다. 한국의 민주주의 역사에서 아주 중요한 전기였던 1987년 민주화 운동이 이렇듯 외형적 민주화로 끝나버리게 된 결정적인 이유는 무엇일까?

전후 제대로 된 민주정부를 한 번도 가져보지 못한 경험은 국민들의 힘으로 정치적 목표인 대통령직선제가 관철되자, 거기에서 만족하여 더 이상의 발전적인 사회변혁의 힘으로 전환시켜 나아가지 못했다. 결국 미완의 사회변혁은 친일이나 군부청산 문제를 제대로 진행하지 못한 채 유야무야 되고 말았고, 정치적 민주화의 실질적 내용들이 뒤따르지 못하는 결과가 되었다.

또한 실질적 민주화를 담보할 수 있는 민주적 시민계급의 출현이 동반되지 못했고, 부정부패나 구시대의 악습을 타파할 만한 새로운 의식의 변혁이 수반되지 못함으로써 민주화란 그저 구호로 시작해서 구호로 끝나는 말의 잔치로 전락해 버렸다. 사회변혁과 실질적인 민주주의에 입각한 절차와 내용의 민주화를 이루지 못함으로써 이후 정치권력의 수립과정에서 여전히 해결해야할 권위주의적 정부와 정치형태를 존속시켰고, 인간의 존엄성에 기초한 민주적 제(諸)가치를 보장하는 개혁이나 제도의 수립에 실패하게 되었다.

그리고 무엇보다 의식과 내용이 담보되지 못한 허울 좋고 외형적인 중산계층이 등장함으로써 정치적 민주화의 내용을 채울 만한 계층으로 발전하지 못한 측면이 있었다. 흔히 '넥타이 부대'라고 불렸던 이들 시민계층은 자본주의적 관점에서 경제적 수준에서의 중산층화에는 성공했을지 몰라도, 민주적 제가치의 진정한 실현을 위해 노력하거나 성공한 계층으로는 볼 수 없었다.

이러한 상황전개는 자발적 계급의식에 따라 축적되고 성장한 중산계급이 아니라 국가가 주도한 경제개발정책에 편승하거나 정책의 수혜자라는 수동적 의미의 중산계층에 지나지 않았기 때문이었다. 단지 가정의 수입증가나 월급여로 일정 이상의 소득을 올리는 가정을 중산층으로 만들어버림으로써 중산계층이 갖는 사회적·정치적 역할과 의미를 희석시켜 버렸다. 이는 그저 소비 수준으로 판단하거나 사회질서를 유지하는 주류 계층이라는 인식을 확산시킴으로써 노동자, 혹은 도시빈민이나 농민 계층의 사회적 요구들을 사회 불안정 요소로 인식하고 인정하게 된 원인이 되었다.

그러나 패션적 측면에서 외형적 중산층의 성장과 양적 확대는 한국의 패션지형 확대와 세분화를 촉진시켰다는 점에서 중요한 의미를 갖는다. 패션에서 경제적 여유는 패션이 재생산되고 끊임없이 소비될 수 있는 기본적 요소이기 때문에 패션 강국들이 주로 경제적 부가 일정 수준에 다다른 선진국들이라는 사실이 이를 분명하게 증명해주고 있다. 프랑스, 이탈리아, 영국과 미국 등이 여전히 세계 패션시장에서 차지하고 있는 위상이나 중요성 등은 패션의 경제적 기반이 얼마나 중요한 가를 알 수 있는 것이다.

경제성장이 기반이 되어야 패션이 발전한다는 지극히 평범한 상식 앞에서 1980년대 중반 이후 경제의 외형적 성장과 팽창은 중산층 신화를 만들어 냈고, 세계적 스포츠 행사라는 국가적 이벤트는 패션의 영역을 확장시키고 심화시키는 역할을 하였다.

더군다나 정치적 영역에서 절반은 성공한 1987년 민주화 운동은 중산층이라고 스스로 생각하는 이들에게 '민주화'라는 개념을 보다 문화적인 방식에서 돌이켜볼 시간을 주었다. 항상 억압과 통제에 짓눌려 어느 한 시기도 자유롭고 개성이 넘치는 패션을 추구하지 못했던 이들이 '중산층' 신화에 빠져 패션의 중산층 소비구조를 이끌어 낼 수 있었다.

이제껏 한 번도 논의되지 않거나 사회 안에서 소수의 특권 계층에서만 향유하던 스포츠나 패션 소비형태가 상류사회나 소수의 지배계급만이 아니라 중산층까지도 함께 향유하고 공유될 수 있는 사회 분위기가 만들어졌다. 중산층의 다양한 기호와 선택에 대한 요구는 패션업계에 그대로 반영되었다. 이미 상류층을 중심으로 서서히 일고 있던 해외유명 브랜드에 대한 관심과 소비 증가의 영향으로 국내 패션업계는 대응책을 마련하게 되었다.

그러한 대응책의 하나가 바로 해외유명 브랜드의 상표도입이었다. 입센 로랑, 피에르 가르뎅, 웅가로 등 이미 귀에 익은 해외 상표를 단 국내제품들이 시장에 본격적으로 등장하게 된 것이 이때였다. 로열티 지급문제가 국민정서에 어긋나는 것이었고, '국산품 애용' 정신으로 똘똘 뭉쳐있는 일반 대중들에게는 그다지 실감나는 상황은 아니었지만, 이미 해외 여행이나 해외유명 브랜드를 알고 있던 상류계층과 '그들처럼 하는 것'을 사회적 신분상승의 주요 행동지표로 알고 있던 일부 중산층들에게는 해외 유명 브랜드의 상표수입은 아주 반가운 소식이었다.

패션의 양극화라 할 수 있는 이러한 새로운 패션 경향은 여기에만 그치지 않았다. 초기에는 절대 권력자들이나 미군들 이외에는 즐길 수 없었던 골프가 상류층을 중심으로 확산되면서, 골프와 관련된 새로운 유행이 생겨나기 시작했다. 또한 해외여행 자유화에 따라 선진국을 여행하면서 접했던 소위 '명품'에 대한 의식이 서서히 발생했다. '있는 자들'이 보기에 패션 관련 국내 제품들은 그야말로 조잡하고 '천박한' 것이었다. 해외여행의 경험을 통해 서양인들이 즐겨 입고 찾는 고가의 패션제품들이야말로 모든 면에서 '있어 보이는' 물건이었던 것이다.

이렇게 시작한 명품과, 사치스럽고 향락적인 취미와 여가의 시작으로 1987년 민주화 이후 패션의 민주화라고 이야기하는 이들이 생겨났다. 이제 정치적 민주화가 이루어졌기 때문에 개인의 성향과 욕구를 완벽하게 반영할 수 있는 패션이 전개될 수 있을만한 성숙된 분위기가 사회적으로 조성되었다는 것이다. 그럼으로써 원하는 사람은 누구나 어떤 물건이라도 사용하거나 구매할 수 있는 사회적인 합의와 인식이 형성되었다는 것이다. 즉, 사회의 여러 계층과 다양성을 진정으로 인정하는 다원주의적 사고가 패션에도 그대로 적용되면서, 정치적 민주화 이후 패션의 민주화 역시 이루어질 수 있는 기반이 조성되었다고 믿고 싶은 것이었다.

그런데 그들이 이야기하는 민주화가 과연 진정한 의미에서의 패션 민주화였던가에 대하여는 의문이 남는다. 그렇다면 여기서 이야기하는 '패션의 민주화'란 과연 어떤 의미인가? 굳이 민주나 민주화가 갖는 정치적 의미에 대하여는 설명이 필요 없겠지만, 적어도 민주화라는 단어가 갖는 일반성은 이해가 필요한 개념일 것이다. 민주화라는 것이 단지 외형적인 절차의 민주화나 차별을 전제로 하지 않는 상태에서 차이만이 강조되는 다양성의 측면에서는 87년 이후 한국사회는 분명 민주화가 되었고, 사회적 분위기 역시 사회적 다양성을 인정하는 것으로 볼 수 있다.

그러나 내용적이고 실질적인 면에서 민주화를 이야기할 경우 그 개념은 다소 의미가 달라질 수 있다. 내용적으로 자유의 실질적 가치들인 양심과 사상의 자유나 평등과 인권 등의 실질적인 민주적 가치들이 보장되고, 수직적인 측면에서 차이를 강조하는 것이 아니라 이미 구조적으로 존재하고 있는 차별을 해소하는 제도와 내용을 구현하는 실질적 민주화야말로 진정한 의미에서의 민주화라고 볼 수 있는 것이다.

패션의 측면에서도 민주화를 이야기하자면 이러한 실질적인 내용들이 보장되고 인정되는 것이 진정한 패션의 민주화라 할 수 있다. 고가의 제품들이나 외국의 유명 브랜드, 그리고 해외 명품들만이 패션의 전부인 것처럼 이야기하는 풍토에서는 민주화란 가진 자들의 '천박한' 민주적 양식에 불과할 따름인 것이다. 비싸고 호사스런 것이 패션의 진정한 가치척도라고 믿고, 그것이 패션의 절대기준인 사회에서 패션의 민주화란 존재할 수 없는 것이다. 우리 사회에서 정치적 민주화를 이루었다고 생각했던 1987년 민주화 운동이 사실 실질적 민주화로 이어지지 못함으로 인해 드러난 여러 부작용들만큼이나 1987년 이후 패션의 민주화를 이야기하면서 담보하지 못했던 실질적 내용들은 현재

거의 빠져 있는 것이다. 그저 투기적 성격이 강한 부동산이나 증권 등으로 벌어들인 자들이 자신들의 '천박한' 투기적 부를 과시하고자 했던 덮개로서 그들만이 누릴 수 있는 물질적 부의 패션이 필요했던 것이다.

이는 1987년 민주화가 외형적 민주화로 실질적인 민주적 가치들을 보장하고 구현시키는 단계로까지 나아가지 못했던 절차의 민주화라는 의미와 유사한 것이다. 결국 민주적 가치들이 무엇인지 제대로 몰랐던 한국사회가 다양성에 기반한 다원주의만이 패션 자체의 민주화를 가져올 수 있다고 생각했던 천박성이 그대로 적용되면서 나타났던 현상이었고, 이는 대한민국 패션의 방향을 단지 자본주의적 시각에서만 판단했던 잘못 낀 단추였다.

05

패션을
주도하는
10대들

다양한 평가와 해석을 가져온 1987년 민주화였지만, 어쨌든 사회 전반에 새로운 모습과 양상들을 가져온 계기이자 전환기였다. 패션 부문에서도 이 시기를 전후하여 이전의 모습과는 다른 새로운 양상과 형태들이 나타났다는 점에서 21세기로 가는 전환기적 모습을 보였다고 할 수 있다. 그러나 앞장에서 이야기한대로 지나친 브랜드 중심과 '비싼 것일수록 좋다'라는 잘못된 인식이 확산된 결정적 시기라는 점은 이후 소비행태가 다소 왜곡된 방향으로 흐르게 하는 원인이 되었다.

이와 같은 패션에서의 전환기적 특징을 집약해 보면 몇 가지로 나눌 수 있다. 첫째는 경제력의 양적 팽창에 따른 다양한 패션 욕구들이 상품과 제품으로 구체화되면서 패션시장의 규모가 상상을 초월할 정도로 커졌다는 사실이다. 교복 자율화와 해외여행 자유화 및 86아시안게임과 88올림픽이라는 두 번에 걸친 국제 스포츠 행사는 국민들의 패션 욕구를 분출시키는 주요한 계기가 되었다. 패션 제품의 다양성의 의미가 그야말로 가격대의 세분화나 품목의 세별화에 국한된 것이 아니라, 국민 개개인의 개성을 충분히 살릴 수 있을 만큼의 특정화된 패션이 가능한 질적 전환이 되었다는 사실이다.

물론 단순한 양적 팽창 규모만으로 그 질적 내용을 판단하기는 어렵지만, 이전에는 존재하지 않던 여러 분야의 패션 영역이 개발되어 대중화되었으며, 이는 기존 한국의 산업적 특성에 적합한 분야와 연결되어 파급효과를 내면서, 내용면에서나 질적인 면에서 상당한 발전을 이루게 되었다. 가장 대표적인 분야가 신발 업종과 스포츠 관련 패션제품 업종이었고, 이들 분야에서는 향후 질적 도약과 함께 세계 시장을 선도할 수 있는 위치로까지 도약하게 되었다.

두 번째는 한국경제의 두드러진 특징의 하나인 천박한 자본주의적 양상이 패션에도 그대로 접목되었다는 점이다. 돈의 유무에 따라 '유전유행 무전무행'이 어울릴 정도의 패션이 시작되었다는 부정적 모습이 한국패션의 전형적인 특징으로 남게 되었다. 이는 한동안 거의 모든 국민들이 패션이란 돈으로 시작해서 돈으로 끝나는 것으로 오인하게 되는 원인이 되었고, 이를 반영하듯 고가의 패션 제품들이 패션의 영역에서 가장 주요한 시장을 형성하게 되었다.

이런 모습은 패션의 외형적인 측면만을 강조하는 경향을 불러일으켜 양복이나 양장은 어떤 브랜드가 제일 좋고, 어떤 옷을 입어야 한다는 등의 잘못된 선입견을 심어주게 되었다. 개인과 개성이라는 패션의 가장 중요한 요소들이 돈의 위력 앞에 여지 없이 무너져 내렸다. 이는 개성을 살리면서 자신에게 가장 잘 어울리는 스타일이나 색조 또는 디자인 등이 브랜드나 가격 등에 의해 무시되거나 소홀히 되는 현상을 가져왔고, 한동안 이러한 패션 선호도와 경향이 지속되었다.

　세 번째는 패션의 국제화와 세계화를 이루었지만, 여기서 말하는 국제화와 세계화는 해외지향적이라는 특징을 갖는다. 다시 말해 여러 번의 국제적 스포츠 행사나 해외여행 자유화로 서구 선진국들을 돌아볼 기회가 생기면서 그동안 모르고 있었던 해외 명품과 유명 브랜드에 대한 거의 맹신에 가까운 선호와 수입의 존도를 나타내었다는 점이다. 한국 패션의 자생적이고 한국적인 특징을 내세운 경향보다는 단순히 인지도나 브랜드 파워 만으로 한국인의 체형이나 취향에 맞지 않는 해외 브랜드의 무분별한 수입 열풍이 몰아쳤다.

　유럽이나 미국 등 서구 선진국에서는 사회의 생활 풍속이나 양식 자체가 우리와는 차이가 있고, 기후나 날씨 등의 자연적이고 지리적 여건도 다르다. 더군다나 인종적으로나 신체적으로 그들만의 전형적인 특징이 존재하기 때문에 패션 제품이나 의상 등에 이러한 특징들을 고스란히 반영하고 있다. 대부분의 의상에서 팔 길이나 하의 길이가 우리의 그것보다 긴 것은 물론이고, 권위적이고 어두운 색과 절제되고 단정한 스타일이나 디자인을 선호하는 한국인에 비해 훨씬 자유분방하고 화려한 색 배합이 특징인 서양의 패션 제품들을 한국 사람이 소화하기에는 낯선 것이었다. 그럼에도 한국인들은 그런 이상하고 우스꽝스런 해외 유명 브랜드에 목숨을 거는 소비 습성이 생겨나기 시작했던 것이다. 마치 구한말이나 일제 강점기 양복에 고무신이나 짚신을 신거나 갓 쓰고 양복 입던 시절의 부조화와 우스꽝스러운 모습을 연상시킬 정도였다.

그러나 어쨌든 이와 같은 경향은 한국인의 패션 구매 성향이 국내적인 다층적 소비 패턴을 형성하게 된 것뿐만이 아니라 국제적인 주요 소비계층으로 해외시장에 등장했다는 사실을 의미했다. 그동안 국제시장에서 아시아의 주요 고객은 일본인들이었지만, 이제는 한국인들 역시 빠른 경제성장을 기반으로 잠재적 구매력이 강한 국제 수준의 소비자로 등장한 것이다. 물론 그것이 정상적인 방식이나 자연스런 확대가 아닌 다소 과장되고 맹목적인 소비 양상을 보이긴 했지만, 이 시기부터 한국인은 해외 유명 브랜드의 주요 고객으로 자리 잡게 되었다.

마지막으로 들 수 있는 주요 특징은 대중문화의 확산과 패션의 대중화가 맞물리면서 나타난 대중문화가 주도하는 패션의 등장이다. 사회적으로나 정치적으로 어느 정도의 민주화와 자율화가 이루어지면서 국민들의 정서나 의식이 이전과는 다른 개방성과 자유스러움을 띠게 되었고, 이는 대중문화가 자연스럽게 형성될 수 있는 분위기를 만들게 되었다. 이전에는 대중문화까지 개입했던 국가권력이 최소화 되면서, 새로운 대중문화가 자라나거나 도입될 수 있는 여건이 형성되었다.

그 영향력이 가장 먼저 나타난 분야가 음악이었다. 음악은

TV 외에도 라디오나 영화와 같은 일반 매체를 통해 대중에게 직접 전달되는 파급성이 큰 문화영역이므로 그 어느 분야보다 국민들이 접하기 쉽고 영향이 직접 전달되는 분야였다. 특히 1980년대 중반 이후 유행하기 시작한 댄스 뮤직은 한국 사회에서 '천한 것들'이나 하는 '딴따라' 음악에서 일약 국민적 음악 또는 가수라는 수준으로 탈바꿈시켰다.

이러한 기반을 배경으로 1990년대 초반에 등장한 '서태지와 아이들'은 한국사회의 대중문화에 대한 인식과 흐름이 바뀌었다는 사실을 말해주는 최초의 증표였다. 〈난, 알아요〉라는 곡에 맞추어 남녀노소 할 것 없이 거의 모든 국민들이 어깨를 흔들어대고 흥얼거리던 모습은 아주 조그마한 노래 한 곡이 대중들에게 얼마나 큰 영향력을 가질 수 있는가를 가감 없이 보여준 사건이었다. 그런데 문제는 거기서 끝난 것이 아니었다. 노래 한 곡이 단순히 한국 음악계의 흐름이나 방향을 바꾸어 놓은데 그친 것뿐만이 아니라 노래를 불렀던 '서태지와 아이들'의 의상과 춤을 자연스럽게 받아들이게 된 것이다.

질질 끌리는 바지, 부조화의 극치와 같은 헐렁한 바지와 철렁철렁 대는 액세서리, 괴상하게 물들이고 깎은 머리 스타일 등등. 그들이 노래를 통해 보여주었던 거의 모든 스타일과 패션은 전통적인 한국사회에서 그토록 민망해하고 상스럽고 천한 인간들이나 하는 몰상식한 짓의 전형이었다. 그러나 어느 사이엔가 그들의 그런 스타일과 패션에 젊은이들, 특히 십대들은 열광했고 '서태지 신드롬'●을 만들어 냈다.

더군다나 천재성이라는 덕목에서 배움의 깊이나 가방끈을 가장 중요한 요소로 생각하는 한국사회의 풍토에 일종의 경종을 울렸던 점은 대중문화가 갖는 속성을 그대로 보여주었다. 대중이야말로 그들의 우상이 뱉어내는 모든 것을 많이 배우고 적게 배우고의 기준에 따라 그 가치를 평가하는 것이 아니라 그대로 순종하고 모방하는 존재라는 사실을 알게 해준 사건이었다. 이는 패션의 가장 주요한 요소이자 특성인 모방과 대중적 확산이라는 기본 요소를 한국사회에서 대중적 차원에서 패션과 연관해서 증명할 수 있는 거의 최초의 현상이라 할 것이다.

1990년대를 본격적인 대중문화의 시대이자 패션의 대중시대라고 하는 것은 '서태지와 아이들'로 시작된 이러한 문화적 양상과 흐름이 자연스럽게 확산된 결과였다. 이와 관련하여 한국사회의 독특한 대중문화와 패션 대중화를 통해 나타난 상징적 의미를 기억해 둘 필요가 있다. 가장 중요한 의미는 한국사회와 대중문화계에 새로운 주체로 등장한 10대들과의 세대 구분에 의한 계층화된 패션 경향의 등장이었다.

10대란 이제껏 그저 대학에 진학하는 공부벌레들이었고, 대학 진학을 위해 잠시 인간적인 욕구나 개성은 접어둔 연령층이었다. 그러나 이 시기 새로운 음악적 흐름을 접하면서 영화와 TV를 보면서 자라난 10대들은 자신들의 개성과 욕구들을 거침없이

＊ 일반적으로 서태지만 보면 흥분하고, 서태지의 옷이 유행하고, 서태지의 음악이 곳곳에서 들을 수 있는 상태를 말한다. 또한 서태지의 성장 배경이나 그의 성공 신화에도 열광하는 사회적 현상을 일컫기도 한다.

사회에 쏟아 부었다. 인간으로서 자연스런 욕구뿐만이 아니라 개성을 갖춘 인격체로서 요구하기 시작했다. 음악을 통해 자신들만의 패션세계와 의식세계를 자연스럽게 쌓아나갔고, '서태지와 아이들'은 그런 흐름에 기름을 부은 격이 되었다.

기성세대들에게는 낯선 모습으로 음악과 패션을 즐기는 10대들에게 새로운 세대라는 의미로 별명 지워진 것이 바로 X세대였다. X세대란 경제 성장과 민주화 혜택으로 자기중심적이고 소비지향 성향을 가졌던, 1990년대 초반부터 형성된 10대와 20대 초반 중심의 젊은 층을 가리키는 말이다. 이들을 X세대로 부르는 이유는 특정한 성향을 파악하기 힘들 정도로 반항적이며, 제멋대로이며 남의 눈치를 보지 않으면서 남과는 다르게 보이고 싶어 하는 튀는 의미에서 X세대로 불렸다.

어떻게 보면 68운동 시기 서구의 젊은 세대들의 아류 모습의 한국적 젊은이들의 새로운 양상을 나타낸다는 의미가 강하게 느껴지는 세대이다. 이들이 기성세대들과 달랐던 만큼 패션에 대한 욕구나 감각 역시 달랐다. X세대 등장 초기에는 패션의 집단화 양상을 보였다. 일정한 그룹이나 집단에서의 스타일과 패션의 공유를 통해 형성되었고, 기존의 규정이나 사회적 기준은 무시하려는 경향이 강했다. 수많은 사회현상들과 신조어를 양산하면서, 패션에서의 주 소비 목표층으로 성장한 이들은 패션시장의 스타일과 유행을 가늠하고 선도하는 계층이 되었다.

이러한 양상은 패션 트렌드나 주체의 다양화를 가져왔고, 무엇보다 올드(old)와 뉴(new)가 공존하는 패션 시장이 형성되었다.

10대들을 위한 패션시장과 20대 중반 이상의 연령층을 대상으로 하는 세대들로 양분되면서 패션 업계는 이질성과 공감대를 특징으로 하는 2개의 커다란 시장으로 구분되는 특색을 보였다. 결국 이 시기를 기점으로 전후 제대로 된 세대 간의 논쟁이 한 번 없던 한국사회에서 단순히 기성세대와 신세대라는 이분법적 틀을 뛰어넘는 새로운 형식의 세대 구분과 논란을 가져오게 되었다.

거품경제는
거품패션을
낳고

01

대중이
주도하는
거품 패션

격변의 1980년대 만큼이나 패션세계 역시 여러 가지 면에서 변화와 전환이라는 모습을 보였다. 특히 1990년 대로 진입하면서 그 동안의 양적 경제성장은 질적 측면에서의 도약을 이루게 되었지만, 경제성장의 기본 골격이 인구증가와 수도권 인구집중에 따른 개발정책이 주를 이루었기 때문에 건설이나 국토 개발이라는 부동산의 외연확대가 가장 큰 내수 경기의 디딤돌 역할을 하였다. 이는 양적 경제성장의 한계를 고스란히 드러내게 되는 원인이 되었고, 보다 근본적인 국가 산업의 기반인 제조업의 질적 전환으로까지는 이어지지 않았다.

사회 내부적으로 이미 양적으로 충분히 성장한 대중은 사회의 어떤 영역에서건 간에 문화적 흐름을 주도하거나 창출할 수 있는 수준에 올라왔으며, 이들이 주도하여 패션의 대중화가 확실히 자리 잡았다. 이러한 기반에는 패션산업의 양적 질적 성장과 발전이 있었다. 1976년 세계 패션업계에서 한국 패션산업은

10위를 차지한 이래 꾸준히 성장을 거듭했다.[*]

패션은 효자 수출산업으로서, 무역비중이 절대적인 우리나라의 수출을 떠받치는 중심산업으로 성장했다. 그러나 1980년대를 거치면서 우리나라의 섬유패션산업은 조정기와 하강국면에 들어서게 된다. 국가의 기반산업이자 수출전략산업이라는 위치는 다변화된 세계 산업정세와 중국을 비롯한 신흥 섬유패션 국가들의 등장과 함께 그 위상이 변했다. 1980년대는 우리나라뿐만 아니라 세계 패션의 지형이 바뀌는 전환기였다. 이전까지 세계 패션시장을 선도하던 프랑스가 서서히 가라앉으면서 세계 패션을 주도하게 된 이탈리아의 등장은 패션의 개념과 트렌드를 바꾸어 놓을 정도였다.

세계 시장의 판도 변화는 우리의 패션산업을 근본적으로 변화시키는 요인이 되었다. 사회주의 경제체제를 갖고 있던 중국이었지만, 개방경제와 자본주의를 지향하는 시장경제를 표방하면서 곧바로 세계경제의 핵으로 부상하기 시작했다. 값싼 노동력과 풍부한 원자재 등에서 유리한 입장에 있었던 중국은 인건비가 가장 중요한 요소인 소비재 산업에서 두각을 나타냈고, 섬유와 패션 산업은 그러한 중국의 장점을 충분히 활용할 수 있는 분야였다. 세계의 많은 회사들이 앞 다투어 중국에 공장을 설립했고, 이는 섬유패션산업의 강국이었던 한국의 위상을 뒤흔드는 결과가 되었다.

---

[*] 금기숙 외, 『한국패션 100년(1900~2000)』, p.265.

당시 한국은 일정 정도의 기술력을 바탕으로 중저가 패션과 의류 제품들에서는 나름의 국제경쟁력을 갖추고 있었다. 그러나 값싼 노동력을 바탕으로 한 중국제품과 중국산 유명 해외 브랜드들의 판매전략은 한국기업의 경쟁력을 송두리째 앗아버리는 결과를 가져왔다. 더군다나 한국은 프랑스, 이탈리아 등 유럽 나라들의 고품질 고가제품들과는 기술적인 측면이나 디자인 등에서 다소 떨어지는 상황이었기 때문에, 이들 나라들과 경쟁하기에는 다소 부족한 면이 있는 입장에서 중국이나 인도 등 신흥 패션국가들의 등장은 패션산업의 심각한 위기 상황을 초래케 했다.

여기에 한국 패션산업을 받쳐주어야 할 국내 소비자가 해외 명품으로 향하고 있었던 점도 어려움을 가중시켰다. 그런 와중에서 한국의 패션산업을 건진 것은 다름 아닌 대중문화였고, 문화와 패션이 결합되면서 한국 패션산업은 새로운 모색과 활로를 열 수 있게 되었다. 특히 음악의 영향력과 상호보완성은 상당한 파괴력이 있었다. 1980년대 말부터 확산되기 시작한 댄스 뮤직은, 이를 추종하는 10대들과 댄스 뮤직 가수들이 차츰 패션의 주요 마케팅 대상과 영업 전략이 될 정도였고, 이 분위기는 어려웠던 한국 패션산업에 활로를 열어 주었다.

이후 본격적인 대중문화 시대가 열리면서 패션의 대중화 전략은 이른바 대중의 우상인 스타 마케팅으로 나아가게 되었다. 그러나 이 시기 가장 주요한 변화는 거품경제의 시발점인 3저시대의 도래에 따른 잘못된 패션 소비구조가 정착화 되었다는 점이었다. 저유가, 저환율, 저금리로 대표되는 3저시대는 국민들에게 '우리도 선진국'이라는 허상과 환영을 심어주었고, 내부 자생력에 의한 경제성장과 발전이 아닌 외부의 경제조건들과 환경에 영향을 받는 구조로 전락해 버리게 되는 계기가 되었다.

88올림픽의 성공 이후 국민들은 경제와 정치 등 모든 면에서 선진국으로 진입하는 것은 시간문제라고 인식하였다. 이를 과시라도 하듯 실물경제의 성장속도보다는 부동산이나 주식 등을 통한 경기활성화의 모습은 내실보다 외형을 중시하고, 단기간에 쌓아올린 경제적 부를 보상받기 위한 과장과 허세, 그리고 과시 등으로 이어졌고, 이러한 상황이 당장 소비와 패션의 주요 기준이 되어버렸다. 이러한 모습은 곧바로 해외 유명 브랜드에 대한 맹목적인 과시와 추구로 이어지게 되었고, 우리나라 현실과 그다지 적합할 것 같지 않은 골프와 같은 스포츠와 취미가 일대 붐을 이루었다.

웬만한 수준의 봉급생활자나 자영업자들은 스스로 중산층이라 생각하였고, 이는 패션에서도 주요한 지표이자 기준이 되었다. 대부분의 소비자들이 의류나 패션제품의 구입에서 보다 높은 지향점을 갖게 되었고, 이로써 고가품을 통해 대리만족과 과시효과를 드러내고자 하는 욕구들이 생겨났다. 더군다나 1980년대 외환 자유화에 이은 무역자유화를 의미하는 1993년 우루과이 라운드 ✱의 타결은 일반의 예상과는 달리 한국 패션산업을 어렵게 하는 요인이 되었다.

이때부터 해외 명품의 수입은 그야말로 천문학적인 증가세를 기록하였다. 이는 과도한 소비증가로 건전한 경제성장을 어렵게 하였는데, 더욱 힘들게 하였던 것은 천장 높은 줄 모르고 치솟는 부동산 가격과 주식시장의 과열이었다. 그야말로 거품경제의 시작이 본격적으로 진행되었고, 이는 국내 경제의 역량강화보다는 외형적 성장과 준비되지 않는 개방의 파고 속으로 던져지게 된 원인이 되었다.

서비스업과 섬유와 의류 등 패션산업에서의 수입자유화 조치는 한국 패션산업의 낮은 경쟁력이나 국내시장의 허약성 등을 고려했을 때 한국적 패션을 더욱 어렵게 하였다. 비록 대내외 경제여건이 향상되었다고는 하지만, 노동집약 산업의 대표 분야였던 섬유와 의류를 기반으로 하는 한국의 패션산업은 큰 어려움에 처하게 되었다. 결국 자본력이 뒷받침된 거대 기업들의 자회사였던 패션회사들만이 경쟁력을 갖출 수 있을 뿐이었다.

거품경제의 양상은 곧바로 거품패션으로 나타났는데, 대표적으로 국내 브랜드보다는 해외 브랜드를 지향하는 소비 패턴이 전반적으로 확산되어, 유통시장의 꽃이라고 하는 백화점에서도 한국 브랜드를 밀어내고 해외 브랜드가 그 자리를 대신 차지하였다. 소비자들 역시 자기에게 어울리는 패션을 지향하기보다는

---

* 세계경제체제를 주도하게 된 GATT체제의 확대와 관련된 것으로, 우선 농산물, 섬유류 교역이 있다. 두 영역은 그 동안 GATT체제 밖에 있었으나 UR를 통해 GATT체제로 복귀하거나 흡수된 것이다. 제조업의 경우 농업과는 달리 UR협상의 혜택을 볼 수 있다고 평가된다. 허신행, 『우루과이라운드와 한국의 미래』, 범우사, 1994 및 김의수, 『우루과이라운드 협정의 이해』, 대외경제정책연구원, 2000 참조.

고가의 해외 유명 브랜드를 통해 자신을 과시하였고, 개성을 중시하기보다는 부와 사회적 위상에 맞는 의상과 패션제품을 사들이는 풍토를 당연한 것으로 여기게 되었다.

그야말로 대한민국 국민 누구나 브랜드 제품을 걸치지 않으면 괜스레 창피하고 없어 보이는 것이 아닌가 하는 희한한 소비 풍조가 자리 잡게 되었다. 1970년대까지만 해도 일반 국민들에게 어느 정도 효력이 있었던 검약에 의한 소비 기준이 더 이상 미덕으로 작용하지 않았다. 오히려 그러한 소비 행태는 '지지리 궁상'이라든가 능력 없는 인간의 전형으로 비춰지기도 했다. 내용보다는 외형을 중시하는 인식은 단순히 패션에만 적용되지 않았다.

결과를 중요시하여 절대 강자와 1등만을 강요받던 교육 시스템이 가져다준 인식의 천박성이 경제와 패션 부문에서도 그대로 드러나게 되었던 것이다. 이것은 우리 역사에서 비롯된 청산되지 않은 과거와, 결과가 수단을 정당화하는 우리의 잘못된 인식이 그 원인이었다. 결국 그러한 인식의 틀에서는 외형의 포장과 현재의 결과만으로 과거의 잘못을 용서받을 수 있고 보상받을 수 있다는 생각이 강하게 대두될 수밖에 없는 것이다.

여기서 '외형 지상주의'나 '고가제품 우선주의' 그리고 우리가 아닌 타자를 기준으로 삼는 버릇이 나올 수밖에 없는 것이다. 이러한 인식의 틀이 패션에도 그대로 적용되었고, 이는 한국적 패션이나 토착적 패션이 태어나고 성장하기도 전에 타자 지향적이고 외세의존적인 취향과 기호를 먼저 자리 잡게 하였다.

거품으로 시작된 한국의 패션이 외형적인 경제성장과 맞물리는 시점인 1990년대에 성장하게 된 것도 바로 이와 같은 조건 위에서 발생한 복합적 효과 때문이었던 것이다.

한국적 패션이 다양한 영역과의 접목을 통해 문화적 다양성이나 개성의 극대화, 혹은 자아실현과 욕망의 출구로서 임무를 수행해야 하는 패션의 순기능으로 작용하지 못하고 그저 스쳐 지나가는 사회현상으로 머물게 된 것은 아쉬운 일이었다. 남과 다르고 싶다는 욕망이 획일적인 수준에서 고가의 유명 메이커 제품으로 국한시키고, 이를 대중적으로 모방했던 현상은 '돈'으로 해결할 수 있는 가장 쉬운 방법이었다. 결국 이렇게 시작된 거품 패션은 1990년대를 관통하는 주요 흐름의 하나가 되었고, 패션의 잘못된 인식과 개념을 사회 전반에 깔리게 하는 결정적 계기로 작용했다.

02

다시 정치와
패션이 만나다

해방 이후 정부들 아래에서 패션은 그저 대
중문화의 한 부분이었거나, 효자 수출종목이었으며, 돈 있는 사
람들이 한가하게 멋이나 내는 사치스런 모양내기를 위한 도우미
산업에 불과했다. 이러한 위상으로 인해 정치가들은 패션을 진
지하게 성찰하거나 정책의 대상으로 삼지 않았다. 단순히 문화
정책이나 통제의 기술이 필요할 경우에 한하여 패션을 억압과
조정의 수단으로 이용했을 뿐이었다. 미니스커트와 장발 금지,
교복 착용, 교련수업의 부활, 학도호국단 등의 제도는 이러한 의
지 표현의 대표적인 것이었다.

그런데 1990년 이후 패션이 다양한 문화적 함의와 산업적 중
요성을 가지면서 통치자와 정치가들은 패션을 새로운 시각에서
바라보기 시작했다. 이른바 정치와 패션의 만남이 이루어진 것
이다. 그 동안 정치가들에게 중요했던 분야는 경제와 사회, 또는
외교와 국방 등에 관한 것이었고, 음악이나 예술 등의 문화 영역

은 그저 흉내만 내고 있었던 것에 비하면 장족의 발전을 한 것이었다. 나아가 몇몇 정치가는 패션을 정치에 적극 활용하기 시작했다.

그 시작은 김영삼이었다. 임기를 얼마 남겨두지 않은 노태우 정권은, 비록 직선제에 의해 선출되기는 했지만, 정부 자체의 정통성을 보장받지 못했기 때문에 '보통사람'이라는 구호에도 불구하고 퇴임 이후를 걱정해야 했다. 정권의 연속이야말로 자신과 신군부 세력들을 보호할 수 있으리라 생각했던 노태우는 1990년 2월 9일 여당인 민정당과 김영삼 및 김종필의 3당 합당을 발표했다. 이로써 여소야대의 정치적 지형을 만들어 주었던 국민의 기대를 저버리고 3당합당으로 결성된 민주자유당(민자당)은 국회의석 72.2%의 거대여당으로 탈바꿈되었다. 이는 정당의 성립과 발전에 있어 국민의 의사를 무시한 채 보수연합체로서의 장기집권을 획책한 일종의 '정당 쿠데타'였다. 군사쿠데타에서 좀 더 세련된 방식으로의 정치 쿠데타가 다시 한 번 이 사회에서 용인되었다.

어쨌든 중학교 때부터 대통령을 꿈꾸던 김영삼은 자신의 꿈을 실현시킬 수 있는 현실적 목표를 위해 오랜 야당 생활을 통해 쌓아온 투사의 이미지를 한 순간에 버렸다. 자신의 정치적 정체성을 포기하면서까지 어제의 적이었던 노태우 대통령과 김종필 총재와 손을 잡은 김영삼은 여러 면에서 다른 정치인들과 달랐다. 김영삼대통령은 자신의 이미지 극대화를 위해 패션을 본격적으로 이용한 정치인이기도 했다.

정치인 중에는 자신의 민족주의적 정통성이나 특성을 부각시키기 위해 한복을 주로 입거나 두루마기를 착용한다든지 하는 경우도 있었다. 이승만, 김구 등 해방 전후 정치지도자들에서 주로 볼 수 있었던 패션 스타일이었지만, 이는 당시 친일세력과의 차별성을 위한 목적이었지 패션 자체를 정치적 도구나 수단으로 생각해서 한복을 활용한 것은 아니었다.

박정희는 군인 출신이어서 평소 소박한 옷차림을 즐겨 입었고, 봄가을에는 점퍼 차림으로 현장을 방문하는 모습이 많이 비춰지면서 공무원들도 점퍼 착용을 자주 했다. 또한 집단성을 강조하는 유니폼 같은 복장을 좋아해서 거의 같은 색과 디자인의 옷을 입었다. 그러나 이는 패션을 정치의 도구로 이용했다기보다는 개인적 취향과 의지를 옷으로 표현한 것이고, 권위주의 체제에 익숙한 공무원들이 이를 따라했다고 보는 편이 강하기 때문에 패션의 적극적 활용이라고 보기는 어렵다.

신군부 세력은 자신들이 민간인 신분이면서 고위 정치가라는 위상을 즐겼고, 이를 의상으로 표현하기도 했다. 이들은 권위주의적 색채를 드러내는 의상이나 디자인을 선호했고, 어두운 색조의 화려하지 않은 스타일을 즐겼다. 이는 이후 정치인과 공무원들의 의상 스타일로 굳어졌고, 어느 분야에서건 권위와 권력이 강조되는 위치에서는 어두운 계열의 단순 스타일이 오랫동안 유행했다. 암묵적으로 공유되는 스타일이 정해져 있던 시기이기 때문에 특별한 패션 스타일이나 눈에 띄는 특징이 있었다고 이야기하기는 어려웠다.

그런데 김영삼은 패션에 대한 기존 인식과 사고를 뛰어넘는 행동을 했다. 민자당의 대통령 후보라는 면에서 뿐만 아니라, 부잣집 아들이라는 출신 성분과 외모에 관심이 많았던 자신의 성향, 그리고 나이[*] 등을 고려한 정치 마케팅 기법을 도입했던 것이다. 젊게 보이기 위하여 의상 하나하나, 그리고 의상 코디에 대한 배려, 여기에 패션의 부가적 요소라고 할 수 있는 액세서리까지 세세하게 신경을 쓰면서 대통령 선거에 임했다.

선거에 코디네이터가 본격적으로 등장한 것도 이 무렵이었다. 이전에도 유력 정치인들에게 코디가 있었고, 대중과 만나는 곳이면 이들의 조언과 코디에 따라 옷이나 패션을 결정하였다. 그러나 이전에는 권위주의적 측면이 강해서, 특별히 튀거나 독창적 패션 스타일을 추구하지는 않았다. 말하자면 소극적 자아중심적 성향의 패션 코디였다면, 이제는 적극적으로 타자지향적이고 직접적으로 표로 연결되는 마케팅 차원의 패션으로 발전한 것이다.

적극적 패션 마케팅을 김영삼 대통령이 처음 시작한 것은 물론 아니다. 그와 경쟁상대였던 김대중 전 대통령 역시 패션을 활용하기는 했지만, 김영삼 대통령 보다 늦게 대통령에 당선되었기 때문에 김영삼 대통령의 정치 패션 마케팅이 더욱 회자되고 있는 것이다. 두 사람 사이에는 패션이나 옷차림 등에 관련된 일화들이 많은데,[*] 그 중 넥타이에 대한 것도 있다.

'김영삼식 넥타이'는 넥타이 매듭 바로 아래 한 줄을 넣어서

[*] 김영삼 전대통령은 1927년생이기 때문에 1993년 당시 만 65세였다.
[*] 지동욱 지음/박윤희 옮김, 「한국대통령 8인 비극적 말로의 비밀」(사람의 향기).

매는 방식이었다. 자신을 돋보이고 싶어 하는 김영삼 대통령의 성격이 넥타이 매는 법에까지 차별화된 것으로, 경쟁자였던 김대중을 겨냥한 패션 스타일이라고 전해진다. 그래서인지 김대중 전 대통령은 일부러 넥타이를 편편히 하거나 볼록하게 나오게 하여 매었고, 절대로 줄을 넣어서 넥타이를 매지 않았다고 한다. 어쨌든 김영삼 대통령은 정치가로 입문하면서부터 자신만의 독특한 방식으로 김영삼식 패션을 추구했다.

두 번째 에피소드는 노타이 차림의 국무회의에 대한 것이다. 김영삼은 대통령에 취임한 뒤 여름철 날씨가 더운 날에 넥타이를 매는 것이 불편하고 비효율적이라 생각했다고 한다. 그러나 국무회의 석상이나 국회에서는 넥타이를 착용하는 것이 상례였다. 날씨가 더워지자 김영삼 대통령은 국무위원들에게 넥타이를 매지 않아도 된다고 말하고, 본인도 넥타이를 매지 않고 회의를 진행했다. 이후부터 날씨가 더워지면 대통령이 노타이 차림으로 나타나 편한 복장으로 회의를 진행할 것을 주문했다. 국무위원들 가운데 일부는 노타이 차림으로 회의에 참석하곤 했지만, 대통령이 넥타이를 맸다고 하면 부랴부랴 다시 넥타이를 매고 입장하는 일도 있었다. 결국 넥타이는 국무위원들이 불편해서 매지 않는 것이 아니라 대통령의 그날 옷차림에 따라 결정된 것이었다.[*]

한국정치사에서 김영삼의 패션 마케팅은 두고두고 선례가 될

[*]   앞의 책,

수 있을 것이다. 실제 이후 유력 대선주자나 정치인들은 김영삼식 패션을 벤치 마킹 하는 경우가 많았고, 최근까지 이러한 경향은 일반화된 현상이었다. 정치와 패션의 만남은 그렇게 시작되었다.

김대중 대통령으로 넘어오면서 패션은 정책적 배려와 전략을 위한 정쟁도구로 전락해 버린다. '밀라노 프로젝트'가 바로 그 정점인데, 김대중은 대통령이 되지 마자 자신을 지지하지 않았던 대구·경북 지역을 위해 이벤트성 정책을 들고 나왔는데, 그것이 바로 '밀라노 프로젝트'였다. '밀라노 프로젝트'는 대구와 경북을 이탈리아의 밀라노와 롬바르디아와 같은 패션의 중심지로 만든다는 야심찬 계획이었다. 패션에 대해 잘 모르는 나이 많은 대통령은 정책을 통해 패션이 완성되거나 이룰 수 있는 것으로 보았던 것인지, 아니면 그저 호의와 선심을 얻기 위해 대구·경북 사람들에게 손을 내민 것인지 잘 모르겠다.

그러나 유감스럽게도 김대중 대통령은 한국의 패션에 대해 너무 무지했거나 이탈리아의 패션을 너무 가볍게 생각했던 것은 아닌가 추측된다. 패션이라는 테마만을 본다면 염색공업의 중심지 대구는 한국의 밀라노가 되기에 충분한 외적 조건을 가졌다고 판단할 수 있다. 그러나 패션이 하나의 산업으로 성공하기 위해 갖추어야 할 내적 조건을 파악하고 있다면 그러한 시도가 얼마나 무의미한 것인지 알 수 있다. 대구가 이탈리아의 밀라노가 되기에는 조건이나 환경 자체가 너무나 빈약했고, 이를 증명이라도 하듯이 프로젝트 시작 이후 오늘까지도 대구가 패션 전문

도시로서의 위상을 갖추었는지 의문스럽다. 결국 이런 점은 최근 논란이 되고 있는 밀라노와 대구시의 자매결연 협약의 실체 여부에 대한 공방으로까지 이어지고 있다.

'밀라노 프로젝트'가 성공하지 못한 국책사업으로 끝날 상황이지만, 김영삼 대통령이 추구하던 패션 마케팅은 김대중 대통령에 이어 노무현 대통령, 그리고 이명박 대통령, 박근혜 대통령까지 그 전통을 이어오고 있다. 노무현 대통령 역시 후보자 시절부터 패션 코디를 받았고, 자신의 이미지를 제고하기 위해 웃는 모습이나 밝은 표정을 주로 연출하고, 역동적이고 젊은 대통령이라는 이미지를 만드는데 성공했다고 볼 수 있다. 그는 대통령에 당선된 뒤에도 그런 이미지를 계속 유지하였고, 외모에도 신경을 많이 쓰는 정치인이 되었다. 이명박 대통령 역시 본인과 식구들, 측근들의 패션 관련 에피소드와 우발적 사건을 끊임없이 생산해 냈던 대통령이며, 박근혜 대통령 역시 외국 방문 때마다 한복 스타일로 화제를 몰고 다녔다.

그런 정치인들에 대한 대중들의 반응 역시 작지 않다. 국민들은 정치가를 평가하는 덕목으로 보다 다양해진 기준을 갖게 되었는데, 얼굴을 보고 대통령 감이냐 아니냐를 두고 이야기하거나, 김영삼 넥타이와 같이 대통령의 독특한 스타일을 따라 하기도 했으며, 검은색 뿔테 안경에 두루마기를 즐겨 입었던 김구 선생을 보고 민족주의 정치가의 정형으로 인식한다거나, 점퍼 차림의 박정희를 소박하고 검소한 대통령의 전형으로 생각한다든지 하는 이미지를 생산해 내었다.

이러한 패션과 정치의 공존은 대중매체가 발달하면서 더욱 밀착된 관계를 형성하고 있는데, 오늘날 대부분의 정치인들이 자리에 따라 넥타이 색깔이나 디자인을 정하고 정장의 색깔이나 스타일 등을 결정하는 것을 보면 이제 패션은 정치에 있어 없어서는 안 될 요소가 되었다. 특히 선거에서 당락에도 영향을 미칠 만큼 패션은 정치와 불가분의 관계를 맺고 있고, 흔히 이야기하는 이미지 정치에서는 더 더욱 그 중요성이 높아가고 있는 것이 요즘의 정치판이다.

03

'묻지 마'
명품 열풍

한 국 사 회 에 서　'명 품'이 라 는　단어의 의미는 오랜 시간과 세월이 흘러도 변함없는 불후의 명작이나 제품을 뜻하는 것이었고, 이는 주로 골동품 시장에서 듣던 이야기였다. 그런데 언젠가부터 명품이 패션 시장에서 사용되게 된 것이다. 그것도 좀 천박하게 말이다. 패션 세계에서 명품이라는 단어의 등장 시기와 일치하는 것은 묘하게도 부동산과 주식 폭등 등의 투기자본으로 어느 날 갑자기 있는 자들의 대열에 들어선 졸부들이 등장하던 시절이었다.

　1970, 80년대 국토개발시대에는 그야말로 전국의 대부분의 땅들이 파헤쳐지고 개발이라는 이름으로 수많은 기획서들이 난무하던 시절이었다. 조상 대대로 내려오던 쓸모없는 땅과 버려두었던 땅이 각광을 받기 시작한 것도 바로 이 시기였다. 갑자기 토지보상이나 수용이라는 명목으로, 아니면 개발 혜택을 받은 곳 주변에 운 좋게 땅을 갖고 있던 이들은 마른하늘에 돈벼락을

맞게 되었다.

갑자기 생긴 돈을 주체할 수 없는 사람들은 낭비하는 습관을 갖기 시작했고, 그러한 습관의 하나가 폼 나고 비싼 물건을 사는 것이었다. 더군다나 이들은 자신이 졸부라는 사실을 감추기 위해 더욱더 외형, 외모 바꾸기와 꾸미기에 열중했고, 패션은 그러한 목적을 갖고 있는 이들에게 안성맞춤의 소품이었다. 자신의 체형이나 외모에 어울리는지가 아니라 얼마짜리인가가 소비의 기준이 되었다.

졸부들에게 중요한 것은 옷이나 패션 제품들이 어떤 디자인인지, 혹은 어떤 것으로 만들어졌는지 등은 중요한 문제가 아니었다. 그저 돈으로 자신의 몸을 치장하고 드러내는데 적합하기만 하면 되었다. 더군다나 해외여행 자유화는 그렇지 않아도 사대주의적 습성이 남아있던 이들에게 새로운 발견의 기회를 제공했다. 서양의 것이 가장 좋은 것이고, 현대화는 서구화와 같은 수준이 되는 것으로 알고 있는 이들에게 서구의 비싸고 폼 나는 물건들은 너무나 매력적이었다.

졸부들의 허영과 욕망을 채워줄 수 있는 적절한 대상이 된 명품 붐은 그렇게 시작되었다. 처음에는 일부 계층에만 한정되었던 명품 사기가 광범위하게 확산된 것은 88올림픽이 끝난 뒤의 본격적인 여행자유화와, 해외 유명 브랜드들이 백화점이나 강남에 매장을 개설하기 시작한 1990년대 초반이었다. 전통적으로 강세였던 프랑스 브랜드만이 아니라 당시 각광을 받고 있던 이탈리아 브랜드들이 한국인들에게 알려지기 시작했던 것도 이 시기였다.

　아르마니, 쟌니 베르사체, 구찌, 페라가모 등등의 이탈리아 명품들이 사람들의 입에 하나 둘 입에 오르내리기 시작하면서 명품에 대한 관심과 구매 패턴도 다양해졌다. 돈 있는 사람들은 해외여행이나 지인들을 통해 명품 사기에 열을 올렸고, 자신들의 부를 과시하는 수단으로 명품에 더욱 집착하였다. 명품에 대한 사회적 욕구가 일정 수준에 이르자 기괴한 명품 사기와 소비 유형이 등장한 것은 당연한 귀결이었다.

　먼저 나타난 유형은 해외여행을 다니면서 명품 쇼핑을 하는 ‘해외여행 쇼핑’족이었다. 해외여행에 대한 규제가 풀리면서 자연스럽게 있는 사람들은 미국이나 유럽 등으로 떠났다. 말로만 듣던 외국은 딴 나라였다. 미국이야 항상 생각하고 그리던 이상세계였고, 그 거대함과 광활함에 감탄을 보냈을 것이다. 그런 나라에서 파는 물건들이야 당연히 천국에서나 볼 수 있는 것들이었다. 그래서 사람들은 닥치는 대로 예쁘고 좋아 보이는 옷과 패션 제품들을 샀다.

　이민가방이라고 하는 어른 키만한 높이의 3단짜리 가방에 가족들과 친지들에게 줄 선물과 옷을 넣고 와 한국에서 펼쳐보았을 때 웃지 못 할 일들도 벌어졌다. 이상향 미국에서 사온 물건 중 ‘Made in Korea’라고 원산지 표시가 된 것들이 심심치 않게 있었던 것이다. 특히 의류와 봉제품들, 가죽이나 패션 소품들에서 한국제품을 찾아보는 것은 어렵지 않았다. 그것은 충격이었을 것이다. 이상향이라고 생각했던 미국에서 사온 물건들이 한국 제품이었다는 사실에 많은 이들은 실망과 함께 무언가 잘못되었다는 생각을 하였을 것이다. 간신히 한국제 딱지를 피한 물건들도 미국인의 체형과 다름에서 오는 여러 불편함이 있었던 것이다. 팔이나 바지 길이가 지나치게 길어 수선해야만 했다.

그래서 사람들은 미국 여행에서 명품을 사는 것은 거의 포기했다. 전통적 명품의 나라 프랑스나 새롭게 부상하고 있는 이탈리아가 그들이 찾던 곳이었을 것이다. 실용성을 중시하는 미국 제품들과는 다른 차원에서 예술적 외형과, 뭔가 있어 보이는 듯한 디자인과 색상은 사람들의 마음을 빼앗기에 충분했다. 그래서 시작한 명품 쇼핑은 입에서 입으로 전해져 돈 좀 있는 사람들은 눈치 보지 않고 쇼핑을 하기 위해 프랑스와 이탈리아 여행을 떠났다.

그렇게 시작된 것이 유럽 몇 개국 투어 여행상품이었다. 여행의 목적에 여러 가지가 있겠지만, 역사나 문화에 대한 사전지식 없이 이루어지는 이런 여행들은 일정과 시간에 쫓겨 사진이나 찍는 것으로 여행은 대신하고, 명품을 살 수 있는 곳 물색에 여념이 없게 되었다. 말로만 듣던 명품들은 이들의 허영과 욕망을 채워주기에 충분했고, 단체 관광객들이 떼지어 명품을 사기 위해 가게마다 진을 치는 풍경들이 벌어졌다.

그런데 문제는 전혀 예기치 않은 곳에서 벌어졌다. 가게 여기저기에 진을 친 사람들은 한국에서 하던 대로 진열된 상품들을 마구 끄집어내 몸에 맞는지 대보거나 입어보는 모습들이 연출되었다. 유럽에서는 적어도 파는 사람이나 사는 사람 모두에게 소통의 문제가 중요하다는 사실을 한국 사람들은 몰랐거나 아니면 무시했다. '돈이면 다'고 '손님은 왕이다'라는 곡해된 생각이 자리 잡고 있었기 때문이다. 파는 사람이 사는 사람에게 어떤 옷을 원하는지 물어보고, 개개 상품의 내용에 대하여 의사소통을 하는 것이 한국 사람들에게는 낯설었을 것이다. 돈으로 해결하는데 익숙해 있고, 본인이 마음에 드는 것을 마음대로 사는데 익숙해 있던 한국 사람들에게는 너무나 불편하고 이상한 모습이었던 것이다.

명품 구입에 적합한 국가들이었지만, 생각과 문화의 차이는 한국 사람들에게 예기치 않은 복병이었다. 생산된 제품이 한정되어 있고, 몇몇 명품 회사들은 동양계 고객에게 1인당 판매 수량을 제한하는 원칙을 고수하고 있는 점들도 우리가 보기에는 너무나 낯선 풍경이다. 그렇지만 몇몇 명품 회사들은 그러한 판매원칙을 변함없이 지켜나가면서, 한국 단체손님들의 다소 무례한 구매 태도에 제동을 걸었다.

상황이 이렇게 되자 명품 구입의 변형된 형태가 등장했다. 현지 아르바이트생의 출현이었다. 현지에 거주하는 한국 사람에게 명품 구매를 대신 부탁하는 수법이었다. 상점에 함께 가서 1인당 한개 원칙에 어긋나지 않으면서 도움도 받을 수 있는 방법을 택한 것이었다. 그러나 한정된 인원과 한정된 판매량 때문에 의도하거나 목적한 만큼의 구매가 이루어지지 않은 단점이 있었다.

또 다른 유형은 당시 기하급수적으로 늘기 시작한 배낭족을 이용한 구매 방법이었다. 배낭여행을 하는 학생들에게 부탁하는 방식인데, 배낭족 중에는 그런 부탁을 전문적으로 들어주거나, 그런 명품 구매 아르바이트를 모아 여행을 떠나기도 했다. 여행 중에 사 두었던 명품들을 한국에 들어와 판매하는 보따리장수들도 등장했다.

명품에 대한 열풍과 욕구가 강해지자, 국내에서도 이를 수용하기 위한 새로운 유형이 등장했다. 이미 대기업과 의류회사들은 명품 브랜드 수입이 주요 마케팅의 일환이 되었고, 기업 차원은 아니더라도 소규모 가게들까지 명품에 대한 수입경로와 방법들을 모색하는 지경에 이르렀다. 그래서 등장한 것이 명품 제조사들이 직접 운영하는 할인매점을 수소문하여 찾아다니면서 많은 명품을 사가지고 들어와 파는 이른바 보따리 명품상들이다.

이 과정에서 현지 유학생들을 이용하여 물건을 사거나 유학생들의 능력을 이용하기도 했다. 또한 보통의 물건을 명품처럼 속여서 판매하거나 짝퉁 제품을 속여 파는 현상도 벌어졌다. 이에 소비자들 역시 자신들이 직접 구입할 수 있는 방식을 마련하여 대응했다. '명품 쇼핑 해외여행'이라는 명목으로 명품 상점들과 할인매점들이 모여 있는 아울렛 투어가 세일 기간에 맞추어 조직되었다.

이러한 사회 분위기는 젊은이들에게도 유행처럼 번졌다. 경제력이 있는 젊은이들은 돈을 모아 명품을 사거나 '계'를 본떠 '명품계'를 조직하기도 했다. 그렇지만 경제력이 없는 젊은이들까지 명품에 대한 욕구가 강했고, 부모들은 그런 자식들에게 아무런 고민 없이 명품을 사주는 것이 유행이 되어 버렸다. '1인 1

명품' 시대가 열린 것이었다.

　그에 따른 사회적 폐해가 뒤따를 수밖에 없었다. 명품을 사기 위해 돈을 훔치거나 다른 사람의 명품을 훔치는 일도 발생했고, 청소년들까지 명품을 소유하게 되면서 사회는 명품을 소유한 사람과 소유하지 못한 사람으로 대별될 정도였다. 이러한 현상은 일찍이 한국사회의 병폐였던 결과 중심의 평가와 외형 중심의 가치 판단의 종착지인 것이었다. 그저 외형을 중시하는, 또 그럴 수밖에 없었던 사람들이 추구했던 욕망의 찌꺼기로서 명품이 갖는 이미지가 변형되어 나타난 것에 불과했다.

　'명품'이라는 단어가 갖는 의미가 변질되어 그저 비싸고 좋은 것을 입거나 걸치면 자신이 명품 인간이 될 수 있다고 믿었던 천박한 자본주의적 형태가 적나라하게 드러난 사태였다. 전무후무할 이런 패션 경향이 어디까지 한국사회에서 지속될지는 아직 모른다. 그러나 분명한 것은 이제 명품 구입이 이미 일반화된 것으로 사회에 인식되고 있다는 점과, 대부분의 사람들이 이를 아무렇지 않게 여기고 있다는 사실일 것이다.

　명품 구입 자체가 나쁘다고는 분명 이야기하기 힘들 것이다. 다만 명품을 산다는 것이 그저 자신의 외형의 가치를 높이고 자신의 내면적 가치를 보상해준다고 믿는 심리, 그리고 또 다른 제2, 제3의 명품을 계속 추구해야 한다는 자기모순에 빠질 수 있다는 점을 명심해야 함은 분명한 것 같다.

04

연예인
패션에
열광하다!

연 예 인 이 란 그 저 '딴 따 라'에 불과했던 시절이 있었다. 아무리 돈을 많이 벌고 대중적 인기가 있었다 해도 대중에게 즐거움을 주는 광대라는 의미가 강했다는 의미이다. 유교적 가치관이 오랫동안 우리 사회를 지배하면서 생긴 일종의 편견과 문화적 몰이해를 상징적으로 보여주는 인식이다. 그런데 어느 날부터 연예인이라는 직업이 단순히 돈이나 인기라는 요소로 설명할 수 없는 문화적 코드로 해석되기 시작했다. 그 시작에 대해서는 사람에 따라 다소 다르게 이야기할 수 있겠지만, 필자는 '서태지와 아이들'의 등장이야말로 대한민국 연예계와 대중문화가 질적으로 변화되고 있다는 점을 각인시켜 준 계기라고 생각한다.

〈난, 알아요〉라는 노래와 함께 등장한 '서태지와 아이들'은 한국문화 자체가 질적으로 많은 변화를 수반할 수밖에 없었고, 이로써 이전에 가졌던 연예인이라는 인식에도 상당한 변화가 초래되었다. 앞 장에서 이야기했던 10대의 등장과 학력중시 사회에 대한 반발, 전후 처음으로 물질적 혜택을 받고 자란 세대의 문화적 감수성이 공식적으로 등장했다는 사실 등에 대해서는 다시 거론하지는 않겠지만, 연예인에 대한 패션 개념과 그들에 의해 주도되었던 패션과 유행의 모습들은 기존의 것들과는 달랐다.

패션의 주요한 특성의 하나가 대중성이라는데 이의를 달 사람은 없을 것이다. 패션의 대중성을 이야기할 때 스타라고 불리는 연예인만큼 영향력이 큰 주체를 찾기는 쉽지 않다. 한때 딴따라라 불리던 연예인이 대중사회와 대중문화 시대를 이끌어 가는 주체로 각광받으면서 연예인의 일거수일투족에 주목하고, 사회 저명인사들과 동등한 대우와 영향력을 갖기 시작했다. 그저 음반이 몇 장 팔렸거나 관객이 몇 명이었다는 수치로만 연예인을 평가하던 시대에서 벗어난 것이다.

대중의 우상으로 대중문화의 살아있는 전설이 되어버린 연예인이라는 직업이 어느덧 아이들의 장래 희망 1순위가 되는 시대가 도래했다. 아이들은 학교에서 배운 대로 이순신이나 링컨 같은 위인들만이 존경하고 본받을만한 인물이라는 사실을 스스로 뒤집어 버렸다. 이순신이나 링컨보다는 연예인들이야말로 가장 매력적인 살아있는 신화가 되었고, 그들의 일거수일투족이 일상의 관심사가 되었던 것이다.

연예인들이 무엇을 입는지, 어떤 모자를 쓰는지, 어떤 구두를 신고 어디서 산 목걸이와 귀걸이를 달고 다니는지, 그리고 그들이 들고 다니는 핸드백과 가방은 어떤 메이커에 어느 디자인을 했는지가 모든 관심의 시작이고 끝이었다. 이렇게 연예인들은 패션이 가져야 할 맹목적인 모방과 대중성의 특징이 그대로 실현되는 대상이 되었다. 이러한 모방과 '따라하기' 열풍은 수많은 아류 '서태지와 아이들'을 낳았고, 그들의 춤과 노래를 따라하는 모임이나 팬클럽 등이 결성되었다. 예를 들면 〈해바라기〉에 등장했던 김희선이 극중에서 사용했던 '곱창밴드'가 전국적으로 40억 원이 넘는 어마어마한 매출을 올렸던 것도 그런 측면에서 이해할 수 있는 일화이다.

따라하기의 일상화와 대중화가 진척되면서 특정 연예인들의 의상 컨셉이나 스타일은 '서태지 스타일', '이주노 스타일' 등의 이름으로 회자되는 시대로 돌입했다.[*] 이후 연예인들은 자신들의 주 종목인 노래나 연기 등의 본업 이외에도 대중에게 쉽게 다가설 수 있는 패션이 중심이 된 이미지 만들기에 열중하게 되었고, 대중들 역시 스타들의 패션에 이목을 집중하였다. 바야흐로 연예인이 중심이 되는 대중문화 시대가 개막된 것이다.

패션계 역시 유행과 디자인의 기준이자 시험대상을 연예인에 맞추는 마케팅을 시작했고, 패션업체의 모델이 어떤 연예인이 되는가에 따라 매출액이 달라지는 현상이 발생하게 되었다. 이

---

[*] 서태지 스타일은 보통 스노우보드형 스타일이라 하여, 7부 바지나 헐렁한 바지, 그리고 운동모자를 눌러쓰고 헐렁한 티셔츠를 즐겨 입었던 스타일이다. 이에 반해 이주노 스타일은 작고 둥근 선글라스를 끼고 염색하거나 좌우대칭이 아닌 부조화가 기본 컨셉인 언밸런스를 특징으로 하는 스타일이다.

전의 연예인 패션이 그저 비싸고 화려한 의상이나 소품들이 중심이 되었다면, 이 시기에는 각각의 영역에 어울리는 패션을 창출하거나, 아니면 대중들이 바라는 이미지를 위해 다소 강요된 패션, 혹은 기존에 인지도가 높은 유명 디자이너들과의 결합이라는 형태를 취하였다. 그야말로 본격적으로 패션이 뒷받침되는 대중문화 시대가 탄생한 것이다.

물론 이러한 배경에는 패션계의 자체 역량 강화와 국제적인 감각을 가진 디자이너들이 등장하면서 가능해졌다는 내적 기반이 있다. 잘 알려진 대로 앙드레 김이 파리에서 한국 디자이너로는 최초로 패션쇼를 개최하였고, 1990년대 초반에는 수많은 한국 디자이너들의 해외 패션쇼가 조직되었다. 88올림픽이 끝난 뒤 서울에서 SFFA(서울 패션 아티스트 협회)가 조직되어 한국의 패션을 국제적 수준으로 올리는 활동을 꾸준히 해왔다는 점도 역량 강화에 한 역할을 했다.

1992년부터 본격적으로 시작된 이신우, 이영희 등의 해외 컬렉션 참가는 한국 디자이너들의 해외 패션쇼와 컬렉션 참가에 도화선 역할을 했다. 이듬해에는 진태옥으로 이어졌고, 홍미화, 설윤형, 한혜자, 김동순, 박윤수 등도 해외진출을 시작하였다. 이러한 추세는 90년대 후반까지 지속적으로 이어졌는데, 이는 한국적 감각을 살린 디자이너들의 해외진출을 통해 한국 패션이 갖는 우수성을 해외에 알림과 동시에 한국 연예인들이 함께 호흡할 수 있는 역량을 갖춘 국제적 패션 디자이너들의 등장이라는 측면에서 큰 의미를 둘 수 있다.

대중문화와 패션의 접목은 TV, 음악, 영화와 같은 시각적 대중예술 분야에서 더욱 강력한 영향력을 가지게 되었다. 스타들의 옷차림 하나하나에 대중들은 주목했고, 이를 상품화하거나 자연스럽게 모방 구매하게 하는 일은 연예인 없는 패션을 생각할 수 없을 만큼 두 분야 사이의 밀착성을 보여 주는 사례였다. 음악뿐만 아니라 드라마나 영화에서도 패션 디자이너나 의류회사들의 협찬을 통해 패션을 문화상품화시키는 보다 정교하고 고차원적인 전략들이 발전하였다.

이외에도 연예인들을 통한 패션 광고는 이제 거의 모든 생활용품과 제품에 그 이미지를 이용하는 수준으로 나아갔다. 수동적인 면에서 인기와 대중성을 가진 연예인의 이미지만 이용하는 것이 아니라, 연예인이 가진 패션의 특성이나 이미지를 자기들의 브랜드나 제품의 이미지와 연결하는 패션 전략이 등장한 것이다.

연예인과 패션의 만남은 세대 간의 의식의 차이를 좁혀주는 촉매제로 작용하기도 한다. '서태지와 아이들'의 〈난, 알아요〉와 같은 노래, HOT나 동방신기 등 젊은 스타들은 기성세대가 젊은 세대를 이해하는 주요 키워드가 되었다. 새로운 세대 연예인에 대한 선호는 기성세대의 의식을 깨워 젊은이들을 이해하려는 수단이 되었고, 젊은이들의 생각과 행동을 포기가 아닌 이해라는 차원에서 인정하고 인식하는 계기가 되었다.

구시대와 신세대 간의 거리감이 좁혀지면서 이전에 용납하지 않았던 금기들도 하나 둘 깨지기 시작하였다. 젊은이들의 머리

염색, 남루한 옷차림, 힙합 풍의 패션 스타일, 과감하고 솔직한 애정표현 등에 대하여도 어느 정도 이해하는 사회 분위기가 조성되었고, 여성의 사회적 진출에 대한 편견 역시 줄어들게 되었으며, 이혼이나 결혼 풍속도도 바뀌게 되는 계기를 제공했다. 또한 남성과 여성에 대한 고정관념이 깨지면서 여성이 남성의 전유물이던 직업군에 진출하거나, 남성이 여성의 전유물이던 직업을 갖는 현상도 발생했고, 동성애, 혼전순결에 대한 고정관념들도 바뀌게 되었다. 이와 같은 사회적 인식 변화의 여러 현상은 세대를 구분하는 기준점이 되었고, 다양한 사회의 성격을 상징적으로 나타내는 '○○세대'가 등장한 것도 바로 이런 연유였다.

05

압구정
패션과
동대문 패션

패션과 돈은 떼려야 뗄 수 없는 관계이다. 특히 우리나라와 같이 자본주의의 발달경로가 다른 선진 자본주의 국가들과 다른 특징을 띄는 나라에서는 더더욱 돈이 패션에 끼치는 영향력이 크다고 할 수 있다. 돈으로 시작된 패션은 여러 폐해를 낳기도 했지만, 여전히 빠른 시간 안에 한국사회에서 패션이 갖는 중요성을 부각시킬 수 있는 힘이기도 했다. 반면에 한국적 패션의 특징이라 할 수 있는, 대중들의 패션에 대한 관심을 더디게 나타나게 했던 요인을 야기할 수도 있었을 것이다.

서로 배반적인 동시에 보완적인 고급 패션과 대중 패션의 진원지인 압구정과 동대문은 한국 사회의 패션문화를 비교할 수 있는 하나의 기준이 될 수 있다. 압구정은 도시개발과 부동산을 중심으로 부를 형성한 신흥 부자들이 모여 살던 강남의 명소이자 노른자위 지역이다. 여기를 중심으로 명품 패션이 급속하게 팽창하고 성장하였다. 동대문은 1960년대부터 꾸준하게 한국 의류산업의 기반으로서 노동착취를 통한 성장신화를 만들어냈던 곳이다. 명품 패션의 압구정과 대중패션의 아이디어와 스타일에 활력을 불어넣었던 동대문이 갖는 상징성은 한국 패션 문화의 양극을 함께 볼 수 있는 이질적이지만 동질적이기도 한 곳이다.

한국사회에서 압구정은 애증의 양면성을 갖고 있는 이름일 것이다. 세조 때의 권신 한명회가 지은 압구정이라는 정자가 있어 붙은 이름이지만, 1970년대 강남 개발 시기에 아파트 단지를 건설하면서 땅을 높이기 위해 한강 제방을 쌓으면서 그 터는 사라졌다. 압구정동의 아파트는 새로운 부의 시작이었고, 한국의 신흥 부자촌을 상징하게 한 출발점이 되었다. 그러면서 자연스럽게 새로운 문화 환경과 소비문화를 주도할 공간이 마련되면서 압구정은 문화 탈출구적 욕망이 꿈틀거리는 진원지가 되었다.

1980년대 압구정은 새로운 문화의 선도자 역할을 했다. 곧 강북의 명동과는 다른 이질적인 문화가 쉼 쉬는 곳이었다. 하나 둘 생기기 시작한 가게들은 새로운 부의 상징처럼 되어 버린 압구정을 나타내듯, 화려하고 고급스런 의상과 패션 제품들로 채워 나갔다. 명동이 여대생과 직장인들이 중심이 된 길거리 패션을 주도했다면, 압구정은 신흥 부자들로 하여금 자기 욕망을 충족시키기 위한 해방구로 작용했다. 해외 유명 브랜드 가게들이 간판을 달기 시작한 1993년 이후는 하루가 멀다 하고 새로운 패션 가게들이 들어섰다.

소비자들은 좀 더 근사한 이름을 원했다. 그들은 자연스럽게 미국 LA 비버리힐즈를 떠올렸을 것이다. 비버리힐즈의 패션 중심지인 로데오 드라이브가는 한국 부자들의 부를 좀 더 격식 있게 표현하는데 적합한 이름이었다. 유학, 연수, 관광 등을 통해 이미 친숙해 버린 미국의 명소가, 아니 그보다 더 화려한 명소가 신흥 부자들이 사는 동네에 생긴다는 것은 차별화된 문화적 기반을 분명하게 각인시킬 수 있는 요인이었다. '노는 물이 다르다' 는 인식을 분명하게 전달하는데 압구정과 강남은 중요한 상징인 것이다. 이곳에 산다는 것만으로도 좋은 신분과 부자라는 점을 은연히 드러낼 수 있는 것이다.

서부개척 시대 비버리 힐즈는 LA의 변두리 지역으로 대부분 소를 키우던 방목지였다. 여기에서 카우보이들이 소를 키우다가 로데오 드라이브(Rodeo Drive)라는 길을 따라 소를 팔기 위해 시장으로 이동했었다. 그런데 여름에는 비가 잘 오지 않는 LA의 특성으로 이즈음 할리우드의 영화산업이 급속도로 발전하게 되었고, 유명한 영화배우들이 비버리 힐즈에 살게 되었다. 그러면서 자연스럽게 스타들을 위한 고급 의상실과 가게들이 로데오 드라이브가에 형성되었으며, 이것이 오늘날 패션 거리로 유명한 로데오 거리의 유래가 된 것이다.

쓸모가 없었던 곳이었고, 소들이 지나던 길이었지만, 영화배우라고 하는 대중 스타들이 자신들의 인기를 유지하고 패션을 창조하기 위한 향락과 소비를 위한 거리가 바로 로데오 거리였던 것이다. 이 점은 압구정 로데오 거리가 갖는 상징성과 비교가 된다. 연예인들이 즐겨 찾고, 고급 의상실이 넘치는 소비문화의 중심지로써 '로데오' 만큼 적합한 명칭은 없었기 때문에 압구정의 새로운 패션 거리를 비버리 힐즈의 로데오로 했던 것이다.

압구정은 부 자체와 그 부를 소비하는 탈출구의 역할을 해왔다. 미국에 체류했던 이들이 자기들만의 문화적 공간을 만들어 부를 과시하고 차별화하기 위해 명품 거리를 만든 것이다. 그래서 그다지 넓지 않은 곳에 명품들로 가득한 대한민국에서 가장 비싼 백화점이 두 개나 자리잡고 있으며, 세계적으로 유명한 브랜드들은 거의 다 있는 거리가 되었다.

압구정 패션의 의미는 대한민국 개발자본과 신흥 부자의 탈출구이면서 투기자본이 부를 소비하는 중심지인 것이다. '청담동 며느리 스타일'이나 '압구정 패션'은 신분상승과 상류층의 은유였다. 곧 압구정이라는 이름은 대리만족과 함께 유행의 흐름을 살필 수 있는 공간의 의미도 함께 갖게 된다. 당연히 이곳의 간판은 유럽이나 미국적 표현이 잘 어울리고, 그래서 우리 패션이라기보다는 서구 지향의 패션이 될 수밖에 없는 것이다. 그 패션을 추구하는 이들도 작은 키에 오목조목한 전형적인 한국인들이 아니라, 쌍꺼풀에 오똑한 콧날, 갸름한 얼굴과 늘씬한 체형을 가진 이들이 선도한다. 이는 이곳에 성형 관련 전문병원들이 줄지어 번성하고 있는가를 말해주는 요인으로도 설명될 수 있을 것이다.

한국적 특징이 배어 있는 또 다른 패션의 중심지는 동대문이다. 동대문은 1960년대 개발 독재 시절에도 꿋꿋이 버텨온 노동자들의 정신이 서려 있고, 청계천 피복 노동자들의 피와 땀으로 한국적 패션이 태어난 곳이기도 하다. 개발 초기 섬유와 의류산업이 국가의 효자산업으로 기반을 다지고 수출목표액을 달성할 때에도 동대문은 중요한 역할을 했었고, 현재도 한류 패션의 중심지로 '메이드 인 동대문'의 위상과 가치는 상상을 초월하고 있다.

압구정이 강남을 대표한다면 동대문은 강북을 대표하는 패션 중심지이다. 남대문시장과 함께 서울의 대표적 재래시장이지만, 동대문은 남대문과는 차이가 있다. 남대문시장은 전통적으로 미군부대에서 흘러나온 물건을 팔거나 정식 절차를 거쳐 수입된 외국 물건들을 판매하던 곳이었다. 그래서 당연히 소비 위주의 시장구조에서 주로 모방이나 다양한 아이템을 판매하는 장터의 개념에 가까운 특징을 갖고 있다. 그러나 동대문은 오래 전부터 섬유와 의류 및 패션 소품들을 전문으로 취급하는 시장이었다는 점에서 그 출발부터 차이가 있었다.

동대문시장은 동대문이라는 브랜드 가치가 고스란히 묻어난 제품과 의류가 넘치는 패션 시장의, 곧 한국형 패션의 메카이자 중심지이다. 젊은이들이 자주 찾고 지방의 소규모 의류점들이 도매로 물건을 떼어가는 중간 유통지라는 측면에서 기존의 패션 특화 지역들과는 분명한 차이를 보인다. 더구나 동대문이 해외에서 더 유명해지면서 이제는 서울에서도 한국적 패션을 느끼기 위해, 그리고 한국의 독특한 패션 제품들을 구입하기 위해 외국인들이 즐겨 찾는 명소가 되었다. 한국 이민자들에 의해 꽃피고 있는 남미 패션이 바로 동대문 상품으로부터 시작되어 번성기를 맞이하고 있다는 사실이 허투루 들리지 않는 것이다.

명동이 패션 대기업 중심의 유통구조를 갖는다면 동대문은 장인정신이 넘치는 의상과 패션 소품들이 유통되고, 기성복에서는 볼 수 없는 독특함이 뚜렷하게 배어 있는 의류나 소품들이 제작, 판매되는 곳이다. 그런 점에서 동대문이 상징하는 패션의 위상과 가치는 높았고, 이로써 한국적 패션 가능성이 숨 쉬고 있는 곳이라는 평가를 받을 만한 것이다.

동대문은 섬유, 의류 산업이 노동집약적 대표 업종이라는 인식을 바꾸어 놓았다. 동대문은 한국인의 뛰어난 바느질 기술과 독특하고 독창적인 디자인의 제품을 다품종 소량생산하여 소비자에게 직접 판매하는 직거래 판매방식을 갖고 있다. 이는 인건비의 중국이나 디자인과 재질에서 한국보다 월등한 위치를 점하고 있는 프랑스, 이탈리아에서는 찾아보기 힘든 특징이다.

그런 이유 때문에 동대문 패션의 의미는 남다른 것이다. 소비 중심으로 넘치는 부를 과시하기 위한 압구정과는 분명 다른 점이 있다. 동대문에는 인간의 냄새가 남아 있고, 서민의 일상이 살아있다. 서민들의 애환이 서려 있는 포장마차들이 즐비하고, 취급 품목이나 장소에 따라 야간 개장이라는 독특한 열린 시장 구조를 갖고 있다.

대개의 1, 2평짜리 자투리 가게들, 갓 태어날 아기를 대상으로 하는 유아옷가게에서부터 특이체형을 가진 이들의 옷만을 전문적으로 취급하는 가게들, 세상에서 단 한 벌 뿐인 옷과 패션 소품을 파는 가게까지 그야말로 없는 거 빼고 다 있는 곳이다. 물론 그것만으로 동대문이 오늘날과 같은 명성을 갖지는 않았겠지만, 한국 대중 패션의 진원지로서 시대가 바뀐 지금도 충분히 그 역할을 하고 있다.

최근에는 한류 열풍에 힘입은 새로운 가능성과 한국적 패션 산업의 성공을 읽을 수 있는 계기들을 동대문에서 찾을 수 있다. 한국의 패션 지향점은 앞으로 압구정이나 명동보다는 동대문이나 남대문의 패션에서 찾아야 한다는 것이다. 동대문과 남대문 패션을 혹자는 짝퉁이나 아류일 뿐이라고 이야기한다. 몇몇 분야에서는 그러한 이야기가 틀리지 않지만, 전체적으로 동대문과 남대문 패션을 평가해 본다면 결코 짝퉁과 아류로 볼 것만은 아니다. 제품의 질과 디자인이 가격에 비해 절대적 강점을 갖고 있으며, 이는 중국이나 동남아 나라들에서 생산되는 제품들과도 분명한 차별성을 나타내고 있기 때문이다.

그럼에도 불구하고 여전히 한국의 패션 방향은 당분간 압구정과 동대문으로 상징되는 양극화, 또는 이중구조로 나아갈 것이 분명하다. 소득상승에 따라 사회 전반의 패션 질이 함께 향상되는 경로가 바람직하겠지만, 패션의 양극화 양상은 소득과는 상관없이 진행될 것이다. 그리고 패션 특화지역으로서 동대문이 갖는 공간과 브랜드 파워는 당분간 지속될 것이다. 대중 패션 시장으로서 동대문은 한국적 패션의 힘을 인정하고 있는 외국인들에 의해 패션 명소로 자리 잡으면서 한국 패션을 한 단계 업그레이드 하는데 틀림없이 한 역할을 할 것이다.

06

IMF
경제위기 아래
한국 패션

 1 9 9 6 년 **김 영 삼** 정부가 발표한 한국의 OECD 가입 소식은 국민 모두에게 한국의 선진국 진입을 선언한 것으로 인식하게 하였다. 광복 이후 50여 년간 그저 입에 풀칠을 면하기 위해 살아왔던 국민들에게 이 소식은 그 동안의 고생을 모두 보상해 줄 수 있을 만한 기쁜 소리였다. 좌우의 대립, 전쟁, 가난, 궁핍, 쿠데타, 부정부패, 독재, 민주화 투쟁 등등의 온갖 부정적 언어들로 점철된 한국 현대사에서 적어도 한국의 OECD 가입 소식은 국민들에게 즐거움과 행복을 주는 커다란 사건이자 경제적 보상과도 같았다.

 그러나 OECD 가입이 무엇을 의미하는 것인가는 1년여의 시간이 흐른 뒤 분명하게 밝혀졌다. 그 1년여는 한국 국민들이 선진국 진입이라는 환영을 믿고 샴페인과 축제 분위기를 연출하기 위한 일종의 자아도취의 시간이었을 뿐이다. 국민들은 누구나 중산층이라고 생각했고, 실질소득에 비해 소비수준이나 가계운

영 수준을 지나치게 높게 책정했다. 일부에 한정되었던 해외여행과 명품에 대한 욕구는 독버섯처럼 퍼져 나갔고, 누구나 삶을 즐겨야 하는 것으로 인식했다. 더 이상 절제와 겸양의 경제 원칙은 존재하지 않는 것처럼 보였다.

그뿐이었다. 내실없는 외형 경제와 건전한 생산보다는 과도한 소비만이 부각되었고, 부동산과 주식이라는 투기성 거품이 잔뜩 들어 있는 허영의 광기를 품었던 한국경제는 1인당 국민소득 2만 불 시대의 고지 아래에서 그만 길을 잃고 방황하고, 아니 천 길 낭떠러지로 추락하고 말았다. 1997년 말 공식적으로 선언된 IMF 시대는 그렇게 우리에게 다가왔다. 여기서 IMF 위기에 대한 원인과 그 내용 등을 다루지는 않겠지만, 적어도 몇 가지 사항들에 대해서는 짚고 넘어가야 할 부분이 있다. 특히 한국의 OECD 가입이 결코 선진국 진입을 알리는 기뻐할 만한 소식이 아니라는 점과 한국경제의 구조적 취약성이야말로 1997년 11월에 IMF에 요청했던 구제금융 신청의 가장 큰 원인 제공을 했다는 사실일 것이다.

이렇게 시작된 IMF 시대는 무분별한 소비와 허영의 사회를 내핍과 절망의 사회로 완전히 바꾸어 놓았다. 어느 누구도 해외여행 이야기를 입 밖에 꺼내지 않았고, 해외여행을 거론하는 것 자체 매국노가 되었다. '아나바다(아껴 쓰고 나눠 쓰고 바꿔 쓰고 다시 쓰자)'가 어느덧 국민들이 지켜야할 소비원칙이 되었고, IMF 체제 극복을 위한 범국민적 '금모으기' 운동이 전개되기도 했다. 이러한 상황에서 정점을 향하던 패션의 소비양상과 한국의 패션산업은 근본적 변화를 초래할 수밖에 없었다.

가장 눈에 띄는 변화는 패션 소비의 정지, 아니 어쩌면 후퇴라는 표현이 더 적합할 정도로 변화된 대중들의 패션 소비양상이었다. 1990년대 중반 이후, 특히 OECD 가입 발표 때부터 전국민적으로 시작된 해외여행과 소비증대는 거의 무분별할 정도의 소비심리에 따라 확장일로에 있었으며, 모든 이들의 명품에 대한 맹목적 추구는 패션에 대한 잘못된 인식을 심어주기에 충분했다. 단지 명품만이 아니었다. 이 시기 일반적 패션 경향도 과시와 허영 그 자체였다.

부자들만이 아니라 중산층과, 심지어 대학생들까지 명품을 사는 것이 유행이었다. 사회 진출을 막 시작한 여성들은 물론 여대생들도 가진 돈을 몽땅 털어 넣어 루이비똥, 구찌, 프라다 등의 명품을 사는데 허비했다. 경제력이 없는 대학생들은 부모의 도움으로 명품을 구입했다. IMF 위기는 그런 사회적 분위기에 경종을 울리기는 했지만, 더 중요한 의미는 패션의 양극화를 극명하게 드러낸 계기였다는 점이다. 물론 IMF 위기 초기 애국주의에 밀려 명품 붐이 잠시 사그러드는 징후를 보였고, 실제로 명품에 대한 수요가 뒷걸음질치면서 여러 명품 회사가 본국으로 철수하는 사태가 벌어지기도 했다.

졸지에 중산층에서 실업자 또는 빈곤층으로 떨어져 버린 사람들은 '금 모으기'와 같은 애국적 행렬에 동참하면서 1990년대의 절핍형 계층으로 전락해 버렸다. 이들은 장롱에 넣어 놓았던 옛날 옷을 꺼내어 입거나 시장의 '땡 처리' 옷을 사 입으며 빈곤층의 소비 패턴으로 귀환했다. 실질소득의 하락은 스스로 중산층이라고 여겼던 많은 이들을 서민으로 전락시켰으며, 구매력의 감소와 경제위기는 건전한 패션을 지탱해 줄 중산층의 격감으로 패션 자체를 위축시켰다.

IMF 체제 하의 외환위기는 한국의 의류와 패션 산업 자체의 생존을 위협할 만한 것이었다. 한국산 패션 제품들은 더 이상 경쟁력을 갖지 못하였을 뿐만 아니라, 프랑스나 이탈리아와 같은 패션 선진국들과 경쟁하기에는 디자인이나 질적인 면에서 한계를 가질 수밖에 없었다. 이러한 복합적 상황들로 인해 '논노'라는 브랜드로 유명한 나산그룹이나 쌍방울 등 많은 패션 기업들이 부도가 나거나 도산했다. 그야말로 한국 패션의 절대적 위기였다.

위기 상황은 패션 산업과 트렌드에 많은 영향을 주었다. 패션이라는 단어는 더 이상 부의 표시로 선택할 수 있는 사치품이 아니었다. IMF는 많은 국민들에게 패션이 갖는 진정한 의미에 대해 곰곰이 생각해 볼 수 있는 기회를 주었다. IMF에 의해 부자는 더욱 부자가 되었고, 가난한 사람은 더욱 가난한 사람이 되었지만, 적어도 패션이라는 것이 누구에게나 동일한 기준, 즉 돈이라는 기준으로 적용할 수 없는 것이라는 사실을 인식하게 하였다. 이전의 한국 패션이 주로 돈의 유무에 따라 유행이 결정되는 국면이었다면, 적어도 이 시기만큼은 현실 상황을 그대로 반영하는, 있는 그대로의 패션 트렌드 경향을 보였다.

그렇지만 명품에 대한 욕망 자체가 줄어든 것은 아니었고, 단지 수요가 줄었다고 볼 수 있다. 그렇다고 소득 하락으로 고통받던 대다수 국민들에게 패션이 전혀 의미 없는, 부자들만 누려야 하고 추구해야 할 사치로만 인식되었던 것도 아니다. IMF 충격에서 어느 정도 벗어난 국민들은 자신의 삶에 맞는 패션을 추구했다. 이 시기 패션 트렌드의 하나였던 복고의 유행은 바로 그러한 정서의 구현이었다. 옷장 깊숙이 처박아 두었던 옛 스타일이 밖으로 나오면서 복고라는 이름으로 재탄생하였다.

미니스커트뿐만 아니라 예전 어려웠던 시절에 사용했던 물품들이 패션 시장의 주요 트렌드가 되었다. 검은색 학생복이나 검은색 뿔테 안경, 군 시절의 반합이나 식판 등도 주요 소품이었고, 꽁보리밥 역시 이 시기에 등장했던 문화 아이템이었다. 배고팠던 시절을 상기하면서 절약하고 허리띠를 졸라 매자는 의미를 담은 이런 사회적 소품들의 트렌드화는 복고적 열풍을 뛰어 넘어 이후 인생에서의 '추억 만들기'라는 트렌드로 살아남게 되었다.

이밖에도 옷감이나 재료를 적게 쓰는 패션이 현실을 반영하여 유행하였다. 경제가 어려울수록 미니스커트가 유행하고 반코트나 짧은 옷이 많이 제작되며, 소품이나 액세서리도 단순한 재질과 재료를 적게 쓰는 스타일이 유행하게 된 것도 사회적 현실을 반영하는 것이다. IMF 위기 상황이 어떻게 보면 새로운 유행과 패션의 질적 도약을 위한 호기가 될 수도 있다는 역설적 상황을 만들어 낸 것이다. 엽기 패션의 유행과 한국적 패션이 살아남을 수 있는 방법을 추구하고 모색했다는 점에서 그러하였다.

IMF 시대를 거치면서 우리 국민들은 위기 때마다 보여준 저력을 유감없이 발휘하면서 어려움을 극복했다고 평가받는다. 패션업계는 최악의 상황에서도 나름의 생존전략을 펴고 새로운 전환기를 모색하였다. 당시 중국, 베트남, 인도 등 후발 개도국들의 위협은 패션업계의 전반적 현상이었다. 한국 패션산업이 더 이상 값싼 노동력에 의존하는 데는 한계를 여실히 드러냈다. 당시 한국 패션시장에는 이러한 패션업계의 어려움이 그대로 반영되었다. 디자인과 품질을 앞세운 고가전략의 명품들에 의해 고가시장에서는 설자리를 잃어버린 지 오래되었고, 중저가시장에서는 후발 국가들로 인해 고전을 면치 못하고 있었다.

진퇴양난에 처해 있던 한국 패션업계는 보다 경쟁력 있는 한국적 패션을 모색해야만 하는 전환점에 도달한 것이다. 이 과정에서 패션업계가 주목한 것은 바로 틈새시장이었다. 다품종 소량생산, 하나하나의 품종을 소비자의 취향에 맞추는 소량생산을 통해 소비자들의 취향의 폭을 좁혔다. 소비자 역시 자기 상황과 경제력에 맞는 세분화된 패션 경향을 추구하였고, 젊은이들을 중심으로 새로운 개념의 패션, 특히 엽기라는 개념은 패션의 기존 관념을 뒤집어 버렸다.

엽기의 사전적 의미는 '기괴하고 이상한 일에 흥미를 느끼거나 즐기는 현상을 총체적으로 이르는 개념'이지만 이제는 그 의미 이상을 넘어서 '기발하고 새로운 생각, 조화될 것 같지 않은 디자인과 개념의 조합' 혹은 '재미있고, 상상을 초월하는 것을 모두 지칭'하는 신개념이 패션 영역에 새로운 가능성을 보여주었다. 엽기 토기를 시작으로 등장한 엽기에 대한 개념은, 패션이 창의적이고 독창적인 면을 강조한다는 점에서 한국 패션의 전환기적 발상이라고 볼 수 있다. 이후 젊은이들 특유의 패션 조합은 기존의 패션과는 다른 새로운 조합과 디자인들을 만들어냈고, 그것이 상품화되면서 세분화되고 다양한 소비자들의 욕구를 만족시키는 토대가 되었다.

그렇게 한국의 패션은 다시 한 번 부활의 몸짓을 하게 되었고, 오랜 침체에서 벗어나 독특한 디자인, 감성적 이미지와 전통적 원색의 결합, 아기자기하면서도 시간보다 더 빠른 변화 속도 등의 한국적인 특색을 갖게 되었다. 이 힘은 IMF 이후 패션산업과 시장을 특화시켰고, 이는 동대문과 남대문, 또는 명동 등 기존의 패션 상권을 세분화시키고 발전시킴으로써 착근되었다. 이로써 대중들의 패션 소비 경향도 점차 분화되었고, 서로에 대한 인정을 통해 명품과 동대문 패션이 공존할 수 있는 심리적 기반도 만들어졌다.

이제 패션은 생활 속의 패션으로 자리 잡을 수 있는 여건이 마련되었으며, 갑자기 쏟아진 부를 주체할 수 없어 선택하는 가식적이고 과시적인 패턴이나 행동양식이 아니라 스스로 창조하고 의미를 부여하는, 생활과 밀접하고 삶의 표현양식으로서 나타나는 패션이 되었던 것이다. 어떤 것을 선택하여 즐기는가에 따라 일상의 패션 제품이 달라졌고, 이는 이전에는 좀처럼 보기 힘든 현상이었다.

인간의 삶에서 취할 수 있는 다양한 생활 패턴에 따라 등산 패션, 골프 패션, 조깅 패션, 헬스 패션 등이 세분화된 것 역시 이러한 경향을 100% 반영한 것이었다. 의상과 패션 제품이 일반적으로 가졌던 통념, 즉 몸에 걸치는 필수품으로서의 개념에서 탈피하여 명품 이상의 의미를 갖는 극단적인 예도 발생하였다. 1999년에 발생했던 '옷 로비 사건'이다.

당시 검찰총장 부인이 재벌 부인에게서 받은 밍크(당시 3천만 원 상당의 고가제품)가 로비의 대가로 사용되었다고 해서 붙여진 '옷 로비 의혹사건'은 의상이 뇌물이 될 수 있다는 사실과, 옷 한 벌 가격이 3천만원이라는 사실에 대해 사회적으로 경악을 금치 못하게 했던 사건이었다. 이 사건은 타락과 부패라는 측면에서 '옷'이 상징하는 부정적 이미지에 덧붙여 '옷'이라는 의식주의 한 기본 요소가 정치적으로, 또는 사업상의 뇌물과 청탁의 수단이 될 수 있다는 점에서 전통적 패션 개념에 새로운 사회학적 의미를 부가해 주었다.

변화된 상황과 패션 개념을 보다 확장시켜주고, 공간과 지역별 시차를 없애준 것은 인터넷과 홈쇼핑 같은 정보 매체들이었다. IT 강국 한국에서 발전된 초고속 인터넷과 각종 IT 산업의 접목은 소비자로 하여금 패션의 선택을 보다 용이하게 할 수 있다는 점에서 패션 트렌드의 새로운 경향을 예고하는 것이기도 했다. 결국 21세기의 패션 문화는 이러한 변화된 환경과 얼마나 조화하고 화해하느냐가 관건이 되고, 패션의 세계화란 결국 이와 같은 두 정보 수단을 어떻게 활용하느냐의 문제로 귀결되는 것이다.

주제별로 보는 패션

01

세계화와
패션의
새로운 매체들

인 간 이 새 로 운 시대를 살아간다는 것은 주로 문명의
발전과 관계가 깊다. 기술의 발달이야말로 인간의 삶과 생활을
바꾸어 놓을 수 있다는 점에서, 과학기술의 발달과정과 변화속
도는 인간 생활 전체에 커다란 영향을 미친다. 인간생활의 획기
적 변화가 시작된 것은 TV와, 20세기 말부터 본격화한 인터넷
이라는 세계화 구축의 필연적이고 절대적인 수단 때문이었을
것이다.

금융과 무역 부문에서 먼저 시작한 세계화가 이제 모든 분야
에서 스스럼없이 적용되고 있는 것도 바로 TV를 비롯한 대중 매
채의 무한한 발달과, 세계 어디서나 동시성을 갖는 정보매체이
자 커뮤니케이션 도구인 인터넷의 역할 때문이다. 이제는 패션
의 세계화란 용어도 그리 낯설어 보이지 않는다. 그렇다면 패션
의 세계화란 어떤 의미를 가질까?

김영삼 정부 시절 우리에게 소개된 세계화란 그저 좋은 개념

으로만 알려졌다. '온 세계가 하나의 마을이 된다'는 지구촌 개념이 세계화에 대한 한국적 접근의 시작이었을 것이다. 다소 문화인류학적 냄새가 강한 이와 같은 세계화 개념은 실제로는 치열한 경쟁과 가진 자를 위한 금융과 무역정책의 일환이었을 뿐이었다. 미국의 신자유주의 전략의 일환으로 시작된 세계화는 각 나라들에 미국의 금융자본과 제품의 자유로운 수입을 보장하는, 미국 거대자본의 침투를 확보하는 수단이었다.

그러나 패션에서 사용되는 세계화는 신자유주의적 성격과는 다소 다른 의미를 갖는다. 경제적 목적이 완전히 탈색되어버린 것은 아닐지라도 적어도 패션의 세계화는 패션산업의 세계화에 대한 합의보다는 훨씬 의미 있는 진전이 이루어지고 있기 때문이다. 패션의 세계화를 현대적으로 해석한다면 패션 산업과 패션의 유통을 경제적인 측면에서 바라보는 것이 아니라, 패션과 유행이 갖는 광범위한 공간적 동시성을 큰 특징으로 들 수 있는 것이다.

이는 세계 어느 곳에서나 루이비똥이나 아르마니에 대한 평가가 동일할 수준으로 이루어진다는 사실과, 한 해의 유행 스타일과 색상이 동시에, 그리고 무한 대중에게 호소력을 갖고 진행된다는 점이다. 지역이나 나라가 다르다고 해서 명품이나 최고 패션 제품에 대한 선호와 평가에 큰 차이를 갖지 않는다는 점은 패션 수준의 세계화를 이루게 되었다는 사실을 의미한다. 또 역설적이게도 지역적 혹은 민족적 특징을 갖는 패션과 스타일도 세계적 수준에서의 유행과 흐름을 좌우할 수 있다는 사실은 패션에서만큼은 분명히 세계화가 이루어졌다는 것을 뜻한다.

　세계화에 가장 큰 공헌을 한 것은 위성 TV, 컴퓨터 같은 새로운 대중매체와 커뮤니케이션 수단이다. 위성 TV를 통해 세계 각지에서 일어나는 소식을 어느 곳에서나 받아볼 수 있게 되었고, 이는 지역과 나라에 따른 문화적 차이를 좁혀주는 완충역할을 하여 그러한 이질성을 자신의 것으로 융합시키거나 다른 차원의 것으로 인정함으로써 다양성에 기초한 공통성을 추구하는 데까지 나아갈 수 있었다.

　패션의 세계화는 이렇게 시작되었고, 위성 TV의 발전은 그러한 세계화를 앞당기는데 중요한 구실을 했다. 여기에 컴퓨터의 눈부신 발전은 인터넷이라고 하는 정보의 바다를 만들어 놓았고, 이는 세계화 개념의 진정한 문화적 의미를 증명해 보였다. 동일한 시간에 세계 어느 곳이건 어떤 나라에서건 원하는 것을 볼 수 있고 느낄 수 있다는 사실이야말로 문화의 세계화라는 의미를 제대로 구현한 것이었다. 인터넷의 기능은 이런 측면에서 세계화라고 하는 문화적 목표에 가장 적합한 수단이 되었다.

　특히 패션 영역에서 인터넷과 위성 TV의 발전 속도는 패션의 세계화를 실현하는데 아주 중요한 기여를 했다. 패션이 단순히 유행을 창조하거나 불특정 다수가 선택하는 하나의 흐름만이 아니라는 것을 인터넷과 위성 TV를 통해 분명히 알 수 있게 된 것이다. 세계 어느 곳에 있든지 자신이 원하는 스타일과 색상을 선택할 수 있고, 그것이 국경과 연령을 초월할 수 있다는 장점이야말로 패션 세계화의 본질인 것이다.

패션을 만들어 내는 주체에 대해 이야기할 때, 대부분의 사람들은 패션 디자이너 혹은 패션 기획자들을 이야기한다. 그러나 인터넷과 위성 TV는 그러한 주체 설정의 고정관념을 깨트렸다. 인터넷과 위성 TV를 통해 패션에 관심 있는 사람은 누구든 자신이 원하는 스타일이나 의상을 선택할 수 있고, 나아가 자신만의 감각을 살린 패션을 창출할 수 있게 되었다. 이는 수동적 입장에서 패션을 추종하는 불특정 대중이 아니라 스스로 패션 창출의 주체가 될 수 있는 기회가 열려있다는 사실을 의미한다.

누구나 파리의 패션쇼를 보면서 자신이 원하는 스타일과 유행을 선택하고, 앞으로 다가올 패션 경향을 미리 예측할 수 있다. 이러한 사실은 더 이상 패션이 특정 계층이나 특별한 사람들에 의해 독점적으로 만들어지는 것이 아니라는 점을 의미한다. 이처럼 인터넷과 위성 TV는 평범한 사람들도 유행과 패션의 흐름에 영향을 줄 수 있는 쌍방소통관계를 만들어냄으로써 디자이너들이 오랫동안 독점했던 패션 메이킹의 구조와 경계를 허물어 버리는데 큰 역할을 했다.

실제로 각 나라의 인터넷에는 전문 패션 디자이너나 패션 기획자들이 아닌 일반인도 자기만의 영감을 조합하는 패션을 만들어 내어 유통시키고 있다. 취미나 재미로 시작한 아마추어 패션 메이커들은 자신의 취향을 독창적 방식으로 만들어 낸 뒤, 그것을 시장이 아닌 인터넷에 유통시켜 새로운 유행을 만들어 가고 있다. 이러한 경향은 앞으로도 지속되리라 생각하며, 이질적 분야와의 교배를 통해 인터넷 바다 어딘가에 숨어있을 특정인만을 위한 패션까지 만들어질 가능성이 많으리라 예측할 수 있다.

인터넷과 위성 TV라는 수단 이외에 전통적인 시장이 있고, TV와 인터넷을 결합시킨 홈쇼핑도 있다. 대중들이 많이 이용하는 정보매체를 통하여 패션을 빠르고 넓게 확산시킨 것이 홈쇼핑이다. 홈쇼핑은 현대인의 변화된 삶의 양식과 패션을 접목시킨 아주 적절한 수단이다. 홈쇼핑에서 패션 관련 제품만 판매하는 것은 아니지만, 패션과 유행을 집에서 TV를 통해 확인하고, 자신의 욕구를 눈치 보지 않고 결합시켰다는 점에서 중요한 의미를 갖는다.

사람들이 유행을 따를 것인가 말 것인가를 놓고 주저하는 큰 이유는 소극성 때문이다. 유행하는 패션을 따르기 위해서는 모방을 해야 하고, 그러기 위해서는 관련 의상이나 제품을 사야 하는데, 그런 용기를 갖기가 쉽지 않다는 것이다. 그런데 홈쇼핑은 다른 이들의 눈을 의식하지 않고도 유행을 따르거나, 혹은 바로 버릴지를 결정하는데 더할 나위 없이 좋은 수단인 것이다.

홈쇼핑은 자기 욕구를 TV 화면을 통해 바로 확인하고, 살 것인지 말 것인지를 결정하는 가장 원초적 패션 전달수단이다. 이는 홈쇼핑이 그렇게 단시간 안에 팽창할 수 있었던가에 대한 답을 제시하고 있다. 실제로 홈쇼핑이란 방식이 채택된 이후 패션 소비는 기하급수적 성장세를 보여 왔다. 1995년 8월 정부가 주도하여 유선방송을 통해 홈쇼핑이 시작되면서 바로 활성화되었고, 첫해의 시장규모가 34억 원에 불과하던 것이 2004년에는 4조 원을 넘을 정도였다.

홈쇼핑은 시장이나 상점에 직접 가지 않아도 구매가 가능하다는 점에서 바쁜 현대인의 생활 패턴에 가장 어울리는 쇼핑 수단이다. 아울러 시간의 절약과 함께 가격, 비용 등을 비교할 수 있어 물건을 효율적으로 구입할 수 있다는 장점을 지닌다. 그러나 제품을 직접 보거나 만질 수 없고, 자기 체형에 맞는지를 확인하지 못하고 구매한다는 단점이 있다. 이 때문에 제품에 대한 신뢰도가 떨어질 수 있으며, 배송과 사후처리에 문제점이 나타날 수 있다. 특히 충동구매를 일으키거나 허위광고 혹은 과대광고 등의 우려가 나타나기도 한다.

그럼에도 불구하고 홈쇼핑은 여전히 매력 있는 패션 구매 수단이다. 최근에는 나 홀로 족이나, 다른 사람들과 비슷한 스타일이나 유행을 공유하는데 신경 쓰지 않는 이들을 중심으로 홈쇼핑의 장점을 활용하려는 이들이 확산되고 있다. 이런 추세 때문에 TV에 국한되었던 홈쇼핑이 인터넷에까지 영역을 넓혔고, 네티즌들은 이를 생활의 한 부분으로 여기고 있다. 또한 홈쇼핑 기법을 이용한 자기들만의 쇼핑 방식을 창출하여, 최근에는 경매나 주문제작 등을 홈쇼핑에 응용하기도 한다.

홈쇼핑이 패션을 창조하기에는 다소 힘겨워 보인다. 판매와 시장성을 주요 요소로 삼는 홈쇼핑에서, 구매가 불확실한 아이템이나 제품을 내놓기란 쉽지 않기 때문이다. 이런 이유 때문에 홈쇼핑은 이미 검증되고 추종하고 있는 패션의 대중적 확산에 필요한 매체이자 수단이라는 것이 더 정확할 것이다. 최근에는 연예인이나 스타들이 홈쇼핑의 모델로 등장하면서 패션 스타일과 제품의 유행 가능성을 한층 높였다. 드라마나 영화 등에서 히트한 패션이 홈쇼핑을 통해 재생산되고 재유행하는 것은 바로 이러한 이유 때문이다.

홈쇼핑은 여전히 미래의 발전 가능성이 높은 패션 매체이자 수단이 될 것이다. 홈쇼핑과 통신기술의 발달은 이미 전자 화폐의 등장과 전자화폐를 활용한 상거래(흔히 T commerce라고 한다)를 채용하기도 했고, DMB(digital multimedia broadcasting)라고 하는 걸어 다니는 방송의 기능성이 접목되면서 보다 발전할 수 있는 영역이 되었다. 이러한 새로운 양상과 발전 속도는 패션과 접목하여 미래의 패션 전달매체이자 수단으로 확장될 가능성을 배가시킬 것이고, 이는 미래의 패션 흐름을 좌우할 수 있는 수단으로 기능할 것이 분명하다.

02

색깔은
　패션을
　　타고

　패 션 이 라 는　단 어 를　떠올릴 때 사람들이 쉽게 연상
하는 것은 디자인, 색깔, 그리고 천의 종류일 것이다. 그 옷이 어
떤 색이었는지, 어떤 디자인이었는지, 또 어떤 천으로 만들어졌
는지가 사람들의 뇌리에 깊숙이 남게 된다. 그런데 그 중에서도
시공을 초월하여 변치 않고 일관된 의미를 지니게 되는 요소가
바로 색이다. 색깔마다 사용되는 용도가 다르기는 하지만, 패션
에서 만큼은 색이 갖는 의미가 한결같은 이미지를 보여 왔다.

　색은 우리 민족의 특성을 나타낼 때 많이 인용되는 상징의 하
나이다. 우리는 흰색 옷을 즐겨 입었다. 우리 건국신화에서도 흰
색은 영묘하며 깨끗하고 숭고한 이미지를 나타낸다. 이런 신화
적 이미지는 우리 민족을 백의민족이라는 이미지로 고착화하는
기능을 했지만, 그것은 현실이 그대로 반영된 결과이기도 한 것
이다. 그러나 우리가 이용한 색깔은 이보다 훨씬 정교하고 다양
하다.

한국인이 흰옷을 즐겨 입었고, 그릇도 백자 중심으로 생산하였다고 하여 색감이나 색채의 종류가 많지 않았다고 단정하는 것은 편견이다. 이미 석기시대 말에 다양한 색채를 응용한 것으로 보고되고 있다. 토기에서도 붉은색 위에 주단을 칠하거나 광택을 넣었고, 그 위에 검은색으로 굴곡 문양을 그렸음이 밝혀졌다. 고구려 고분 벽화에는 붉은색 계열의 여러가지 색과 노란색, 황토색, 검은색, 흰색을 음양오행설에 입각하여 응용하고 있다. 우리 민족은 의상이나 장신구에도 흰색, 청색, 적색, 녹색, 검은색의 5가지 색을 활용하였다.

대부분의 왕조에서 색깔로 신분을 구별하였다는 사실은 색채가 얼마나 우리 삶에 질서를 구축하는 수단이었는가를 알게 해준다. 또한 민화에서 볼 수 있었던 화려하지는 않지만 밝은 감색, 붉은색, 황색, 녹색은 민중의 삶에서도 많이 이용되었음을 짐작할 수 있다. 이밖에도 목조건물의 화려한 마무리인 단청, 결혼 예복, 침구류 등의 색과 문양도 음양오행에 입각해 이용하였다. 색깔을 통한 이미지와 아름다움의 추구뿐만 아니라 만물의 생동요소를 화(적), 수(흑), 목(청), 금(백), 토(황) 5행의 상호작용에 의한 자연현상과의 조화를 생각하고, 이를 인생의 길흉화복에까지 반영하였다.

이러한 전통은 일제 강점기에 화려한 색깔을 금하는 방향으로 통제를 강화함으로써 위축되었다. 일제는 한국인의 일상을 흰색과 검정색으로 단순화시켰다. 전체주의적 통일성을 요구하는 단체복과 단일색이 강요된 것이다. 이러한 상황은 해방 후에도 나아지지 않았는데, 이는 무엇보다 물자부족에 기인했다. 특히 빨간색은 빨갱이, 곧 공산주의자를 뜻하게 됨으로써 전통적으로 높은 신분을 상징했던 빨간색은 일상에서 금기시되는 색으로 변모하였다.

색을 통한 패션의 다양성에 큰 기여를 한 것은 컬러 TV였다. 소수에만 국한된 것이 아니라 대부분의 국민들이 컬러를 일상의 한 부분으로 자연스럽게 받아들이고, 색깔로 아름다움이나 옷을 선택하면서 색깔은 생활 깊숙이 침투했다. 자연스럽게 이데올로기적으로 덧칠된 색에 대한 이미지 역시 변하게 되었다. 2002년 한일 월드컵 때 '붉은 악마'라는 한국 축구팀 응원단의 공식 색깔이 붉은색이 되면서 빨간색=빨갱이의 이미지는 많이 희석되었다. 또한 의상과 일상 제품의 유행 기준이 디자인만이 아니라는 사실을 분명하게 드러낸 것도 색깔이 한국사회에서 패션과 유행의 주요 기준으로 강화되었음을 알리는 증거였다.

색을 통해 우리는 무엇을 알 수 있을까? 보통 색으로 드러나는 것은 옷의 이미지와 옷을 입는 사람의 성격, 그리고 사회 분위기 등등이다. 다시 말해 색을 통해 많은 것을 읽어낼 수 있고, 색을 통해 사회 분위기와 의미까지도 해석 가능하다는 점은 매우 흥미롭다. 현실의 삶에서 색은 의상이나 장신구에 국한된 유행의 기준이 아니라 가구와 인테리어라는 거주 공간의 모든 것을 결정한다. 곧 일상에서 색깔이 차지하는 비중은 나날이 강화되고 있다. 이제 색의 함의를 하나하나 살펴보자.

사람의 성격을 색깔별로 정리하면 다음과 같다. 빨간색 옷이나 장신구를 선호하는 사람은 충동적이어서 흥분을 잘하지만, 늘 에너지가 가득한 동적 스타일이라고 볼 수 있다. 이런 유형의 사람에게는 일에 대한 성취도가 강하게 나타나며, 보스 기질이 있어 모든 것의 최고가 되기를 원한다. 태양이 함의하는 바와 같이 빨간색은 에너지와 정력의 근원이기 때문에 강력한 성공지향적 성향을 갖고 있다. 빨간색 옷을 즐겨 입는 사람은 성적 욕구가 강하다고 이야기한다. 이런 사람은 일상생활에서는 그다지 문제가 없겠지만, 사회생활에서는 각별한 주의가 요망된다. 인내심이 요구되는 직종이나 분야에서 빨간 옷을 자주 입게 되면 상대방을 자극하기 쉽고, 스스로 제어하기 어려운 상황이 발생하기도 한다.

두 번째는 분홍색을 선호하는 사람이다. 분홍색은 공주와 관련하여 연상되는 색이어서 주로 여성들이 선호하지만, 최근에는 넥타이 등 액세서리에서 남성도 선호하는 색이 되었다. 분홍색을 선호하는 사람은 정 많고 애정이 풍부한 성격을 갖고 있어서 상대와 잘 공감하고 다른 사람을 이해하는 능력도 탁월한 편이다. 그러나 이러한 성격은 때때로 의지력이 부족하거나 자신에 대한 통제가 안 되고 우유부단하여 약한 모습을 보이기도 한다. 또한 의존성이 강하여 늘 누군가의 도움이나 손길을 기대하는 여린 모습을 가진다. 그러므로 분홍색은 외투나 겉옷에 어울리는 색은 아니다. 대개 스웨터, 셔츠, 블라우스 등에 잘 어울리거나 소품인 넥타이, 스카프, 손수건 등에 쓴다. 분홍색 옷은 편하고 즐거울 때 입는 것이 좋기 때문에 사회생활에서 이를 자주 입으면 마이너스적 요소를 가져 온다.

세 번째는 오렌지색이나 복숭아색을 선호하는 사람이다. 튀는 색깔의 옷을 입는 사람은 남보다 돋보이기를 좋아한다. 말보다는 실천이 앞서며, 독립심 또한 강하다. 행동에 대한 동기유발이 빠른 편이고, 추진력이 있다. 오렌지색은 현실성과 창의성을 표현하는 색상으로, 창의성이 돋보여야 하는 직군인 예술가, 디자이너 등에게 잘 어울리는 색이다. 그러나 실천이 지나치다 보면 주위에서 불안감을 느끼기도 하고, 자신이 돋보이기 위해 타인을 지배하려는 욕망이 강하게 표출되기도 한다. 이런 유의 색은 가능하면 다른 색과 조화시켜 쓰는 것이 좋으며, 남성은 상의, 여성은 전체적으로 부드러움을 강조할 때 입을 수 있다.

네 번째는 노란색을 선호하는 사람이다. 성격이 밝으며, 유머도 많아 재미있고 활동적인 성격의 소유자가 많다. 이런 성격 때문에 매사에 적극적이고, 무슨 일에든 끼어들기를 좋아한다. 낙천적이고 밝은 성격이어서 어려움에도 잘 대처하며, 힘든 일을 마다하지 않는 사람들이 많다. 그러나 때로는 지나치게 이상적이거나 현실의 여건보다 욕구가 더 큰 경우가 있어 주위와 갈등의 소지가 있다. 노란색 옷을 자주 입는 사람은 자기 능력에 대한 믿음이 강해서 자영업, 또는 대인관계를 많이 가져야 하는 직업이 바람직하다. 오버하지 않고 절제의 미덕이 필요한 유형이다.

다섯 번째는 녹색을 선호하는 사람이다. 이런 유형의 사람은 성격이 조심스러우며, 다른 사람을 잘 믿지 않는다. 적극적인 참여보다는 관조나 사색을 좋아하며, 개입하거나 간섭하기보다는 구경하기를 좋아하는 성격을 가진 이들이 많다. 이러한 사람은 조용하고 변동이 심하지 않는 생활이나 직업이 어울리며, 성직자와 같이 자비심 많고 인간적이다. 또 환경친화적인 마음을 갖고 있으며, 도시생활보다는 전원생활이 더 어울리고, 사무실보다는 자유로운 공간에서 글쓰기, 과학적 관찰, 창조적인 작업이 더 어울린다. 또한 감정이 무척 섬세하기도 하며, 관찰력이 뛰어나며, 섬세한 오감을 갖고 있다. 녹색을 좋아하는 사람에게는 과학자, 성직자, 소설가 등이 어울리는 직업이라고 할 수 있다.

여섯 번째는 진한 남색을 선호하는 사람이다. 이러한 유형의 사람은 지적이면서도 감정이 풍부하고, 자신에 대한 믿음이 강한 편이다. 남을 배려하며 타인에 대한 책임감이 강하기 때문에 스스로 결정하고 다른 사람에게 통보하거나 지도하기를 좋아하는 유형이다. 이런 유의 사람들은 시끄러운 것을 싫어하며, 주위 사람들이 관심과 애정을 가지고 자신을 봐주기를 바란다. 교사, 교수, 의사 등의 지적 직업이 어울리며, 독서, 음악감상과 같은 활동에 많은 시간을 보낸다. 그러나 이런 사람은 독단과 독선, 또는 자기 우월감에 빠지기 쉽기 때문에 주위의 충고를 귀담아 듣도록 눈과 귀를 열어두어야 한다.

일곱 번째는 흰색을 선호하는 사람이다. 흰색은 깨끗함 때문에 선비의 색이라 불리기도 하는데, 그만큼 고고한 색이기는 하나 외롭고 고독한 이미지를 준다. 이런 유형의 사람은 균형감각이 뛰어나 한쪽으로 치우치지 않는 중용의 미덕을 발휘한다. 그러다보니 다소 개인적이며 고독한 경우가 많은데, 생활에서도 복잡한 것을 싫어해서 단순하고 변화가 심하지 않는 일상을 좋아한다. 말하기보다는 들어주는 것을 좋아하기 때문에 상담원이나 법관, 또는 변호사와 같은 직업에 잘 어울린다. 흰색은 상대방에게 호감을 주는 스타일이어서 중요한 자리나 다른 사람에게 편안함을 주어야 하는 장소에서 무난하게 입을 수 있다. 그러나 때로는 우유부단하게 느껴질 수 있으며, 차가운 이미지를 형성하기도 한다는 점을 명심해야 한다.

여덟 번째는 검정색을 선호하는 사람이다. 의지가 강하여 자기 의견을 관철시키기 위해 고집스럽게 밀어붙이는 스타일이지만, 한편으로는 인내력과 자제력도 강한 유형이다. 자신감이 부족하거나 무엇인가에 쫓기는 사람들이 선호하는 색이며, 권위를 강조하기 위해 즐겨 입는 옷 색이기도 하다. 역사적으로 독재자들이 좋아했던 색이기도 했다. 검은색은 통일성을 명확하게 드러내기 때문에 조직의 단결을 내세우기 위한 유니폼에 많이 쓰이며, 다른 사람을 제압하고 권위를 높이기 위해서도 쓰인다. 따라서 공무원, 사무직, 은행원 등이 즐겨 입는 옷에 쓰이는 색깔이다. 때로는 건방져 보이거나 지나치게 독선적인 느낌을 주기 때문에 검은색 옷은 적절한 고려가 필요하다.

중간색이라 할 수 있는 회색을 선호하는 사람도 있다. 이 색은 흰색과 검은색의 중간 색이기 때문에 안정감을 준다. 지나치지도 부족하지도 않는 중간적 이미지가 강하여 사려 깊고 철학적 성향이 강한 이들에게서 많이 볼 수 있는 색이다. 이 색을 좋아하는 이들은 이런 단점을 메우기 위해 부수적 옷이나 액세서리의 색으로 보완하려는 경향이 강하다. 그런 이유 때문에 주로 밝은 색 셔츠나 넥타이, 또는 블라우스 등을 입는 것이다. 법조인이나 영업사원 등 다른 사람에게 안정감을 줄 필요가 있는 직군에 어울리는 색이라 할 수 있다.

색깔로 나타나는 사람의 성격과 유형은 때와 장소에 따라 다소 변화가 있다. 특히 직업군에 따라 옷의 색깔이 결정되는 경우가 많은데, 예를 들면 권위적인 색은 검은색, 진한 남색 등의 어두운 색이기 때문에 정치인, 공무원, 회사 사장이나 중역들이 이런 색 옷을 자주 입는다. 파시즘 시대 군부대의 제복이 검은색이었던 사실이 이를 반증해 준다. 이에 반해 중간층이나 일반 사무직은 회색, 청색, 또는 브라운 계열의 옷을 주로 입는데, 이는 덜 권위적인 분위기와 함께 직무에 대한 정결함과 공정함 등을 드러내기 위해서이다.

노동자를 지칭하는 블루 칼라는 그들의 작업복 색깔을 나타내는 것이고, 일반 사무직을 지칭하는 화이트 칼라는 그들이 입는 흰 와이셔츠를 암시한다. 또 판사의 법복은 권위를 상징하는 검은색이 주류이며, 원색이나 화려한 색깔의 옷을 입는 사람을 연예인이나 예술가로 추정하는 것은 그러한 색이 가지는 직업에 대한 고정관념이 강하기 때문이다. 색에 대한 이런 고정 관념은 오래 전부터 있어 왔지만, 특히 1960년대, 70년대에 더욱 확산되었다.

빨간색에 대한 국가적 알레르기 반응은 말할 것도 없고, 유신체제 아래 정해진 규칙과 질서에서 벗어나는 것을 반체제로 이야기하던 시대였다. 사회의 전체적인 분위기도 자유롭고 밝은 이미지의 색깔보다는 어둡고 칙칙한 색들이 대부분의 제품에 쓰였다. 회색 시멘트 건물이 주를 이루고, 천편일률적인 아파트, 초가지붕을 대체한 슬레이트 역시 있는 그대로의 우리와는 전혀 어울리지 않는 시대였다. 그런 흐름이 새롭게 대두되었던 때는 1980년대 중반에 들어서였다.

아시안게임과 올림픽이라는 세계적 이벤트의 유치도 있었겠지만, 가장 중요한 요인은 자유화와 민주화의 역사적 흐름이었다. 좀 더 자유롭고 편안한 상태에서 상대성과 다양성을 인정하는 사회 분위기는 패션 영역뿐만 아니라 가전제품이나 주거와 관련된 색깔까지도 다양하고 밝게 하였다. 금색, 은색, 분홍색, 오렌지색, 자주색, 보라색 등이 주요 패션 색으로 등장한 것도 이런 분위기와 무관하지 않았다.

이런 분위기 때문이었을까. 오랫동안 고착되었던 녹색 군복의 문양과 색조에 변화가 있었고, 업종에 따라 사무실에서도 자유 복장이 허용되었으며, 양복, 원피스, 투피스 등으로 고정되어 있던 정장 형태와 색상도 다양해졌다. 색과 디자인에서 고정 관념을 가졌던 기성세대와, 기존과는 다른 색이나 문양, 디자인 등에 익숙하기 시작한 젊은 세대간에 충돌이 일어났다. 가정뿐만 아니라 학교와 사회 모든 곳에서 많이 들을 수 있었던 말은 '세대 차이' 였다.

교복 자율화의 혜택을 받은 젊은 세대와, 개인보다는 집단의 소속감이 강했던 기성세대의 갈등은 사회발전의 불가피한 과정이었다. X세대가 등장하기 시작한 것도 이 시기였고, 이후 끊임없이 세대와 세대, 계층과 계층의 구분이 시작되었다. 기성세대와 젊은 세대는 색에 대한 이미지도 다르게 받아들였다. 기성세대에게 점잖고 위엄 있는 색으로 인정되던 검은색이 젊은 세대에게는 날씬해 보이거나 파티와 같은 격조 높은 곳에 입고갈 옷의 색으로 받아들여졌다. 패션의 격세지감과 동상이몽 시대가 열린 것이다.

2002년의 붉은색은 다른 의미를 부여했다. 한국사회는 그 동안 '붉은색=빨갱이'로 받아들였다. 그런데 축구를 통해 기성세대의 빨간색과 새로운 세대의 빨간색이 하나 된 의미로 쓰였다는 사실은 재미있는 현상이었다. 일부에서는 '대중 파시즘'이니 '대중의 전체주의적 성향의 상징'이라고 하기도 했고, 반대로 자발적인 국민의 힘을 보여준 사건으로 보고 IMF 위기로부터 탈출의 상징으로 이야기하기도 했다. 그런데 패션의 시각에서 보면 사회학적 의미보다는 색조로서의 빨강이 갖는 의미에 더욱 주목할 필요가 있다. 구시대의 레드 콤플렉스를 신세대의 이미지로 엮어내었던 '붉은악마' 사건을 통해 현재 우리 사회의 실상을 정확하게 짚어낼 수 있었고, 그것을 넘어서지 못하면 더 나은 미래의 한국이 어려울 수도 있다는 것을 다시 한 번 깨닫게 해주었다.

동원문화와 집단문화에 여전히 매몰되어 있는, 한편으로는 불꽃같이 일었다가 이내 수그러들고 마는 21세기형 냄비근성 역시 국민 속에 잠재하고 있다는 것을 알 수 있었다. 사회현상을 대중적으로 조직화하고 이슈화시키는 방식에서 여전히 현상적 이고 외부지향적인 특징이 국민 대다수에 고스란히 잠재해 있다 는 것을 일깨워준 사건으로 볼 수 있는 것이다. 여기에 자본주의 적 상업성과 국가의 부추김 역시 빼놓을 수 없다. 그나마 패션적 측면에서 큰 위로가 되었다면, 더 이상 색깔이 이데올로기나 외 부의 강제적 힘에 의해 주어지는 것이 아니라는 사실을 확인하였 다는데 있다.

20세기 마지막 몇 년 동안 건국 이래 가장 힘들고 어려운 상 황을 보낸 우리에게 신자유주의의 상징이 되어 버린 IMF가 낯설 지 않은 것은 어제 오늘의 일이 아니다. 'IMF시대'라고 불렸던 이 시기는 여러 의미에서 한국사회에 분수령이 되었다. '개발' 과 '성장'이 '세계화'와 '외국자본' 앞에 존재조차 희미해지는 충격이 왔다. 노숙자가 넘쳐나고, '금 모으기 운동'이 일어나기 도 했으며, 경제 위기의 따른 여러가지 사회현상이 벌어졌던 시 기였다.

패션에서도 양극화가 분명하게 진행되었다. '돈'을 상징하거 나 '부'를 나타내는 색과 디자인, 그리고 썰렁한 경제 분위기를 반영한 옷들이 유행했다. 황금색이 유행하고, 미니스커트와 짧 은 드레스가 유행 아이템이었던 것은 우연이 아니었다. 그렇게 위기와 물질만능을 대표하는 색이 한국사회의 주류 색으로 자리 잡으면서 이전과는 다른 사회로 들어섰다. 고정 관념과 이미지 는 자본의 위력 앞에 여지없이 무너졌다. 백색가전, 파스텔 색가

전, 블랙가전, 와인색, 무지개 색 등등과 같은 색들은 기존에 이 야기되던 것들과는 전혀 다른 의미와 상징을 나타냈다.

까만색 콜라만을 알았던 이들에게 노란색 콜라가 선보이거 나, 빨강, 파랑, 형광빛으로 치장한 음료수 등이 시장에서 유행 할 수 있는 여건을 만들어주었다. 칼라 호빵, 초록색 맥주, 빨간 색 핸드폰, 자주색과 와인색 냉장고에서 보듯 블루, 브라운, 실 버 등이 제품의 주요 색조로 등장하여 인기를 누렸다. 금모래색, 하늘색, 연한 바닷물색 등 희한하고 야릇한 색상의 자동차가 인 기를 끌고 있는 것도 21세기의 새로운 색조 현상이다.

이러한 현상의 이면에는 여러 가지 이유가 있을 수 있다. 가 장 많이 지적되는 것은 기성세대와는 다른 젊은 세대들의 독특 하고 튀고 싶어 하는 자기정체성을 색이나 특이한 디자인으로 표출하고 있다는 것이다. 또한 조화보다는 부조화로써 틀에 박 힌 고정관념을 깨트려 다양하고 극대화된 자기화를 추구하려는 미래지향적 성격이 서서히 드러나고 있다는 것이다. 이에는 인 터넷을 비롯한 첨단 과학기술이 발달하면서 자기만의 세상, 자 기가 꿈꾸는 세상을 실제로 구현할 수 있다는 사회적 배경도 한 역할을 했다.

이제는 눈에 가장 먼저 들어오는 색에 제품을 맞추어 가는 현 상이 발생한다. 기존의 패션 주기—화장품 색조와 어울리는 옷, 그리고 신변잡화, 생활용품, 인테리어에서 다시 자동차 등으 로 옮겨가던 패턴—에서 동시다발적인 변화와 유행이 일어나 고 있는 것이다. 파스텔 색조의 자동차나 오렌지색, 무지개색,

또는 누드색이라고 하는 투명한 색깔을 입힌 가전제품들은 바로 이런 패턴의 전형일 것이다.

　기존의 패션과 다른 유형은 여러 가지로 해석할 수 있다. 색깔이 단순히 인간 환경의 부속물로서 조건에 의해 발생하는 부차적 요소가 아니라, 인간의 삶과 환경에 영향을 주며 그 시대의 문화 코드와 방향까지도 결정하기에 이르렀다는 것을 의미한다. 이제는 색깔이 인간 의식의 단순한 반영이 아니라 색깔을 통해 인간의 의식까지 바꾸어버리는 그런 시대가 되었다.

03

전체주의 패션 :
붉은 악마와
집단주의

　2002년　한일　월드컵은 여러모로 한국사회를 다시 돌아보게 하는 계기가 되었다. 패션(fashion)과 패션(passion)을 구분하고 그 한계가 어떤 것인가를 분명하게 가르쳐준 일대 이벤트였다. 2002년 한일 월드컵을 어떻게 볼 것인가를 두고 여전히 논란의 여지를 남겨두고 있지만, 이 시기 한국 사회에 불었던 '붉은 악마'의 집단화 패션은 우리 사회에 성찰의 기회를 제공했다.

　일제 이후에도 한국 사회에는 유니폼과 교복을 통해 집단화와 조직을 중시하고 통일성을 강조하는 패션의 흐름이 이어지고 있었다. 그러한 흐름이 일순간 또 다른 유행으로 바뀔 수 있다는 것을 월드컵에서 분명히 확인할 수 있었다. 팀으로 경쟁하는 운동경기나 단체로 순위를 가리는 대회에서 소속원의 정체성을 표시하기 위해 필요한 유니폼은 경기와 대회의 한정된 여건에서만 유용할 수 있다.

그러나 이것이 일상화되어 집단적 패션으로 나타날 때에는 의미가 다를 수밖에 없다. 예를 들어 교복이 주는 패션의 의미는 통일성과 집단성으로 동질감과 소속감을 갖게 하여 사회적 역할을 구속하고자 하는 의도를 갖고 있기 때문에, 학교라는 공간 밖에서 교복을 착용하는 것은 부자연스럽다. 직장의 유니폼이 출퇴근용으로 사용되거나, 혹은 공무원들이 주로 입었던 점퍼가 주는 규율성도 바로 그런 점에서 일상에서 입었을 때 개성이나 존재에 잘못된 평가를 하게 하는 것이다.

　　그렇다면 2002년 월드컵에서 보여준 붉은 악마의 통일된 복장과 집단성을 어떻게 해석해야 할까? 대중 파시즘의 전조 또는 대중 파시즘의 여러 현상의 하나로 해석해야 하는 것인지, 아니면 그저 스포츠를 통한 국민들의 억압된 감정의 폭발, 약자로서 서구 열강의 틈바구니에서 기침 한번 제대로 못하던 역사적 굴레에서 벗어날 수 있었던 자신감과 해방의 표현으로 해석해야 하는 것인지, 그 분명한 해답을 제시하기는 쉽지 않다.

　　그러나 한 가지 분명한 점은 어느 방향에서 해석하더라도 통일성과 집단성을 하나의 패션이라고 단정하기는 너무 이질적이라는 것이다. 21세기에 들어선 지금 붉은 악마를 패션의 한 양상으로 설명하기에는 너무나 부족한 점이 많다. 붉은 악마의 유니폼은 대중이 군집성을 과시하고 통일감을 배가시킴으로써 상대방에게 위압감을 주는 동시에 '우리'라는 일체감을 형성하려는 의도를 담고 있다.

　　패션의 기본 요소인 모방에 의한 자발적 추종과 붉은 유니폼이 갖는 개성과는 아무런 연관이 없기 때문에, 붉은 악마를 사회적 현상으로 해석할 수는 있지만 패션의 사회적 현상으로 설명하기에는 부족한 점이 많다. 결국 붉은 악마 현상은 한국사회에 내재되어 있는 대중의 욕구가 집단화로 나타난 양상이며, 이는 일제 이후 '동원'이라는 방식에 익숙해 있던 대중들에게 자발이라는 외피를 통해 나타난 사회 현상으로 진단할 수 있을 것이다. 다시 말해 자발을 내세운 '동원' 형식의 집단주의 현상으로 해석하고 싶다.

그렇다면 자발적 '동원'이 갖는 사회적 의미는 무엇일까? 자발적 추종이나 모방과는 다른 '동원'이라는 개념은 수동적 강제적 측면이 강하고, 항상 전체라든지 집회와 같은 형식을 집단화의 수단으로 이용하는 경우가 많다. 이미 어렸을 때부터 각종 행사나 모임에 동원되었고, 그러한 일상화 속에서 국민들에게 동원은 그냥 그런 늘 있는 행사 참여의 일환이었다. 알게 모르게 몸에 밴 동원 감각은 이렇게 부지불식간에 형성되었던 것이다.

다만 시대가 바뀌면서, 강제적 규율과 동원이 사라지면서 모임과 행사에 자발적으로 참여한다고 믿고 싶은 것이다. 곧 어느 날 갑자기 규율이 없어진 공간에 자발적으로 다른 이들과 함께하는 이벤트를 만들고 있다고 믿고 싶은 것이다. 그러나 그것은 자발이라고 믿고 싶은 바램일 뿐이다. 언제든 동원되었던 일상의 경험이 스포츠를 통해 다시 한 번 확인된 것이었을 뿐, 대중성이나 단순 모방, 혹은 개성이 드러나는 그 어떤 요소도 가지고 있지 않았다.

오히려 최근의 새로운 사회적 현상은 패션의 새로운 모습들로 여길 수 있다. 붉은 악마로부터 영감을 얻어 출발한 것이기는 하지만, 스포츠의 일상화가 하나의 패션 흐름으로 표출되고 있다. 그 하나는 트레이닝복의 일상화이다. 유니폼은 아니지만, 간단하고 편리한 트레이닝복이나 운동복이 외출복의 한 형태로 당당히 자리 잡고 있다.

대중가수들이 시작한 이 패션은 많은 사람들이 편리함과 경제적 이유 때문에 상당한 인기를 지속했다. 이와 같은 유형의 패션은 몇 가지 측면에서 사회 변화의 측면을 읽을 수 있다. 하나는 패션이 경제 상황과 결합될 수 있다는 점이다. IMF 이후 많은 사람들이 경제적으로 어려운 상황에 처하면서 일상에서의 간편함이 하나의 패턴으로 굳어지게 되었다. 운동복이나 트레이닝복이 등장하게 된 배경도 이와 무관하지 않은 것이다. 단순함과 간편함, 그리고 경제성까지 갖춘 운동복 패션은 그런 측면에서 현재의 상황을 그대로 반영한 것이다.

경기가 좋아지면 화려하고 비싼 옷이 만들어지고, 화려한 문양들이 이용된다거나, 비싼 원단이 등장하고 옷감을 풍성하게 사용한다는 사실은 잘 알려져 있다. 반대로 불경기에는 천을 아껴 쓰고, 어두운 색이나 단조로운 문양들이 이용된다. 그런데 운동복이나 트레이닝복이 일상에서 패션의 한 형태로 지속되는 것은 현재의 경제상황과 밀접한 관계가 있는 것이다. 힘들고 어려운 경제 상황에도 불구하고 열심히 뛰어 보겠다는 의미도 있고, 그렇게 하기 위한 활동성의 상징일 수도 있으며, 매일 매일 옷을 갈아입을 필요가 없는 점 등 운동복 패션이 갖는 장점인 것이다.

두 번째는, 패션은 일상의 하찮은 것으로부터 언제든지 유행을 창출할 수 있다는 점이다. 이전까지 패션은 디자이너, 또는 패션 기획자들이 디자인과 문양, 색 등을 결정하여 유행을 창출하였지만, 운동복 패션은 일상이 하나의 유행으로 재창조된 것이다. 그런 점에서 이런 경향은 미래의 패션이 어디에서 나올지를 예상할 수 없게 만들었다. 일상 속에서 언제든지, 또 어떤 것이라도 패션과 유행이 될 수 있다는 점은 디자이너나 패션기획가들만이 패션을 창조하는 것은 아니라는 것을 예상케 해주고 있다.

이런 경향은 산행 패션을 통해서도 증명되고 있다. IMF 이후 증대하기 시작한 조기 퇴직과 장년 실업인구는 산행을 일상으로 만들어 놓았다. 주말에나 볼 수 있었던 등산객들이 이제는 아침부터 배낭을 메고 삼삼오오 다니는 것을 어렵지 않게 볼 수 있다. 자연 그들의 등산복 차림이나 산행 장구들이 패션 시장에서 주요 아이템이자 유행을 만들어 내는 분야로 인식되었고, 실제 이러한 분위기는 등산복과 산행장비들을 전문적으로 판매하는 가게나 코너들이 증가하였다.

한때 아침 저녁 달리기 운동이 국민 스포츠로 각광받았지만, 오염이 심한 도시에서 아침에 달리는 것은 좋지 않다는 의견이 나오면서 조깅 인구는 많이 줄어들었다. 그러나 등산 인구는 계속해서 증가하고 있으며, 조기 퇴직과 실업의 문제 등이 해결된다고 하더라도 장년층과 40대 이상 여성들을 중심으로 산행을 즐기는 이들은 변하지 않고 증가할 것이다. 이러한 추세는 산행 패션의 일상화와 지속성을 보일 것이고, 이는 일상에서의 또 다른 패션과 유행의 흐름을 만들어 낼 것이다.

이렇게 일상적 패션과 대중 차원에서 확산되고 있는 서민적 패션이 지속적으로 선보이면서 많은 이들에게 사랑을 받고 있다. 그런데 이와 같은 흐름 속에서도 우리 사회의 왜곡된 변화의 모습도 나타나고 있다. 패션의 양극화 문제나 어린이들에게까지 번진 명품 열풍으로 치장된 허영의 패션 등은 우리 사회의 천민 자본주의적 문제를 그대로 보여주는 사례라 하겠다.

가진 자들의 패션 행태를 무조건 비난할 수만은 없겠지만, 한 사회의 구성원으로서 대한민국이라는 땅에 살고 있는 이들이라면 가져야할 최소한의 윤리를 저버린 채 자신만의 욕망에 갇혀 위화감을 조성하는 패션 행태는 절제가 필요한 부분이다. 수 천만원 하는 옷 한 벌을 주저하지 않고 사들이거나, 일반인은 만져 볼 수도 없는 고가의 보석들을 아무런 생각 없이 구입하는 행태는 어려운 환경에서도 묵묵히 일하는 이들에게 좌절감만을 부추길 뿐이다.

그런 부자들은 대부분 부동산이나 주식과 같은 투기성 자산을 통해 부를 형성했기 때문에 대중도 항상 그런 요행과 투기로써 부자가 되고 싶어 하는 욕망을 드러내게 되는 것이다. 그렇기 때문에 서민과 중산층 역시 부동산 투기에 목숨을 걸게 된다. 그러한 과정으로 부자가 된 이들이 할 수 있는 패션은 그저 돈으로 해결할 수 있는 것들이고, 개성이나 품위가 결여된 마구잡이식

사치성 패션인 것이다.

또 이와 같은 과정을 통해 부자가 된 이들은 자기의 부를 자연스럽게 자식들에게 이어준다. 돈으로 무엇이든 할 수 있다는 부모는 자기 아이가 특별하다는 생각을 가지게 되고, 그런 아이를 위해서는 무엇이든 최고급으로 해주겠다는 생각을 갖게 된다. 그래서 아이들에게 명품이라는 허영심을 길러주게 되고, 아이들은 자라면서 사회의 책임있는 구성원으로 교육을 받는 것이 아니라, 비뚤어진 우월의식에 사로잡힌 엘리트로 자라게 되는 것이다.

요즘 심심치 않게 등장하는 수 천 만 원짜리 생일파티나 돌 행사들을 보면, 어른들의 비뚤어진 욕망이 아이들에게 그대로 전달되고 있다. 아기가 타는 유모차가 수 백 만원에 이르고, 이것이 하나의 유행처럼 번졌다는 것은 어른들의 비뚤어진 욕망을 고스란히 반영하는 사례이다. 이런 아이들은 어른 못지않은 명품 열풍에 휩싸여서, 부모가 사주는 한 벌에 수 백 만원하는 옷과 패션 제품을 그대로 입는다. 돈의 가치를 잘 알지 못하는 아이들에게 이런 행태가 전달되는 것은 어른이 되었을 때 큰 문제가 될 수 있고, 가치판단의 기준이 돈이나 경제력이 될 수 있는 사람으로 자랄 수 있다.

이런 흐름 속에서 결국 아이들은 이기적이 될 수밖에 없고, 사회에 대한 의무나 봉사에 대해서는 아무 의식도 없이 성장하게 된다. 이런 배경에서는 건전하고 의미 있는 패션이 태어날 가능성은 전혀 없는 것이다.

04

웰빙
바람과
건강한 패션

　세 대 차 이 가　　대 부 분 의　나라와 시대에서 항상 이슈
가 되는 이유는 세대마다 독특한 행동양식과 문화적 성향을 갖
고 있기 때문이다. 기성세대와 다른 새로운 세대를 부르는 이름
은 시대 상황을 반영하기도 하고, 삶과 문화적 양상을 상징적으
로 표현하기도 한다. 그 동안 한국 사회에서도 여러 세대가 기존
의 세대와는 다른 이름으로 불려졌다.

　과거 독재와 반독재의 민주화 운동이 사회를 지배하고 있던
시기에는 4 · 19 세대라든지 민청학련 세대, 80년대 학생운동을
통해 성장한 386 세대 등이 있었다. 이들이 갖는 특징은 민주화
운동이나 정치적 사건을 배경으로 한다는 점이었다. 곧 이들은
독재와 권위주의 시대를 배경으로 민주주의의 구현이라는 뚜렷
한 정치적 목적의식을 가졌던 세대이다.

　그러나 이들 세대는 1987년 민주화 운동 이후에는 구심점을
잃어버렸고, 이후의 세대 구분은 정치적 기준에서 벗어나 문화

적이면서 삶의 양상이 기준이 되는 시대로 돌입하였다. 이 변화의 계기는 민주화 운동 이후 세대들이 절차적이고 외형적인 민주주의의 성공이 곧 민주주의의 내용까지도 담보하는 것으로 믿어, 더 이상 민주주의적 가치들에 관심을 보이기보다는 개인 중심으로 삶의 질을 향상시키는데 더 우선하게 되었기 때문이었다.

이들이 바로 X세대였다. 이들은 정치적 성향과 입장으로 동질감을 갖기보다는 의식과 행동에서 기존 세대와는 확연히 달랐다. 이후에는 계속하여 의식과 행동에 의해 세대를 구분하게 되었고, N세대, P세대 등도 바로 그런 세대였다. 그런데 이와 같은 세대 개념이 생활양식과 관련을 맺으면서 새롭게 등장한 것이 '신인류' 라는 개념이다.

지금까지 알려진 생활양식과는 다른 식으로 삶을 영위하는 이들을 그 동질성을 기준으로 묶어 부르는 명칭이 생겨났다. 이러한 현상은 풍요와 여유를 통해 삶의 질을 중시하게 되면서 생겨난 문화인류학적 현상이라 볼 수 있다. 흔히 이야기되는 웰빙과 관련이 깊고 'OO족' 이라고 부르는 사람들이 바로 신인류에 속하는 이들이다.

신인류의 유형은 꽤 많다. 부를 바탕으로 개인주의적 추구를 특성으로 하는 신인류는 코쿤족, 보보스족, 딩크족, 듀크족, 딩펫족, 론족, 통크족, 플라워족, 얼리 어댑터족, 지름족, 키덜트족, 타이거족 등이 있다.

명품을 밝힌다고 해서 '명품족' 으로 불리던 이들이나, 결혼했지만 처녀와 같은 옷차림과 외모를 지녔다고 해서 불렸던 '미시족' 같은 정도만 알고 있었던 이들에게 이들 다양한 부류들은 신기함과 호기심, 당혹스러움 자체였다. 웰빙을 추구한다고 해서 '웰빙족' 정도로 불렸던 이들이 다양한 사람들과 같이 생활 패턴으로 분류된다는 것이 믿기지 않을 정도이다.

웰빙족 부류의 하나가 '보보스족'이다. '보보스'는 부르주아(Bourgeois)라는 귀족적 이미지와 보헤미안(Bohemian)이라는 자유로움을 즐기는 사람의 개념이 합성되어 만들어진 용어이다. 다시 말해 경제적 부를 어느 정도 소유한 이들이 개방적이고 자유로운 생황 패턴으로 살아간다고 해서 붙여진 이름이다. 주로 전문직 종사자들로 일정 수준의 고소득을 유지하면서 자유스럽게 하고 싶은 일이나 취미생활을 하면서 사는 사람들이다. 이들은 주로 아르마니나 프라다를 걸치고, 에포스나 불로바, 벨 엔로스 파일과 같은 고가의 스위스 수제 시계를 찬다. 드러나지는 않지만 고가의 구두를 신으며, 외제차를 주로 몰고 다닌다.

다음은 '코쿤족'이다. 누에고치에서 유래한 용어로, 이전에는 '나홀로족'이라고도 불렀다. 코쿤족은 집과 차, 사이버 공간 등 자신만의 세계에 갇혀 지내길 좋아하고, 그 세계 안에서 모든 것을 해결한다. 미국의 마케팅 전문가 페이스 팝콘은 "불확실한 사회에서 단절되어 보호받고 싶은 욕망을 해소하는 공간"을 뜻하는 말로 코쿤을 정의하기도 했다. 그래서 요즘 이야기되는 나홀로족, 마이홈족, 귀차니스트, 폐인족, 방콕족 등도 이와 같은 유형의 이들로 분류한다. 코쿤족의 특징은 외부가 아니라 자신이 만든 공간에서 편리함과 즐거움을 찾는다. 자가용에 특수 오디오를 장착하여 음악을 감상하면서 드라이브를 즐긴다든가, 집에 음악 감상실 수준의 기기를 구비하고 음악을 즐긴다거나, 방에 앉아 컴퓨터로 세상과 교감한다.

코쿤족은 안정된 수입원을 갖고 있으며, 업무능력이 뛰어난 편이고, 외부 자극에 대해서도 확실한 해결책을 가지고 있다. 그러나 한국의 코쿤족은 인터넷게임방, 비디오방, 인터넷 통신이나 홈쇼핑 등 통신판매업과, 식문화까지 해결하는 음식배달업과 만나면서 더 부정적 모습을 보이고 있다.

코쿤족이나 보보스족이 등장하게 된 것은 1인 세대의 증가와 인터넷의 보편화라는 사회적 변화에 따라 등장한 젊은 층의 생활방식 때문이었다. 이들은 남에게 간섭받기 싫어하고 자기식대로 쿨하게 살기를 원한다. 삶의 가치 기준이 '남'이 아닌 '나'라는 것이 이들의 공통점이다.

'딩크족'도 사회변화의 부산물로 등장한 부류이다. 기존의 핵가족제—보통 부부와 한 두 명의 아이들로 구성된—의 틀을 깨는 새로운 가족 양상이 등장하고 있다. 딩크족은 아이 없이 맞벌이를 원하는 부부(DINK-Double Income No Kid의 준말)'를 일컫는 영어의 준말이다. 부부 둘만의 행복과 가치가 가장 중요하다고 여기는데, 요즘 젊은 부부들에게서 볼 수 있는 행태이다. 같은 조건의 젊은 부부라도 정반대의 삶을 살고자 하는 이들도 있다. 넉넉하고 안정된 환경을 바탕으로 하나나 둘인 아이의 양육에 큰 가치를 부여하는 '듀크족'(DEWK-Dual Employed with Kids의 준말)이 그들이다.

그런가 하면 양육비용이 만만치 않고 부부의 생활을 가끔 귀찮게 하며, 때로는 부담스럽기까지 한 자녀를 대신해서 애완동물을 키우며 사는 '딩펫족'(DINK, 딩크족+pet 애완동물)도 있다. 딩크족과 애완동물이라는 뜻의 pet를 결합한 이 부류의 사람들은 자기들의 의지대로 살아주는 애완동물에 만족하는 생활방식을 선호하는 것이다. '론족'은 한 발 더 나아가 애완동물을 가족의 일원처럼 생각하여, 애완동물에게 가족 이상으로 투자하고 애정을 쏟는 부류이다.

젊은이들에게서 흔히 볼 수 있는 앞의 부류들에 비해 '통크족'은 장년이나 노년층에서 볼 수 있는 유형이다. 헌신적이고 대가없는 사랑으로 자식을 위해 희생하고 손자를 위해 봉사해야 했던 노인들의 전통적 가치관이 바뀌는 과정에서 발생한 부류이다. 나이 든 부부끼리 여생을 멋지게 보내고자 하는 의미로 통크족(TONK-two only no kids의 준말)이 등장했다. 이들은 마음만은 여전히 청춘을 간직하여 서로 사랑하고 즐기면서 살아가는 유형이라고 할 수 있다.

보다 품격 높고 격조 있는 명품 인생을 지향하는 이들이 '플라워족'이다. 이들은 삶의 여유와 아름다움을 추구하며, 단순히 비싸고 좋은 것만을 사들이는 기존의 '명품족'과도 구분된다는 면에서 요즘 새로이 각광받고 있다. 이들은 해외에서의 연수나 거주 경험 등이 있는 20, 30대의 여성들로부터 시작되었다. 플라워족은 자연스러움과 웰빙을 동시에 지향한다는 점에서 고가품만을 선호하는 기존의 명품족과 뚜렷이 구분되는데, 이들은 웰빙에 어울리는 다양한 취미와 생활 패턴을 유지한다. 꽃꽂이, 과자·빵 굽기, 퀼트, 비즈공예, 뜨개질 등을 배우며 섬세한 안목을 자랑하거나, 손수 만들어낸 음식과 물건을 주위 사람에게 나눠주는 것으로 자신을 표현하는 것이 두드러진 특징이라 할 수 있다.

20~30대 여성의 새로운 풍속이 플라워족으로 대표된다면, 동년배 남성에게 나타나는 양상이 '얼리어댑터족'이다. 이들은 전자나 IT 신제품을 가능한 빨리 구매하면서 만족을 느낀다. 이들은 대개 경제적 여유를 배경으로 한 전자제품 마니아들이며, 현대문명의 특성인 테크놀로지에 큰 관심을 갖는다.

얼리어댑터족과 비슷한 유형으로 '지름족'이 있다. '지름족'은 신제품에 대한 구매욕구에서 얼리어댑터족과 비슷하지만, 얼리어댑터족에 비해 경제력이 탄탄치 않다는 점이 다르다. 그러나 구매욕구를 느끼면 돈이 뒷받침되지 않더라도 일단 '지르고(행동하고)' 본다. 지름족이란 그래서 붙여진 이름이고, 주로 10대, 20대에게서 볼 수 있다. 지름족은 경제력이 없기 때문에 소비의 선택과 집중을 전략적으로 구사한다는 특징이 있으며, 얼리어댑터족과 함께 '포스트 디지털 세대(PDG)'를 대표하는 부류라 할 수 있다.

이외에도 성인이면서도 어린이의 취향과 문화를 더 선호하는 부류를 일러 '키덜트족'이라고 부른다. 이들은 어린이들이 주로 관심을 갖는 팬시, 인형, 장난감 등에 소비를 집중하면서 아이들의 행동과 옷차림을 선호하고, 먹거리와 놀이 문화도 아동적 취향을 갖는 부류이다.

사회의 다변화에 덧붙여 한 가지 더 이야기할 수 있는 부류는 '타이거족'이다. 남성들의 활동영역이 갈수록 줄어드는 대신 여성들의 활동은 증가하고 있다. 여성의 경제적 지위와 능력도 눈에 띄게 상승하였다. 경제력과 사회적 지위의 이러한 변화는 전통적으로 남성이 여성을 선택하던 방식을 바꾸어 놓았다. 여성이 원하는 이혼이 늘어나고, 애인이나 남자친구를 여성 스스로 선택하는 경향이 증대하였다. 성생활 때도 남성 파트너를 여성이 고르는 경우가 있는데, '타이거족'이란 바로 그런 부류의 여성들이다.

사회 변화는 현상과 제도의 변화뿐만 아니라 인식과 관념의 변화를 수반한다. 이러한 점에서 새롭게 등장한 '신인류'는 여러 영역에서 부수적 변화를 야기하였다. 그렇다면 신인류에게 있어 패션은 어떤 의미를 가질까? 패션과 신인류를 연결하는 키워드는 웰빙과 자기만족이다. 웰빙과 신인류는 모두 '남'보다는 '자기' 중심적인 사고를 기반으로 한다. 다른 사람의 눈을 생각하지 않으며, 자아만족과 웰빙 지향의 패션을 추구한다.

그렇다면 자아만족과 웰빙 지향이 갖는 패션은 어떤 것일까? 패션의 일반적 속성에 비추어서 신인류의 등장과 그들의 행동양식을 어떻게 보아야 할까? 또 웰빙과 패션은 어떤 관계가 있을까? 웰빙을 추구하기 때문에 패션이 발달할 것이라는 근거 없는 생각은 하지 말아야 한다. 웰빙이 패션에 도움이 될 것이라는 생각 역시 너무 앞서가는 것이다. 실제로 웰빙에서 이야기하는 '행복하게 잘 산다는 것'과 '옷을 잘 입고, 패션 감각이 있다는 것'은 어쩌면 전혀 다른 의미가 될 수도 있다.

웰빙은 다른 사람의 눈과 귀, 입을 고려하지 않은 자기만의 만족과 행복추구를 기본으로 하고 있는 반면, 패션은 자기만족 외에도 다른 사람까지 고려한다는 면에서 웰빙과는 대칭적인 개념일 수 있다. 그렇지만 현대적 상황과 조건에서 변화된 생활양식과 패션의 유형들을 놓고 보면, 웰빙이야말로 미래의 패션이 지향해야 할 방향이 적절하게 표현된 것이 아닌가 하는 생각을 한다.

앞으로 패션은 더욱 세분화되고 개인적이 될 것이고, 웰빙은 그것을 가속화시키는 요인이 될 것이다. 패션은 당분간 개인과 대중의 경계에 있으면서 양쪽을 넘나들며 생명력을 유지할 것이다. 개인에서 출발한 패션이 둘 이상으로 모이게 되고, 이러한 양상이 다시 공감하는 다수에게 확산되는 과정을 계속 겪을 것이다. 이 과정에서 그 결합 대중의 수가 얼마인가가 중요하게 되며, 아울러 어느 정도까지 지속할 수 있는지가 패션의 대중성과 연속성을 판단할 수 있는 관건이 될 것으로 보인다.

다만 웰빙 패션이 건강한 패션인지에 대해서는 다소 고민이 필요하다. 자기중심적이면서 다른 사람과는 차별화된 패션을 추구한다는 것은 이전의 명품족 패션과는 분명 다른 면이 있지만, 패션의 대중성과 모방성과는 유기적인 관계가 없을 뿐만 아니라, 웰빙 패션이 인간의 삶을 풍요롭게 하는 건강한 패션인가에 대해서는 생각해 볼 여지가 있다는 것이다.

웰빙의 조건이 어느 정도의 경제적 부나 시간적 여유가 뒷받침되어야 한다는 점에서는 건강한 패션이라 할 수 있겠지만, 어느 수준이 경제적 안정선인가를 설정하는 데는 어려움이 따르기 때문이다. 결국 건강한 패션이란 주어진 환경에서 최대한 여유로움과 편안함을 추구하는 것이 아닐까 한다. 궁극적으로 보면 웰빙 역시 패션의 한 표현이자 삶의 방식이기 때문에, 패션과 때로는 충돌하면서, 가끔은 협조하면서 보다 개별적이고 세분화된 형태로 나아갈 것이고, 이는 패션이 나아가고 있는 방향과도 일정 정도 일치할 것이다.

05

세대로
이야기하는
패션

기 성 세 대 와   다 른 세대를 신세대쯤으로 여겼던 어른
들에게 신세대 내에도 그렇게 많은 세대 구분이 있다는 것을 알
면 기절초풍할 것이다. 가장 먼저 등장한 신세대의 애칭이었던 X
세대를 비롯하여 N세대, P세대 등으로 불리는 세대 구분은 흔히
들었던 민주화 운동 시기 세대 구분과는 확연히 다른 모습을 보
여준다. 4·19 세대, 민청학련 세대, 386 세대 등은 주요 정치적
사건을 통해 굳어진 구분이라면 X세대나 N세대, P세대 등은 기
존 세대 구분과도 차이가 있다.

X세대는 우리나라에서 만들어 낸 세대 용어는 아니다. 캐나
다의 한 사회학자가 명명한 X세대는 정치적·사회적·문화적
지향성이나 공유하는 가치가 뚜렷했던 기존의 세대에 비해 특정
한 가치나 관습에서도 떨어져 있고, 개인주의적이면서 자신이
좋아하는 분야에 빠져 사는 젊은 세대를 통칭한다. 이들은 개인
주의적 성향이 강하고, 자신의 가치를 존중하는 면이 두드러진

다. 1961년에서 1984년 사이에 출생한 사람들이 주류이다. 캐나다의 작가 더글라스 코플랜드의 소설 『X세대(Generation X)』(1991)에서 공식적으로 이 용어를 썼다고 한다.

이들은 패션의 개성도 강하고, 남과 다르게 보이려는 욕구를 패션으로 표현하고, 동시에 동년배에 대한 귀속 성향이 강해 또래문화와 패션 경향을 그대로 따라 하는 이중적 성격도 있다.

X세대는 오랫동안 신세대의 특성을 대표하지는 못하고 곧이어 등장한 N세대에게 자리를 내주게 된다. 보통 N세대는 1977년부터 1997년 사이에 태어난 세대로, 디지털 기술과 함께 성장해서 디지털 기기를 능숙하게 다룰 줄 아는 디지털 문명 세대를 말한다. N세대의 등장은 후술하겠지만, 한국 사회의 새로운 전환을 의미한다.

이들 세대야말로 미래 세대의 특성을 고스란히 간직하고 있으며, 패션에서도 독창적인 특징을 보여주고 있다. 곧 테크노하고 개성이 넘치는 패션 스타일이다. 집단성보다는 개인의 욕망을 패션에 그대로 반영하는 특성을 갖는다. N세대는 세상에 없는 단 하나의 패션을 좋아하며, 다른 사람과 같거나 비슷한 패션 스타일에 흥미를 나타내지 않는다.

P세대는 한국의 한 광고기획사가 작명한 세대이다. 2002년 한일 월드컵을 계기로 대두된 이 세대는 이니셜 P(Participation)로 상징하는데, 월드컵이나 촛불시위에 참여한 젊은이들의 특성에서 시작되었다. 이들은 진취적이고 적극적인 성격으로 집단이나 개인의 문제로 이야기하기보다는 참여 동기가 일치하면 집단성

과 통일성까지 감수하는 적극적 특성을 갖는다. 패션 자체를 단순화시키면서도 통일적이고 집단적인 행태로 표현되는 것도 개의치 않는 특성을 보인다.

이외에도 푸른색을 뜻하는 그린(Green)과 세계화를 뜻하는 글로벌(Global)의 첫 문자 G를 이용한 G세대는 자연보호에 관심이 많으며, 적극적으로 세계를 지향하는 젊은 세대를 일컫는다. V세대 역시 2010년 이후의 젊은이들을 일컫는 말로 용감하고 (Valiant), 다양하며(Various), 생기발랄(Vivid)한 그들의 특성을 따서 붙여진 용어다. V세대는 풍요로운 유년기를 보냈고, 개성이 강하면서 자신감이 넘치는 특성이 있다. 이들은 IT기기에 익숙하며, 사이버 세상을 현실세계처럼 생각하는 세대이다.

세대 구분은 각각의 세대에 따르는 정향성, 다시 말해 그 세대만의 일반적이고 보편적인 특성이 분명히 드러나기 때문에 그 시대의 시대상으로 표현된다. 곧 세대에 따라 추구하는 패션 경향은 그 시대의 변화를 그대로 반영하는 것이며, 1990년대부터 시작된 대중문화 시대의 주체로써 사회변화를 이끄는 나침반 역할을 하고 있다. 또한 이러한 변화의 조짐은 스타라고 하는 연예인들로부터 가장 민감하게 나타나며, 이를 조직화하는 대중문화의 양상은 종합예술이라고 일컬어지는 영화 제작 과정과 비슷한 경로로 형성되고 이미지화되는 것이다. 이러한 상황에서 패션은 부수적 역할에 머무는 것이 아니라 적극적으로 문화 예술을 선도하고 있다.

최근에는 기성세대의 구분도 심심치 않게 거론되고 있다. 이를테면 386 세대나 4 · 19 세대 등을 새롭게 부르기도 한다. 고령화 사회에 들어서면서 실버세대라는 것이 등장한지 오래 되었고, 연령층에 따라 신세대를 빗대어 쉰세대나 낀세대라고 부르는 것이 그것이다.

쉰세대는 신세대도 아니고, 그렇다고 나이 든 실버세대도 아닌 어정쩡한, 보통 50대 말에서 60대 초까지를 지칭한다. 이 세대는 과거 같으면 경제력을 갖춰 사회에서 주도적인 여론 형성층이었다. 그러나 조기 퇴직이 일반화되면서 너무나 빨리 경제 주도층에서 밀려버린 세대로 전락했다. 그러다 보니 경제적 사회적으로 조로한 이들이 대부분이지만, 실제로는 의학기술의 발달과 건강에 대한 관심으로 40대 못지않은 체력과 지력을 갖춘 이들이 많고, 마음은 청춘이라고 주장하는 이들도 흔히 볼수 있다. 패션의 영역에서 쉰세대는 변화하는 패션 환경에 적응하지 못하는 뒤처진 세대라고 볼 수 있으며, 튀는 패션을 하기에는 남의 눈이 부담스럽고 스스로의 가치관에서 벗어나기 힘들어 한다. 보통 사람과는 다른 패션이 부담스러운 그런 세대이다.

그나마 쉰세대는 낀세대보다는 심적으로 훨씬 안정적이다. 낀세대는 보통 50대를 연령층으로 하는데, 전후 베이비 붐 세대(1955~63년생)와 맞붙어 있으며, 곧 쉰세대로 진입할 준비가 되어 있는 세대이다. 이들은 직장이나 사회에서 30~40대 파워에 밀려 도태되기 시작하고 있으며, 임원이나 지도층에 속해 있다는 이미지보다는 곧 퇴직하고, 40대와 60대 사이에 끼여 있는 어정쩡한 세대이다. 가정에서도 아버지의 권위로 군림하지 못하고 아내와 자식들로부터 무능한 아버지로 비쳐질까봐 노심초사하는 세대이다.

이 세대는 패션의 영역에서도 패션을 주도하지 못하고 이쪽 저쪽에 걸치는 어정쩡한 태도를 보인다. 그러나 일상에서는 등산이 중년층이 주도하는 레저가 되면서 가장 중요한 소비층으로 떠오른다. 이런 점에서 낀세대는 패션 영역에서 이중적 구조를 가진 세대로 특징지을 수 있다. 그러나 '오륙도(56세까지 일하면 도둑)'라는 말이 보여주듯 IMF 외환위기 이후 불기 시작한 '명퇴(명예퇴직)' 바람과 함께 살고 있는 연령이라는 점에서 인생의 하강기에 처한 위기의 세대이다.

2005년 6월 통계청이 전국 3만 3천가구, 만 15세 이상 가구원 7만 명을 대상으로 조사한 바에 따르면, 60세 이상 노인 중에서 16.3%만이 노후 준비를 자녀에게 의탁하고 있는 것으로 나타났다. 그런데 이 비율이 50대에선 1.5%로 뚝 떨어지지만, 40대는 0.2%, 30대는 0.06%로 거의 의미 없는 수치를 보인다. 곧 낀세대인 50대는 부모를 봉양하는 마지막 세대이자, 자식으로부터 봉양을 받지 못하는 첫 세대가 될 가능성이 높은 것이다.

한때 '동방신기'를 아느냐 모르느냐에 따라 세대를 구분하기도 했지만, 우리 사회에서의 세대 구분은 문화 코드와 행동에 따라 분명하게 나눌 수 있다. 패션에서의 스타일과 트렌드 역시 세대에 따라 그 구분이 명확하기 때문에 패션 유형을 보면 세대와 연령층을 짐작하는 것이 그리 어렵지 않다. 그러나 세대 나누기는 결코 패션의 발달이나 사회 건전성 유지에 그다지 도움이 되지 않는다. 여기에는 모든 것을 집단화하고 규격화하려는 일제 이후 고착되었던 우리의 잘못된 전통이 크게 한 몫 하고 있다.

　패션은 대중성만큼 여전히 개성에 대한 존중이 중요한 의미를 갖는다. 연령에 따른 세대 구분으로 정형화되고 획일화된 패션 트렌드나 아이템을 고정시킨다면 이는 또 다른 전체주의적 유형화의 한 모습일 뿐이다. 각각의 연령층으로 일반화시킬 수 있는 유형이 있을지라도 그것을 지나치게 강조하는 것은 패션의 자율성과 인간주의에 역행하는 것임은 두말할 필요가 없을 것이다.

06

한류 열풍과
한국적
패션

한국사회에서 **사회학적으로** 패션의 의미를 찾
는다는 것은 생각보다 어렵다. 해방 이후 짧은 기간에 이룩한 경
제적 성과나 민주화의 의미를 이해하는 것도 쉽지 않은데, 패션
이라는 변화무쌍한 개념으로 한국사회를 투영해 본다는 것이 어
찌 쉽겠는가. 그럼에도 불구하고 21세기 초를 지나고 있는 지금
한국사회에 패션의 함의가 희미하나마 살아있다고 느끼는 것은
다행일 것이다.

그렇다면 이 시대 패션을 적절하게 설명할 수 있는 것은 무엇
일까? 시대의 변화에 따라 다양한 양태로 발생하는 유행을 한국
의 패션으로 불러도 무방할까. 다만 오늘의 시점에서 어떤 것을
이야기하는 것이 바람직한가 고민해 본다면 몇 가지를 들 수 있
을 것이다. 분명한 점은 이제 더 이상 패션을 예측한다는 것은
불가능해졌다는 것이다.

방송 등 언론매체를 통해 만들어지는 패션은 자생력을 상실

한지 이미 오래되었다. 매일매일 수많은 패션이 만들어지고 사라지고 있지만, 이제는 그 기억을 되살리는 일조차 쉽지 않다. 그저 사라져 가고 있거나, 자신만의 세계 속으로 들어가 문을 닫아 버리고 있다. 패션의 온갖 유형들이 여기저기서 떠돌아다니고 있고, 누군가가 다가서기를 기다리고 있다.

이제 패션의 확실성은 더 이상 존재하지 않는 것처럼 보인다. 막연하나마 가능성 있는 패션만이 존재하는 것이 아닌가 한다. 또한 더 이상 패션을 옷과 몇몇 아이템의 유통으로 이야기하지는 않는다. 하나의 문화 현상이자 흐름으로 보는 편이 정확할 것이다. 패션에서도 문예사조적 흐름과 양상들을 감지할 수 있다는 의미이다. 낭만주의, 고전주의, 자연주의, 바로크 등등의 문예사조처럼 패션에도 문화적 흐름이 존재한다는 것이다.

그래서인지 요즘은 언론에서도 패션을 단순한 스타일만으로 이야기하지 않는다. '~류'는 바로 그런 흐름과 경향을 나타내는 표현이다. 그런 면에서 보자면 요즈음 대표적인 흐름인 '한류' 야말로 우리 시대 패션을 가장 정확하게 나타내고 있는 것은 아닌지 생각해볼 필요가 있다. 우리의 문화적 흐름을 묶어서 부르는 '한류'는 드라마, 영화, 음악 등의 예술 장르와 먹거리와 입을거리까지 담아내면서 하나의 패션으로 해석되고 있다.

한류의 시작은 1996년으로 본다. 이때 한국의 TV 드라마가 중국에 수출되기 시작했고, 중국인들이 한국 드라마를 높이 평가하면서 가요 등 한국 대중문화의 열풍이 일기 시작하였다. '한류'라는 용어는 중국에서 일고 있는 한국 대중문화의 열기를 표현하기 위해 2000년 2월 중국 언론이 쓰기 시작했다.

이러한 정황으로 보자면 21세기 들어서는 길목에서 하나의 현상으로 굳어진 한류야말로 한국사회의 패션을 대표하는 현상으로 볼 수 있다. 한류 현상을 보면서 어째서 이 시기 패션을 하나의 문화적 흐름으로 볼 수 있는가에 대한 답을 끌어 낼 수 있는 것이다. 그 동안 한국 문화는 지나칠 정도로 전통을 고집해왔다. 부채춤으로 대표되는 고전무용과 판소리, 사물놀이 등의 소리 문화가 한국적이라고 인정받았다. 그러나 한류는 좀 더 다른 각도에서 조망해야 하는 문화현상으로 다가왔고, 문화적 조류로서의 가치를 가지게 된 것이다.

의도했건 의도하지 않았건 이제 한류는 아시아를 뛰어 넘는 세계적 문화 흐름의 하나가 되고 있다. 이는 우리가 만들어 낸 아이템이지만, 우리에게서 끝난 것이 아니라 언어와 생각이 다른 세계인들이 찾고 있다는 점에서 패션이 갖는 보편성을 완벽하게 실현한 것이다. 명품에 사람들이 열광하듯 말이다. 적어도 한류를 통해 한국적인 무엇인가를 공유하고, 그것을 따라하려는 모방 의사가 있다는 사실 자체만으로 한류가 갖는 패션의 의미는 충분한 것이다.

그러한 인기는 아이템 하나에 국한된 것이 아니라 그 아이템과 관련하여 전방위적으로, 심지어 나라 이미지까지 높이게 되어 한국과 관련된 모든 것이 동시에 하나의 유행으로 받아들여지게 되었다. 이때부터 한류는 중국이나 일본에 국한되어 일어난 현상이 아니라 전아시아를 통틀어 새로운 문화현상으로 자리 잡았다.

〈겨울연가〉의 배용준, 〈별은 내 가슴에〉의 안재욱, 〈대장금〉의 이영애가 일본이나 중국의 스타로 자리 잡았다는 사실에 그치는 것이 아니라, 그들의 일거수일투족이 패션이라는 이름으로 하나의 문화적 트렌드로 자리 잡았다는 것을 의미한다. 배용준의 헤어스타일과 그가 썼던 안경, 목에 둘렀던 목도리가 새로운 것이 아니었음에도 배용준이 썼다는 사실만으로 '배용준 스타일' 혹은 '배용준 패션'으로 불리면서 일본 열도가 따라 했다. 배용준 주연의 드라마가 대중들에게 얼마나 큰 영향력을 갖고 있는가를 구체적으로 보여주는 현상이다.

배용준의 〈겨울연가〉는 여러 면에서 기존 드라마들과는 다른 흔적을 남겼다. 일본 NHK에서 방영되자 많은 일본인들이 그의 팬이 되어 배용준의 모든 것을 따라 하는 패션의 기본적 속성인 모방 열풍을 불러일으켰다. 또한 단순 모방에 그치지 않고 그와 그의 드라마와 관련한 모든 것을 느끼고 보고 듣고 해야 하는 것으로 발전하였다. 드라마의 배경이 되었던 남이섬과 주인공이었던 준상의 집이 관광명소가 되었다는 사실은 드라마의 파급효과의 위력을 여실히 보여주는 것이다.

더구나 배용준의 조국까지 일본 여성들의 마음을 움직이게 한 것은 일제 이후 청산되지 못한 한일 감정의 벽까지도 낮추는 데 기여하였다.

한류를 형성해 내는 과정은 대개 비슷했다. 경제가 풍요와 궁핍이 교차되면서 더 이상 정치적이고 사회적인 문제에 관심을 갖지 않는 사람들이 늘어났다. 특히 감각적이고 즉흥적이며 비주얼 지향적인 젊은이들은 연예계에 대한 동경과 관심이 상당했다. 젊은이들은 연예계의 주요 소비지이자 충원층으로 성장하면서 한국 대중문화의 방향을 연예계로 돌리는데 일조했다. 고급 예술은 더 이상 이들의 관심거리가 아니었고, 지향해야할 삶의 가치도 아니었다.

사람들의 관심을 유지하고 지속성을 갖게 하는데 드라마, 영화 등 영상물은 문학, 미술 등의 장르보다 훨씬 대중적이었고 파급효과가 컸다. 결국 패션을 기획하는 사람들도 파급력이 확실히 보장될 수 있는 대중문화에 기대어 패션을 창조하고 생명력을 유지하려 했다. 이는 드라마, 영화, 음악 등에서 점차 패션이 차지하는 비중이 높아가고 있다는 사실에서도 잘 알 수 있고, 실제로 최근 많은 사람들이 열광했던 드라마나 영화에서 패션 요소가 두드러졌다는 사실은 이를 증명하고 있다.

한류와 관련하여 2012년을 뜨겁게 달구었던 세계적 현상의 하나가 싸이의 〈강남스타일〉이라는 뮤직비디오이다. 싸이의 〈강남스타일〉 열풍은 단순히 한류만으로 설명할 수 없는 이상의 것을 내포하고 있다. 싸이가 뜰 수 있었던 것은 한류와 함께 보편화되기 시작한 K-POP 열풍, 그리고 미국 시장을 끊임없이 두드렸던 박진영, 원더걸스를 비롯한 많은 한국 뮤지션들의 노력도 있었다. 어찌 되었든 싸이의 〈강남스타일〉이 세계 문화계의 트렌드를 바꾸고, 한류의 방향성까지 변화시키려 한 것이 패션의 측면에서 어떤 의미를 지닐 수 있을까?

싸이의 성공에 대해 문화평론가나 음악평론가들은 두 가지 정도를 이야기한다. 하나는, 유투브라는 세계인의 공감의 장을 통해 먼저 자연스럽게 다가섰다는 점, 인위적이거나 기획된 음악으로서 다가선 것이 아니라는 점, 이로써 대중적 감성과 흥미를 먼저 이끌어 냈다는 점을 들고 있다. 이는 기존의 K-POP 가수들과는 다른 측면의 마케팅이라는 점에서 어느 정도 설득력 있는 분석이다. 두 번째는, 싸이 음악이 주는 보편성과 공감이 한국어로 불려졌음에도 불구하고 충분히 통했다는 점이다. 이는 미국 등 큰 시장 진출을 위해서는 영어 노래가 꼭 필요하다는 판단을 단번에 뒤집는 일이었다. 이외에도 싸이의 음악이 주는 단순성, 내용 전달의 평이성 등을 이야기하는 사람도 있으며, 싸이의 안무가 가사의 전달보다 훨씬 쉬워 누구나 따라할 수 있는 점 등을 꼽는다. 모두 일리가 있는 분석이다.

그러나 보다 중요한 사실은 싸이의 성공은 한류나 한국적 패션이 꼭 서구 언어나 서구의 형식과 내용을 따라하지 않아도 된다는 것을 충분하게 증명했다는 점이다. 아마 이 점은 앞으로 한류의 발전이 대형 기획사를 중심으로 이루어져야 한다는 강박관념과 불문율을 깨트리는데 상당히 공헌을 할 것이다. 곧 앞으로는 평범한 사람들 사이에서도 제 2의 싸이가 나올 수 있는 가능성이 존재한다는 것을 의미한다. 이것을 패션의 영역에 적용하여 본다면, 패션을 산업적이고 소비가 바탕이 된 경제활동의 영역으로 생각하지 않는다면, 한국의 평범한 일반인이나 패션니스트도 글로벌 수준의 패션 트렌드를 만들어 낼 수 있다는 가능성이 상존함을 예측하는 것이다. 그런 점에서 싸이의 〈강남스타일〉

은 한국 패션의 글로벌화 가능성을 입증한 문화사적 사건이라고 볼 수 있다.

지금껏 많은 드라마와 영화에서 주인공이 입었거나 장식했던 것들이 유행과 히트 상품으로 대중들에게 돌아왔다. 그것이 한반도 안에만 국한된 것이 아니라는 점은 패션의 속성이 어떤 범위로 가늠하거나 가둘 수 없는 것이라는 점을 분명하게 말해준다. 패션이 한류라는 이름으로 우리 밖 다른 이들로부터 새로운 유행으로 돌아온 현상을 통해, 우리 시대의 문화적 실체와 그 무한한 가능성을 다시 한 번 바라볼 필요가 있다.

한류를 유행의 한 자락으로 이해하는 것도 문제이지만 산업적 측면에서 문화산업의 총체로 인식하는 것도 문제가 있다. 패션의 유행이라는 측면만을 강조할 것도 아니고, 이를 계기로 한 몫 잡아보겠다는 생각도 바람직하지는 않기는 마찬가지이다. 오히려 이 기회에 한국적 패션과 그 흐름을 좀 더 완성시키고 명확히 해야 하지 않을까 하는 생각이 든다.

우리만의 인식을 정확하게 반영한 우리 식 패션을 창출하여, 패션 리더로서 문화를 이끌어 나갈 수 있는 역량을 만들어야 한다. 사회 변화 속에서 수동적으로 위치 지워지는 패션이 아니라, 좀 더 능동적으로 사회를 이끌어 과연 한국인으로서, 한국문화에 대한, 그리고 한국의 패션이라는 정체성을 어떻게 설정할 것인가 하는 일부터 문제의 소지가 있는 것이다. 전통적 기준만을 한국적 패션이라고 할 수 있는 것인지, 아니면 한국사회의 복합적인 성격을 감안한 여러 요인을 한국적 패션이라고 해야 할지는 판단이 어렵다.

한국적 패션의 정체성을 바로 정하기는 어려운 일이다. 하지만 한 가지 분명한 점은 한국적 패션이라는 개념을 정하기 위해서는 한국 패션이 역사 문화적으로 제대로 논의되었는가를 먼저 돌아볼 필요가 있다. 일제 이후 오늘에 이르기까지 시간의 흐름 속에서 한국 패션은 불가피한 시대적 상황에 매몰되어 부수화되거나 정치 논리에 끌려 왔던 경험을 하였다. 한국 패션에 끊임없는 왜곡과 변형이 있었던 원인이었고, 진정한 의미에서 한국적 패션을 이야기하는 것이 낯설었던 이유이다.

한국사회를 관통하는 그 어떤 힘으로 패션을 표현하는 것이 타당할지는 대중의 판단에 맡기는 것이 더 현명할지도 모른다. 인터넷이라는 정보의 바다를 통해 세상을 읽는 눈과 지식으로 무장한 네티즌이야말로 더 정확하게 한국의 패션을 이야기할 수도 있을지 모르기 때문이다. 그러나 아무리 작은 일상의 문화사라 할지라도 그것이 현상과 외형만에 집착한 것이라면, 한국 사회 스스로를 옭아맸던 냄비근성과 천박함에서 영원히 빠져나오기 힘들 것이다.

패션을
통해 본
한국사회

01

한국적
패션의 속성 :
거품과 냄비

한국 사람들의 성격을 단적으로 나타내주는 상징의 하나가 '냄비'이다. 쉽게 달구어지기도 하지만, 그만큼 빨리 식는 냄비의 특성을 한국인의 성격에 비유해서 하는 말이다. '냄비 근성'이라고 이야기되는 이 말에는 여러 의미를 함축하고 있다. 많은 사람들이 냄비라는 말과 그 의미를 즐겨 사용하고 있는 점도 재미있다.

필자는 냄비야말로 한국의 패션과 그 문화를 극명하게 표현하는 용어가 아닌가 생각해 본다. 유교 전통과 선비 정신이 관통했던 조선시대는 다혈질적이고 시간에 쫓기는 듯한 행동이나 처신은 경박스러움과 상스러움 자체였다. 이에 반해 배고픔과 험난한 생활에서도 여유와 미소를 잃지 않을 수 있었던 것이 우리 민족의 커다란 장점이자 멋이었다.

조선시대 패션의 멋은 바로 그런 정신과 행동에서 나왔다는 생각이 든다. 넉넉한 여유를 보여주는 한복의 선과 여분의 미학은 우리 민족이 어렵고 힘든 상황에서도 지켜왔던 패션의 주요한 원칙이자 근본이었다. 그런데 어떻게 5천년을 이어오던 그런 정신이 불과 100년 사이에, 그리고 그 100년이 지난 오늘의 시점에서는 '냄비'라는 경박스러운 단어가 사용되는 것일까?

냄비라는 단어를 근현대 한국사회의 패션 흐름에 적용해보면 한 가지 재미있는 사실을 발견할 수 있다. 한국사회의 패션은 급격한 사회변화와 그 궤적을 같이한다는 점과, 개방을 통해 해외문물의 도입과 함께 급속하게 재편되었다는 사실이다. 이는 장중함과 끈기와 인내를 상징하던 무쇠솥을 가볍고 경박스러운 냄비로 갑자기 대체하였다는 사실과 일맥상통한다.

편리함이라는 미명 하에 오래 달구어야 제맛을 내는 무쇠솥을 가볍고 값싼 양은냄비로 바꾸면서 생활의 흐름과 여유를 한꺼번에 잃어버리지 않았나 싶다. 물론 그것만으로 급격하게 변화한 한국인의 정신 세계를 모두 설명할 수는 없겠지만, 분명 냄비가 갖는 급하고 쉽게 달구어지는 성질은 우리 민족의 패션을 한꺼번에 바꾸어버리기 충분하리라 생각한다. 결국 한국의 패션이 새로운 세기와 함께 시작되었던 것은, 시간의 흐름에 따른 어쩔 수 없는 선택이었다는 측면보다는 개방과 서구문물의 도입으로 시작되었다고 보는 것이 맞을 것이다.

그러나 조선을 지키기 위해 몸부림쳤던 대원군의 쇄국정책이 한국적 패션을 지켜낼 수 있었던 최상의 선택이라고 이야기하고 싶지는 않다. 오히려 막연한 거부나 막무가내식 폐쇄정책을 펴기보다 우리 사회가 허용하고 발전할 수 있는 선택적 쇄국정책이었다면, 무분별한 개방과 문물의 수용을 보다 지혜롭게 대처할 수 있었을 것이라 생각되는 것이다. 역사에서의 가정이란 의미가 없다고 하지만, 오늘의 한국 사회의 패션 흐름을 볼 때 두고두고 아쉬움이 남을 수밖에 없다.

어느 날 갑자기 달구어진 냄비처럼 시작한 근대적 의미의 한국 패션은 일제 강점기에 본격적으로 전개되었다. 일제의 한반도 식민화 정책은 우리 민족 고유의 색채를 가능한 한 많이 털어내거나 탈색시키는 것을 목표로 하였다. 한국적 이미지를 풍기는 의상과 용품들은 나쁘고 불편한 것으로 인식시키는 일이 무엇보다 중요했다. 미국에 의해 강제 개방되면서 일본은 이미 강한 자의 것이 좋다는 인식을 갖게 되었고, 그것을 한국사회에 고스란히 이식시키고자 했다.

그것은 한국적인 것에 대한 열등감을 심어주는 쪽으로 인식하게 하는 것이 가장 중요했다. 상투를 자르고 짧은 머리와 양복을 입는 것이야말로 지식인의 패션이며, 그것이 곧 선진문물임을 상징한다는 믿음을 심어주었다. 은근과 여유, 단순 속에서의 다양성이 매력이었던 것이 조선의 의상이나 패션 스타일이었다. 부조화 속에서의 어울림과 은근함이었는데, 일본은 여유와 은근함을 한순간에 버리게 하고 편리함과 탈조선의 서구식 스타일을 강요했다.

개화기 최초의 서구식 관청이었던 우정국의 유니폼과 문무백관의 제복도 서구식으로 대체해 버렸다. 서구식 스타일이 나쁘

지도 않거니와 국수주의적 생각이라고 생각할 수도 있다. 그러나 오랜 전통을 하루 아침에 부정하는 변화의 물결은 모 아니면 도라는 순간 선택이 강한 냄비 근성을 부지불식간에 심어주었던 것은 아닐까?

냄비 근성이 갖는 속성의 하나는 어느 순간 어떤 것을 선택하게 되면 그것이 전부인 것처럼 맹목적으로 추종하다가, 아니라고 하면 언제 그랬냐는 듯이 버리고 만다는 점이다. 한편에서는 저돌적이고 추진력이 강하다고 칭찬 받을 수 있지만, 다른 면에서 보면 한 치 앞도 생각하지 않고 무조건 해놓고 보자는 '아니면 말고' 식의 태도와 다르지 않은 것이다.

이렇게 하여 일제 하에서 조선인은 어느 순간 빠른 시간 안에 성과와 결과물을 만들어내야 하는 식민지 백성으로 바뀌고 있었고, 상황과 조건에 따라 너무도 쉽게 취하기도 하고 버리기도 하는 행태로까지 나아가게 되어버렸다. 서구식 패션과 의상의 선택은 내 것을 버리는 것만이 아니라, 더 나은 결과를 얻기 위해 취할 수 있는 최상의 선택이 될 수도 있다는 수준으로까지 발전하였다. 36년이라는 짧지 않은 기간 동안 일제의 식민지 정책으로 조선인의 냄비 속성은 더욱 심해질 수밖에 없었다.

단발이 주는 이미지와 갑자기 채택한 서구식 복장은 하루아침에 변할 수 있는 유행의 흐름을 보여주는 현상이었다. 서양의 복장과 일본적인 것이 좋은 것이며, 조선을 연상시키는 것은 무조건 전근대적이고 나쁘다는 사고방식의 바탕에는 속도, 힘, 남성다움이라는 가치 판단이 떠오른다. 그리고 이 가치는 '개방이 곧 개혁이며 변화가 곧 발전'이라는 등식을 성립시켰다.

폐쇄 사회에서 어느 날 느닷없이 주어진 개방과 외세지배는 새로운 사고 방식을 받아들이고 판단하는데 적지 않은 혼란과 오해를 불러일으켰다. '모던 걸'과 '모던 뽀이'라고 불려지던 젊은이상은 당시의 시대정신을 그대로 반영하고 있다. '이름다운 근대의 무지개'라는 찬사에서부터 '못된 걸'과 '못된 뽀이'로 불릴 정도의 극단의 평가가 상존하고 있었다는 점은 '모던 modern'이 갖는 근대성(혹은 현대성)을 잘못 표현하고 있는 것이다. 지향성과 특징을 총체적인 시각에서 판단하는 것이 아니라 '좋거나 아니면 나쁘거나'로 단순화한다거나, 외양에 국한된 평가를 하는 것 자체가 전근대성을 떨치지 못하고 있다는 것을 드러내고 있다.

한국 자본주의의 천박성이나 냄비 근성의 문제는 근대화 과정에서 등장한 여러 외부적 요인에 의해 결정된 것이다. 한민족의 은근과 끈기는 '고요한 아침의 나라'라는 표현을 동원하지 않더라도 오래전부터 내려오는 특성이었다. 전통적인 의식주의 패턴은 기본적으로 시간과 기다림이 없으면 완성될 수 없는 그런 특징들이 있었다. 그러나 근대화되는 과정에서 자본주의적 속성과 외부의 강제력은 사람들의 의식뿐만 아니라 생활과 패션의 양식까지도 바꾸어 놓았다.

우리에게 자본주의는 민주주의만큼 잘못 알려진 개념의 하나일 것이다. 자본주의 자체가 갖는 장점들, 노력한 만큼 얻을 수 있고 개인의 행복과 자유가 건전한 경제생활을 통해 보장되고,

경제활동에 대한 적절한 동기 부여가 있다는 점 등은 자본주의가 가진 좋은 점들이다. 그러나 한국 사회에서 자본주의는 돈이 절대시되면서, 있고 없고의 기준에 의해 모든 가치가 결정되는 최악의 상황이 전개되었다. 돈이면 모든 것이 해결될 수 있고, 돈은 가진 사람 마음대로 처분할 수 있는 것이며, 개인의 의지에 따라 남의 눈치 보지 않고 사용할 수 있는 것이 주위에서 흔히 볼 수 있는 자본주의 맹신자들의 행동 방식이다. '유전무죄 무전 유죄' 처럼 돈의 유무에 의해 법과 권력이 움직이는 현실도 종종 보아왔다.

'돈이면 모든 것이 해결된다' 는 말은 오래 전부터 존재해 왔던 것이고, 신자유주의 시대에 우리 사회의 수면 위로 나왔을 뿐이다. 최근의 여론조사에서 고등학생의 44%가 '10억 원만 주면 잘못을 하고 1년간 감옥에 가겠다' 고 응답했다고 한다.[*] 이를 반증할 수 있는 사회현상이 곳곳에서 나타난다. 취직, 승진, 졸업장까지, 그리고 결혼에서도 돈의 위력은 대단하다. 신랑과 신부 모두 희망하는 수준의 재력이 결혼의 제 1 조건이 된 지 오래이고, 국회의원 공천, 요직에 오르기 위해 돈이 필요하며, 학위 학문 역시 돈의 노예가 된 지 꽤 오래되었다.

그런데 문제는 이런 인식이 사회 전 계층에 광범위하게 퍼져 있다는 점이다. 쉽게 말해 이제는 누구나 수긍하는 기준에서 돈

---

[*] 출처: http://media.daum.net/society/others/newsview?newsid=20130108083608359(검색일: 2013.01.22)

의 많고 적음에 따라 선과 악, 일과 삶에 대한 정당성의 평가기준이 된다는 것이다. 돈에 의한 인식과 평가라고 할 것이다.

그렇다보니 돈을 버는 방법과 돈을 쓰는 방식도 달라졌다. 과정이나 수단의 정당함을 떠나 결과로서의 액수에 보다 관심과 목표를 두게 되었고, 돈을 가능한 한 많이 버는 것이 절대 미덕으로 간주되었다. 그렇다보니 돈을 쓰는데도 특별한 도덕적 기준이나 의무감이 존재하지 않았다. '돈 있으니 내 마음대로 쓴다'는 것이 가장 일반적인 원칙이 되었다. 비싼 것, 외제, 소위 명품에 대한 맹목적 숭상과 열광은 소비에서 민낯으로 드러난 모습이다. 자본주의 사회에서 내 돈으로 사고 싶은 거 산다는데 누가 참견하냐? 돈 가진 이들이 내뱉는 항변이다. 돈 가진 이들이 정당하게 돈을 써서 국민경제의 원활한 순환에 도움이 된다면 바람직한 일이다. 그런데 문제는 그 돈이 과연 적법하고 건전하게 얻어진 소득인가라는 데 있다.

정당하게 돈을 벌어 세금 내고 얻어진 소득이라면 그다지 문제가 될 것이 없다. 그러나 우리나라에서는 대부분 어느 날 갑자기 부자가 된 경우가 많다. '아침에 깨어나 보니 부자가 되었다'라는 말이 어울릴 정도로 정부의 개발정책과 부동산 투기에 의해 갑자기 부자가 되는 '졸부 현상'이 유난히 많은 곳이 대한민국인 것이다. 또한 기득권 세력이 탈법과 부정직한 방법으로 부를 축적하여 자기의 사회적 지위와 특권을 유지하는데 더 힘을 쏟는 사회가 우리나라가 아닌가 하는 생각을 할 수밖에 없는 것이다. 이렇다보니 정직한 자본가, 정당한 자본의 축적이 제대로 이루어지지 않았고, '돈 놓고 돈 먹는 사행성 자본주의'만이 두드러진 특징으로 남게 되었다.

패션이 어느 정도 경제력이 뒷받침되어야 한다는 것은 어제오늘의 이야기가 아니다. 여유와 능력이 있어야 새로운 패션의 창출이 가능하기 때문에 돈과 패션의 관계는 서로 뗄 수 없는 것이다. 그런데 돈을 통해 만들어지는 패션이지만, 패션의 특징이나 의미를 살리기보다는 돈의 위력에 의해 인위적으로 조성되는 경우가 흔하다. 돈 많은 사람의 패션이 사회에서 모방해야 할 패션으로 인식되는 것은 바로 그런 이유에서일 것이다. '돈 있는 사람에게는 뭔가 특별한 것이 있어!'라는 과대망상과 허위의식이 패션의 전형이 되어버린 것이다.

패션에는 모방성만큼이나 개인적 욕구와 남과 달라 보이고 싶은 정서가 포함되어 있다. 그러기에는 개성과 창의성이 필요하다. 돈만 많아서 되는 것은 아니다. 그런데 우리 사회는 이 점이 너무나 간과되어 있다. 명품이나 외제품이 아니면 패션이 아니라는 사회가 되어 버렸다. 여기에 냄비근성이 덧붙여져 모든 사람이 같은 회사에서 나오는 같은 스타일의 상품을 갖거나 입는 것을 패션으로 생각한다. 그리고 다시 새로운 스타일의 상품이 같은 주기를 거쳐 유행하는 일이 반복되고 있는 실정이다. 오죽하면 해외 유명 브랜드들이 한국 사람들의 그런 구매 패턴을 잘 파악하여 1인 1상품만 사도록 제한하고 있을까?

새로운 브랜드나 스타일이 주기적으로 반복되는 현상은 한국의 냄비근성 사이클이 패션과 결합된 예이다. 우리 사회의 흐름과 문화적 특징의 하나인 냄비근성이 개발독재 시대를 거치면서 자본주의와 만나 다시 한 번 꽃을 피우게 된 것이다. 쉽게 달구어졌다 쉽게 식었다를 반복하는 과정에서 돈이 가장 중요한 매개체가 되었고, 이러한 특징이 우리 시대의 패션 양상으로 굳어진 것이다.

우리나라는 명품이나 고가의 패션 상품이 가장 보편화되어 있는 곳이다. 어찌 보면 가장 민주적이고 평등한 소비 선택이 보장된 나라 같지만 실상은 그렇지 않다는데 문제가 있다. 자신의 소득 모두를 투자해서 명품을 사거나, 명품을 사기 위해 수단과 방법을 안 가린다거나, 하다못해 짝퉁이라도 사야 직성이 풀리는 상황을 좋게 이야기할 수는 없다. 더 우스꽝스러운 일은 명품을 추구하는 사람들이 대개 명품에 대한 정보에 어둡고, 용도에 대해서도 무지하다는 사실이다. 자기 편한 대로 사용하고 소비하면 그뿐일 수도 있지만, 패션을 창조하거나, 유행시키거나, 추종하는 이들이 각기 역할과 기능을 하고 있고, 또 해야 한다는 측면에서 보면 패션의 사회적 기능이 전혀 작동하지 않고 있다는 것을 알 수 있다. 명품과 짝퉁, 대중적 패션 상품 모두 각각의 사회적 기능과 역할이 있다는 점을 감안한다면, 무작정 가리지 않는 구매에 의한 패션의 흐름은 한국사회의 비틀어진 면을 드러내고 말 것이다.

그러나 다행히 몇 가지 면에서는 바람직하고 발전된 모습을 나타내기도 했다. 유행의 절대적 기준이라 할 수 있는 모방과 대중성이라는 면에서는 어느 나라 못지않은 발전을 가져왔다. 이에 큰 공헌을 한 것은 인터넷이었다. 인터넷의 발달은 한국 사회 전체를 바꾸어 놓았을 만큼 모든 이들에게 정보의 접근 가능성을 열어 놓았다. 시시각각 업데이트 되는 인터넷의 컨텐츠는 한국인의 냄비근성과도 부합하는 측면이 있다. 타인의 기호와 유행상품 정보를 알아내는 데도 효과적이었기 때문에 한국인의 성격과 너무나 잘 어울리는 매체였다.

인터넷의 발달은 급기야 소비 패턴과 구매 양식까지 바꾸어 놓았다. 인터넷에서 뜨지 못하면 유행에서 비껴나 있게 되는 상황이 되었다. 최신이라는 단어와 가장 잘 어울리는 패션과 인터넷은 더욱 짧아진 패션 주기와 함께 새로운 아이템이 눈 깜짝할 사이에 등장할 수 있다는 점에서 패션 발달에 크게 기여할 수 있었다. 곧 한국적인 패션을 세계적으로 확산시키고 발전시키는데 냄비근성으로 상징되는 '속도전'이 꼭 부정적이지만은 않다는 것이다. 아름다운 선과 여유로움이 담긴 한국적 정서를 전달하는데 속도와 자본주의적 속성을 잘 활용한다면 한국 패션이 가진 장점을 극대화할 수 있는 것이다.

우리 사회가 이런 상황을 진지하게 고민할 때 한류와 제 2의 싸이가 지속적으로 나올 수 있고, 세계 폐션계에 한국의 멋과 자랑스러움을 드높일 수 있는 방법이 나올 것이다.

02

국가,
패션,
민주주의

한 국   사 회 에 서 국가의 의미가 분명하게 정착된 것은
대한민국이 수립된 1948년 이후일 것이다. 그 이전에 국가가 존
재하지 않았던 것은 아니지만, 중세 봉건적 특징이 강했던 왕조
시대였으며, 조선 왕조 이후의 한반도는 일제 강점기라는 식민
시대였기 때문에 대한민국의 태동으로 국가 개념이 확실하게 정
착되었다고 할 수 있다. 물론 일제 시대에도 상해임시정부가 존
속하고 활동했지만, 그것을 실질적인 한반도의 통치권력으로 볼
수 있는지에 대해서는 부연 설명이 필요하기 때문에 해방 이후
를 대한민국의 출발로 볼 수밖에 없다.

　대한민국이 여느 나라들처럼 정상적 경로로 출발했다면 근대
성이나 국가적인 정체성에 큰 문제 제기가 있을 수 없을 것이다.
그러나 많은 역사가들이 이야기하고 있듯이, 대한민국은 내부적
동력이나 자율적 출발보다는 외부적 동인과 국제정치적 상황에
의해 출발한 측면이 강했기 때문에 자주성과 그로 인해 조성될

국민의 바람직한 생활양식과 패턴이 세우기가 쉽지 않았다. 동원과 통제를 당연시하고, 외부의 힘 안에서 국민들이 움직이고 생활할 수밖에 없는 상황에서 국가의 역할이란 이를 적절하게 통제하고 조직화할 것인가의 문제로 귀결되었다.

이런 기준에 의한다면 법과 질서가 중요시되는 것은 당연하고, 법률에 따라 동원하고 개인보다 집단을 중요시하는 사회적 기준이 만들어진다. 그리고 이는 충성과 애국이 국민이 가져야 할 덕목 중에서 가장 중요하고 숭고한 것이라고 강조하게 되며, 국가에 충성하는 것이 부모에게 효도하는 것보다 우선이라고 교육하게 된다. 나라를 구한 영웅이 가장 돋보이고, 전쟁이나 식민 시대에 나라를 위해 몸을 던진 애국지사들을 전면에 세우는 교육을 하게 된다.

이런 상황에서 개성과 욕망의 표현으로서의 패션은 상상할 수 있는 것이 아니었다. 나라에 도움이 되고 집단생활에 지장을 주지 않는 것이 패션의 중요 덕목이자 기능이라고 강조한다. 실제 대한민국이 출발한 이후 근검절약의 생활, 그리고 간소하고 일하기에 편리한 작업복이 주류를 이루었다. 생산활동에 편리한 간소복이나 작업복이 대두되고, 사회주의적인 노동자보다는 일본식의 근로자라는 명칭이 공식적으로 사용되며, 점퍼가 일상복으로 장려되었다. 단체 활동과 소속감을 나타내는 유니폼이 사회 여러 계층에서 채택되었다. 개성과 욕망의 패션은 소수 특권 자들만의 것이 되었고, 캐주얼과 정장은 근로자가 아닌 사장님, 돈 있는 자들이 입는 것으로, 있는 집안의 상징이 되었던 것이

1960년대까지의 분위기였다.

모든 국민이 정해진 목표를 따라 잘 사는 나라를 만드는데 힘을 쏟았다. 가난과 배고픔에서 벗어나기 위해 그저 시키는 대로 국가의 명령에 따라 일사분란하게 움직였다. 국가는 그런 국민들을 효율적으로 필요에 맞게 통제하고 조정했다. 국민학교 시절부터 수시로 단체화하고 동원하며, 개인보다는 단체 활동을 중시하는 교육을 시켰다. 국민교육헌장을 암기하고, 국기에 대한 맹세와 경례로 국가를 신성시하는 의식을 어릴 때부터 주입시켰다.

중·고등학생이 되더라도 상황은 달라지지 않았다. 교복으로 학생이라는 신분을 강제하고, 일제 잔재인 단체기합과 얼차려로 규율을 확립하고, 교련이라는 교과과정을 설치해 미리 군사훈련을 받게 하였다. 대학생이 된다고 해도 상황은 나아지지 않았다. 온갖 통제와 제재를 받으며 노래도 마음대로 부를 수 없었던 시기였고, 집회나 시위는 상상하지도 못했을 뿐만 아니라 정치적 의사 표명도 불가능했다. 오랜 군복무 기간, 제대 후에도 계속되는 예비군 훈련, 민방위 훈련, 그외에도 여러 행사에 동원되기 일쑤인 사회생활이었다.

상황이 그럴진대 개성과 자유로운 토론, 정치적 의견표명은 쉽지 않은 일들이었다. 개성을 제한하는 강력한 규율은 경범죄였다. 사회적 통념이나 질서를 '가볍게' 어기는 범죄를 뜻하는 경범죄(輕犯罪)는 1954년 4월에 제정되었다. 당시 경범죄 처벌 항목은 모두 45개였는데, 일정한 주거가 없는 '떠돌이', 사람들이

다니는 장소에 자동차나 말, 배, 뗏목을 풀어놓은 사람 등이 처벌 대상이었다. 또 밤에 자동차나 마차에 불을 밝히지 않고 운행하는 것도 처벌되었으며, 노상방뇨나 쓰레기 투척 및 구걸 등도 위반 사항이었다. 자질구레한 일상을 통제하던 규율이 경범죄라면, 시민들이 가장 두려워한 법은 국가보안법이었다.

이 법은 나라의 안보를 보장하기 위한 목적이라고 하였지만 실제로는 독재를 유지하기 위한 강력한 억제 수단이었다. 사상과 양심의 문제, 정치적 권리와 의사 표현에 있어서는 더욱 엄하게 적용되었다. 정권 차원에서는 자유를 억압하기 위한 가장 효과적이었던 법이었다. 어느 누구도 정부와 국가원수를 모독할 수 없었으며, 북한을 거론하거나 정권에 반대하는 이는 누구나 이 법의 처벌 대상이었다. 그 처벌도 너무나 자의적이어서 심증만으로도 충분히 가능하였다. '동백림 사건' 등 수많은 간첩단 사건들이 만들어졌다. 한일협정 반대시위는 북한의 사주를 받은 것으로 몰렸고, 시위 지도부는 북한정권의 동조자로 간주되었다.

그런 상황에서 패션은 국가의 필요에 의해 허용되거나 이용될 수 있는 수단에 불과했다. 당대에 유행하던 서구의 자유로운 패션은 권위와 통제의 집단주의 패션에 대한 도전이요 사회질서를 어지럽히는 반도덕적 행태였다. 경범죄라는 무기를 다시 한 번 꺼내들어 혐오스럽거나 미풍양속에 반하는 옷을 입는다거나 머리를 기르는 것이 죄가 되던 시절이었다. 자유스러운 분위기의 노래는 가차 없이 금지곡이 되었고, 통제를 넘어 억압의 대상으로 패션이 존재했던 시대였다.

비틀즈, 히피, 동성애, 반전, 마약, 학내 민주화, 노동 3권 보
장 등의 용어는 우리와는 너무나 먼 개념이었다. 대신 베트남전
쟁으로 벌어들인 외화로 고속도로를 건설하는 그런 시대를 살았
다. 이 시절이야말로 우리나라와 서구 간의 편차가 극명하게 벌
어졌던 때가 아닌가 싶다. 그런데 이 시기의 연장선에서 1970년
대가 이어졌다.

근면하고 검소하며, 규율과 통제를 잘 따르는 이가 이 시대의
모범인이었고 애국자였다. 박정희 정권은 이를 십분 활용했다.
밀짚모자에 볏단을 들고 서 있는 박정희야말로 서민적이고, 이
시대가 필요로 하는 지도자의 전형으로 칭송되었고, 산업현장에
서 작업복 차림으로 현장을 순시하는 박정희야말로 산업 한국의
모범적인 지도자상이었다. 그런 위대한 영도자였기 때문에 유신
헌법이나 장기집권이 문제가 될 것은 없어보였다. 국민들은 그
를 믿고 따르면 잘 살고 부자가 된다고 믿었던 때였다.

강준만이 지적했던 '수출의 국가종교화'는 바로 이 시대의
절대가치이자 생활 원리였다. 값싼 노동력을 바탕으로 섬유, 전
자, 건설 분야 등에서 모든 국민이 외화벌이에 나서고, 한일협정
체결 뒤 부쩍 늘어난 일본인 관광객을 대상으로 한 기생관광 역
시 위정자들에겐 외화를 벌어들이는 수출역군으로 인정받았다.
이 상황에서 중요한 건 '누가, 얼마나, 목표한 기한 내에 달성했
느냐, 아니냐'였다. 일제 강점기 이후 우리 사회에 내재되어 있
던 빠름에 대한 열망과 속도전이 사회의 철학이자 작동원리로

구체화 된 것이다. 과정이나 내용은 목표와 수치 앞에 여지없이 무너져버렸다.

이러한 시대상을 상징적으로 반영한 사건이 바로 '와우 아파트 붕괴'였다. 1970년 4월 8일에 일어난 이 사건으로 33명의 목숨이 사라졌다. 문제는 그것이 인재이면서 당시 국가경영 정책이 반영되어 발생한 재해였다는 점이다. 빠른 시간 안에 정해진 목표량의 아파트를 지어야 한다는 '군인정신'은 건축물로서 아파트가 가져야 할 최소한의 안전원칙마저도 앗아갔고, 결국 부실공사와 '빨리빨리'에 시달린 결과물의 증거에 지나지 않았다. 이 시대에 바로 '빨리빨리' 정신과 외형의 변화가 곧 성장이자 발전이라는 논리가 자리 잡게 된 것이다.

1970년대 유신체제와 박정희 개발독재 시대는 몇 가지 면에서 전과는 다른 모습의 한국사회를 만들어냈다.

첫째 급격한 개발과 경제성장 정책으로 도시 집중화가 급속하게 진행되었다.

둘째, 군부와 경제관료가 결탁한 지배층은 잔존한 친일세력과 함께 한국사회의 주류층에 사회적 책임이 결여된 한국형 천민 자본주의를 실체화시켰다.

셋째, 군사적 측면에서 미국 의존도를 심화시킨 것뿐 아니라 경제적인 측면에서도 미국과 일본에 대한 대외의존도를 구조적으로 고착화시켰다. 이는 수출 위주의 개발시대가 낳은 사생아와 같은 것이었다.

넷째, 문화와 언론에 대한 국가통제가 고착화되고 제도화되었다. 이 역시 문화로부터 파생되는 여러 하위 영역에서의 자율성을 상실케 하고, 건전한 사회적 의식과 도덕을 갖춘 시민계급의 성장을 더디게 하는 원인이 되었다.

다섯째, 전통적으로 지역이나 계층별로 고유 문화와 내용을 유지하고 있던 한국 문화의 특징이 획일적이고 일률적이며 체제순응적인 모습과 형식을 띠게 되었다. 새마을 운동으로 대표되는 농촌개발운동이나 국민의식개조운동 등이 대표적이었고, 치밀한 대책 없이 하루아침에 결정된 아파트 개발과 무작위적 난개발은 한국적 미와 문화적 특징을 소멸시키는 계기가 되었다.

1970년대의 사회적 특징은 패션 영역에서도 고스란히 반영되어 통제와 획일적인 특징의 패션으로 나타났다. 그것은 자본주의적 패션과 정치권의 시의적 필요에 의해 야기된 인위적 성격이 강한 패션으로 변모되었다. 미풍약식에 저해된다며 금지시킨 미니스커트와 장발, 노랫말이 정치적이라는 이유로 금지곡 처분을 내리거나, 검열로 비판적인 대중문화의 싹을 잘라버렸던 일 등은 패션의 가치가 국가의 통치이념과 동일해야 한다는 지극히 파시즘적인 발상이었다. 이외에도 수많은 반공 드라마, 학교의 병영화로 민주적 가치보다 국가를 우위에 두는 전체주의적 의식을 일반화하였고, 이는 오랫동안 체제유지의 근간으로 작용할 수 있었다.

이 시기에도 이전과 다른 패션의 흐름과 정신도 표출되었다. 한국의 청년문화 속에 확산되었던 반항과 일탈의 패션 흐름이나 '언더'라는 이름으로, 그리고 음악 감상실의 DJ, 하이틴 문화와 패션으로 일컬어지던 현상이 기성세대들과 차별화에 성공하면서 독특하고 고유한 영역으로 굳혀졌다. 그러나 이런 차별화와 독창성은 소수의 저항 문화였을 뿐 더 이상의 자유로운 문화의 만끽은 아니었다. 개인의 욕망의 분출과 모방 심리라는 패션의 주요 속성이 사회의 전반적 흐름으로 자리한 것이 아니기 때문에 자생적·자율적 패션이 아니라 수동적이고 규격화된 패션만 만들어질 뿐이었다.

한 나라가 전체주의를 지향할 때는 국민의 통제가 제일 중요하다. 이래서 개인의 자유를 표현하는 패션도 금기가 된다. 미풍양속이라는 미명 아래 사고와 행동을 제한하는 법을 만들고, 남북이 분단되어 있는 상황을 악용하여 2중 3중의 통제를 했다. 1963년에 개정된 경범죄처벌법은 70년대에 들어서면서 규제 대상이 대폭 늘어나게 되었다. 미풍양속의 확립과 질서유지 외에 정치적 목적이 더해져 '공공의 안녕질서를 저해하거나 사회불안을 조성할 우려가 있는 사실을 왜곡·날조·유포한 자'나 '성별을 알아볼 수 없을 정도의 장발을 한 남자, 저속한 옷차림을 하거나 장식물을 달고 다니는 자' 및 '은밀한 장소에서 무도 교습 행위를 한 자' 등도 처벌 대상이 되었다.

민주적이고 자유스런 사회 분위기를 국가 정책과 목표 아래 두고 국민들에게 획일적이고 집단적인 사고만을 심어준 것은 정말 심각한 해악이었다. 인간의 창조적 정신을 정해진 테두리 안에만 놓아 두고 불법 범법을 판정한다는 것이 얼마나 해악적인가. 국가권력의 오용과 남용은 최근 군부독재 시절의 공안사건들에 대한 재심과 무죄 선고로써 국가의 전횡과 공권력의 폭력의 전형을 볼 수 있다.

국가는 공권력을 무기로 현실의 모든 것을 통제하거나 만들어낼 수 있는 능력이 있다. 패션 분야에서도 국가는 주요 작동체계의 하나이다. 해방 이후 1990년대 중반까지는 부정적인 측면에서 패션에 대한 통제와 조정의 역할이 강했다면, 1990년대 후반부터는 패션에 도움이 되는 긍정적 역할을 많이 하고 있다는 것이 차이이다.

국가가 패션에 긍정적 영향을 끼치는 경우는 어떤 것일까? 우리나라는 전쟁의 폐허 위에서 새로운 사회를 건설하는 과정에서 나타났던 여러 폐해들이 훨씬 많았다. 그러나 민주화 이후 21세기로 진입하면서 오히려 국가가 적극적으로 개입함으로써 패션이 발전할 수 있었다. 대표적인 것이 주 5일제였다. 주 5일제는 많은 변화와 발전을 이끌어냈다. 가장 큰 변화는 정장보다 캐주얼과 활동복, 운동복이 적극적으로 대체되면서 패션 산업의 자연스러운 분화와 특화가 발생했다. 이틀의 휴일은 취미활동을 하는데 더할 나위 없이 소중한 시간이 되었다. 산과 들로 나가게 되자 전보다 간편한 복장이 필요하게 되었고, 다양해진 취미활동을 위해서도 특수한 용도의 복장이 제작되었다.

골프 열풍이나 이제는 '국민 취미'가 되어버린 등산은 한국 사회의 패션 유형을 바꾸어버렸다. 골프와 등산이 이전에 없었던 것이 아니었지만, 대중적이고 국민적 수준에서 새롭게 자리 잡게 되자 이전과는 전혀 달랐다. 골프복, 골프화, 등산복, 등산화가 자연스럽게 등장했고, 이는 일상에서의 패션 스타일을 좀 더 분화시킬 수 있는 계기가 되었다. 여기에 한국 사람의 특성이 더해지면서 하나에서 열까지 모든 것을 갖추어야 하는 '세트 문화'와 남에게 보이기 위한 '과시 문화'도 자리를 잡으면서 여가 문화의 다양화와 새로운 유행이 전개되었다.

주 5일제 근무로 달라진 것은 취미생활을 뒷받침하는 패션 관련 산업의 발전 이외에 종교에 대한 태도까지도 바꾸어 놓았다. 등산 인구의 증가로 자연 산에 있는 사찰을 찾는 이들이 많을 수밖에 없었고, 그래서 다른 종교보다 불교가 그 혜택을 더 많이 받았다. 이성계의 억불정책으로 산으로 쫓겨 간 사찰이 오늘날 다시 혜택을 받는 아이러니한 상황이 온 것이다. 이틀을 쉬면서 도시 밖으로 여가를 보내기 위해 가거나 친목 활동을 하기 쉽기 때문에 여행이나 장거리 등산이 각광받았다. 이에 덧붙여 자동차 선호도 또한 바뀌어 다목적 용도의 SUV가 유행하게 된다. 이밖에 레저산업, 철도, 도로 등의 사회간접자본 건설도 주 5일제에 따른 생활 패턴의 변화를 가져오게 하는데 빠질 수 없는 것들이다.

주 5일제가 일상과 패션에 큰 영향을 미쳤다면, 국가 정책도 패션에 영향을 미치는 주요 요인이다. 최근 패션 관련 국책사업으로 '밀라노 프로젝트'가 있었다. 퇴락하는 한국의 섬유·의류 산업을 패션산업으로 묶어 김대중 정부가 추진한 이 프로젝트는 국가가 주도적으로 나서서 패션 산업 부흥을 위해 투자하고 발전시키고자 했던 프로젝트였다. 생각만큼 성과나 사업 목표가

달성되지는 않았지만, 패션 산업과 패션에 대한 국민적 인식을 제고하는 데에는 어느 정도 기여했다. 특히 패션이 IT산업만큼이나 고부가가치 산업이라는 것을 알게 해주었고, 사양산업도 어떻게 접근하느냐에 따라 유망산업으로의 가능성이 있다는 사실도 인식시켜 주었다. 그것은 국책사업의 실패라는 희생을 감수하고 얻은 결과이긴 하지만, 한국의 패션 산업의 문제가 무엇인지를 알게 해주었다. 우리의 패션 산업의 수준과 한계를 더욱 분명하게 인식시켜주었다는 사실만으로도 '밀라노 프로젝트'가 한국 패션에 대한 평가나 의식을 바꾸어 놓는데 중요한 역할을 한 것이다.

위의 두 주제가 직접적으로 패션과 그 문화에 대해 영향을 끼쳤다면, 국가 간의 문화개방, 교류증진, 그리고 자유무역협정 같은 정책 역시 간접적으로 패션에 대한 영향력을 끼친다. 이는 개방과 교류가 야기하는 수준보다 훨씬 파괴력을 갖고 있다. 최근의 '한류' 같은 트렌드도 그러한 결과의 대표적인 예이며, 우리 사회의 아시아 문화와 음식에 대한 재평가와 유행도 유사한 것이다. 관심을 갖는 나라의 문화에 대한 흥미와 애정은 그 나라에서 유행하고 있는 패션 트렌드와 아이템에 대한 관심도 함께 고양되기 때문에 새로운 트렌드와 디자인이 창출되는 것이다.

문화교류나 개방과는 성격이 다르지만, FTA라 불리는 자유무역협정 역시 패션산업에 간접적인 영향을 끼친다는 점에서 국가가 패션 영역에 개입하는 또 다른 유형으로 볼 수 있다. 신자유주의의 상징인 FTA가 패션과 무슨 관련이 있는지, 아니면 패션 발전을 위해 FTA를 체결해야 하는지 물어볼 수도 있을 것이다. 그러나 FTA 체결의 찬성 여부와는 별개로 FTA가 갖는 산업구조적 변화는 불가피한 것이다. 국가별로 산업적 우위가 있는 부문을 중심으로 무역 거래의 조건이 달라지기 때문에 패션도 교역 대상국에 따라 그 유효성과 변화의 폭이 달라진다. 그렇기 때문에 중국과의 FTA와 미국과의 FTA가 달라야 하는 것이다.

이렇듯 국가는 패션 영역에서 선이 될 수도 있고 악이 될 수도 있다. 패션 영역에 대한 개입과 도움이라는 선을 어떻게 지키고 활용하느냐에 따라 선과 악으로 갈라질 수 있다는 사실은 국가의 존재가 필요악의 의미를 갖는다는 의미와 상통한다. 국가 안에서의 수많은 관계들—개인과 개인, 개인과 집단, 집단과 집단, 개인과 국가, 집단과 국가—과 국가 간의 관계까지 복합적으로 패션 영역에서 작용하고 있기 때문에 그 어느 하나를 따로 떼어 놓고 볼 수는 없다. 그리고 패션의 흐름은 그런 관계들에서 시시각각 강조점과 여건에 따라 모습이 달라진다.

국가와 패션의 관계는 그 나라의 민주주의적 성격에 따라 달라질 수 있다. 한국과 같은 신흥개발국의 경우 이 문제는 중요한 정치적 의미를 가질 수밖에 없다. 1960, 70년대는 국가의 역할이 채찍과 당근을 통한 전체주의적 지향이었다면, 80년대 이후는 '우민화 정책'이 중심이 되었다. 1979년 12·12 신군부 쿠데타로 집권한 전두환은 5·18 광주학살을 은폐하기 위한 조직적이고 폭력적인 정책을 펴는 한편, 국민들에게는 당근도 함께 준비했다. 스포츠(Sports), 스크린(Screen), 성(Sex)의 자율화는 우민화

정책의 결정체였다. 컬러 TV 방송을 앞당기고, 프로야구를 출범시켜 국민들의 관심을 스포츠로 쏠게 하고, 아울러 86년 아시안 게임과 88년 올림픽을 유치했다. 오랫동안 국민들을 옭아맸던 통행금지를 해제하고, 관능적이고 자유로운 연애와 향락산업을 위한 대중문화의 확산을 용인해 주었다. 이를 뒷받침하기 위해서는 통제와 획일화의 상징이었던 교복을 자율화하고, 통행금지 해제, 각종 규제를 허가에서 신고로 바꾸는 등의 당근 정책도 이어졌다. 이로써 정치적 정통성 논란을 희석시키고 국민들 관심을 3S로 돌렸다. 그러나 시간이 흐르자 이는 기대와는 다른 효과들이 나타났다.

이와 같은 조치들은 국가에 의해 통제되었던 패션에 지대한 영향을 미쳤다. 특히 '자율화'라는 명목으로 외형적으로나마 국가통제에서 벗어나기 시작한 여러 조치들은 그 파급효과가 컸다.* 교복 자율화와 두발 자율화는 통제와 동원에 익숙해 있던 학생들에게 자유의 기분을 만끽하게 했으며, 자유를 누리게 될 이들을 위한 새로운 패션 제품들이 제조, 유통되었다. 이로써 단순하던 패션산업의 영역 확장과 품목의 다변화를 가져올 수 있었고, 외출복만 존재했던 것이 용도와 시기에 따라 다양한 의상이 필요하게 되었다. 캐주얼이라는 간편한 복장과 젊은층을 위해 다양한 의상을 만드는 회사들이 생겨난 것도 이즈음이며, 이

---

* 실제로 3S 정책은 유관 산업의 발전을 촉진시키기도 하는데, 우스갯말로 포르노 테이프와 영화를 즐기기 위해 비디오재생기와 같은 전자산업이 발전하였다는 이야기나, 스포츠가 활성화 되면서 각종 서비스 산업이 발전한 것이 그 예이다.

는 단순히 의류회사나 의상의 다양화만이 아니라 행동과 사고의 자유스러운 분위기를 조성하는데도 크게 기여하게 된다.

자율화의 영역은 단지 의상에만 국한하지 않았다. 미풍양속에 어긋난다고 판정되었던 문화 예술도 좀 더 많은 이들에게 확산될 수 있는 계기가 되었다. 이전에도 〈자유부인〉, 〈맨발의 청춘〉, 〈영자의 전성시대〉 같은 영화들이 존재했고, 포크송, 통기타, 청바지로 상징되는 젊음의 문화가 없었던 것은 아니지만, 이는 보다 한정된 계층에 국한한 문화 영역이었다. 그러니 이즈음에는 좀 더 다양한 사람들이 국가의 허가와 통제를 받지 않고 자율과 자유의 분위기를 느낄 수 있었다.

국가가 일률적으로 통제해오던 문화정책의 흐름이 허가제에서 신고제로 바뀜에 따라 문화단체나 관련 기관들도 좀 더 자유로운 분위기에서 활동할 수 있었다. 아시안게임과 올림픽 유치를 위해서는 사회 분위기를 좀 더 개방적이고 자유스럽게 할 필요가 있었던 것도 정부가 이런 정책방향을 유지할 수밖에 없는 요인으로 작용하였다. 혜택을 가장 많이 받은 사람은 1980년대에 고등학교를 다녔던 이들이었다. 교복 자율화와 두발 자율화로 이들은 통제와 획일화의 상징이었던 교복을 벗어던질 수 있었고, 10대 중반부터 어른 흉내를 낼 수 있었다는 점에서 개방적이고 자유스런 사고를 가질 수 있었다. 이는 복장의 문제를 뛰어넘어, 사회를 보는 시각과 입장에서도 1970년대 이전의 중고등학생들과는 달랐다.

1960, 70년대에 중고등학교를 다닌 이들은 학교를 다니는 것

자체가 하나의 특권이자 큰 행복이었으므로 어떤 통제나 교육도 받아들일 자세가 되어 있었다. 반면 80년대 중고등학생들은 1960년대부터 시작된 물질적 풍요의 맛을 부모들로부터 조건 없이 받았던 세대이고, 청소년들에게 학교생활을 하는 것이 일종의 의무로 인정되던 시절이었다. 따라서 학교가 주도하는 교육 방침과 내용을 일방적으로 받아들이지 않은 세대였다. 이는 학교생활 이외에도 관심과 노력을 쏟는 분야가 있을 수 있다는 의미이며, 실제로 이 시대 중고등학생들은 기존 세대와는 다른 자신들만의 문화 스타일을 만들어 나갔다.

영화나 라디오에서만 보고 들을 수 있었던 '스타' 역시 컬러 TV의 브라운관을 통해 일상적으로 접할 수 있게 되었다. 좋아하는 가수나 연기자들이 늘어나면서 그들을 모방하는 청소년들이 늘어나고, 이는 새로운 스타일과 유행을 주기적으로 형성할 수 있는 기본적 조건이 되었다. 이 세대를 '대학가요제' 혹은 '젊음의 행진' 세대라고 부를 수 있는 것은 바로 이런 이유였을 것이다. 패션이라는 것이 단지 스타일이나 옷만으로 형성되는 것이 아니라는 사실을 충분히 확인할 수 있는 시기였다. 패션을 위한 문화적 기반이 없이는 단지 유행하는 옷의 차림새에 불과하다는 것을 분명하게 증명해 주었다.

이런 이유 때문이었을까? 이 시기에 대학생이 된 중고등학생들은 이전보다 더욱 정치적이었다. 민주와 자유에 대해 거침없이 이야기하고 행동하였던 이들이었으므로 80년대가 갖는 정치적 의미를 잘 알고 있었고, 5·18 광주가 어떤 것인지 알려고 했다. 이로써 그동안 금기시되었던 반미 이슈를 끄집어 낼 수 있었고, 이를 민주화와 연결하면서 보다 많은 학생들의 참여를 이끌어 낼 수 있었다. 여기에 갑자기 늘어난 대학생 수 역시 많은 도움이 되었고, 대중적 파급효과가 클 수 있었던 요인이 되었다.

패션과 민주화가 도대체 무슨 관계가 있을까? 입고 싶은 대로 입고, 하고 싶은 대로 하는 것이 패션의 중요한 덕목이라고 생각하는 이들에게는 민주화와 패션은 어울릴 것 같지 않은 조합이다. 그런데 이 두 단어는 생각보다 밀접하고 중요한 관계가 있다. 그렇다면 민주주의가 발달해야만 패션도 발달하는 것인지, 민주주의가 발달하지 않았거나 독재국가들에서는 패션이 아무런 의미를 갖지 못하는지에 대한 의문을 가질 수 있을 것이다. 결론적으로 이야기하자면 그렇지는 않다.

다만 민주주의가 확립된 나라에서 패션이 훨씬 더 발달하였고, 그 잠재력 역시 그렇지 못한 나라들에 비해 월등하다는 것은 역사적으로 증명되었다. 패션의 나라 프랑스나 명품의 이미지를 간직하고 있는 이탈리아, 클래식하면서 귀족적인 이미지를 갖고 있는 영국, 모던하면서 도시적 감각을 잘 표현하고 있는 미국이 갖는 민주주의의 성숙도를 본다면 민주주의와 패션이 어느 정도 연관성이 있을 것이라는 공감을 할 수 있다. 그러나 이것은 직접적 연관에 의한 결과라기보다는 패션의 속성상 민주주의가 잘 구현되어야만 충분히 발전할 수 있다는 필요충분조건의 의미를 갖는다.

민주주의에는 보통 두가지 의미가 함께 들어 있다. 하나는 제도로서의 민주주의인데, 이는 주로 삼권분립이나 국민의 참정권과 같은 제도의 구현 정도에 의해 민주주의의 완성도를 이야기할 때 사용한다. 다른 하나는 이데올로기나 가치로서의 민주주의를 말한다. 여기서는 천부인권과 관련된 자유와 평등 및 인간으로서의 권리에 치중하는 사상적 의미를 강조한다. 따라서 민주주의의 구현이란 이 두 가지가 모두 보장되고 이루어질 때를 말한다. 둘 중 어느 하나라도 부족하거나 결여되면 진정한 의미에서의 민주주의는 완성되지 않은 것이며, 민주화의 달성도 어렵다고 본다. 우리나라는 이 두 가지 의미의 민주주의가 한 번도 완성되거나 달성된 적이 없다고 보아야 할 것이다.

해방 이후의 혼란기로부터 87년 유월항쟁 이후에도 항상 무언가 부족하고 빠져있다는 느낌을 지울 수 없었던 것은 바로 그런 이유에서일 것이다. 그런 상황에서는 패션은 외부로부터 주어진 것이 되기 쉽다. 외부는 국가가 될 수도 있고, 경제가 될 수도 있고, 사회적 질서나 윤리가 될 수도 있다. 1950년대 이후 80년대 중반까지도 패션의 외부개입성은 계속되었다. 정치적 정통성이 부족했던 군사정권들은 자신들의 정당성을 권위와 통제를 통해 인위적으로 조성하려 했고, 소속감과 집단의식은 이를 위한 손쉬운 방법이었다.

개인 입장에서는 국가나 집단이 구성원의 책임감을 강조하는 것이 상당히 부담스러울 수 있다. 개인이 강조되다보면 집단이나 전체의 통일성을 해치기 쉽고, 점차 집단에서 이탈하거나 혼자만의 세계를 꿈꾸기도 한다. 또한 일반적인 권위에 의해 운영되는 것보다는 개개인의 독립적인 의견과 사고로써 일이나 행동에 대해 가치판단 하는 버릇이 생기기도 한다. 이는 사회의 균열과 민주화 바람을 가져올 수 있는 결과를 초래할 지도 모르는 위험천만한 일인 것이다. 신문이나 TV에서 흔히 듣는 '사회질서를 해치고 혼란을 일으키는 이들의 행동'이라는 표현은 바로 나는 남과 다르다, 나의 권리를 인정해 달라는 주장에 대한 폭력일 뿐이다.

민주주의가 혼란의 다른 개념이고, 모든 구성원의 동의를 이끌어내야 하는 절차이며, 다수와 소수의 타협과 양보를 바탕으로 한다는 사실은 이미 전체라는 이름으로——국가가 되었든, 민족이 되었든, 종교나 그 이상의 다른 어떤 것이든——일상을 사는데 익숙한 이들에게는 너무나 불편한 것이다. 그래서 기성세대들은 자신과 다른 스타일과 색을 택하는 이들에게 '교양이 없다'거나, '버르장머리 없는 놈', 또는 막연히 불량할 것이라는 추측을 하게 된다. 패션의 민주성은 패션을 추구하거나 패션이 발전할 수 있는 여건이 충분히 사회 구성원들에게 수용될 때에만 가능하다고 주장하는 이유가 바로 여기에 있는 것이다.

패션은 또한 개인의 자유로움을 보장하고 표현하는 수단의 하나이다. 자유롭고 편안하며 독특한 패션의 수용은 사상의 자유를 보장하고 인간의 기본권을 존중한다는 의미를 갖기 때문에, 한 사회의 패션에 대한 수용과 인정의 수위가 바로 민주주의의 수준과 직결될 수 있는 것이다.

우리나라는 87년 민주화 운동 이후 여전히 민주주의의 완성에 마침표를 찍지 못하고 있다. 외형상 나타난 의상과 스타일을 금지할 수 있는 절차나 수단은 이제 무의미하지만, 한편에서의 노출 수위나 문화에 대한 검열 자체가 여전히 존재하고 있다는 사실은 은연중 어느 정도까지는 국가가 통제해야 한다는 군사정권 시절의 전통을 답습하고 있다. 또 그것이 돈의 문제로 변질되면서 자본주의 논리에 복속되거나 지배되는 양상을 보이고 있는 것이 최근 패션 양상의 가장 큰 문제로 떠오르고 있다.

03

사회의
양극화와
패션의
사회화

 패 션 의   양 극 화 를 어떻게 해석할 수 있을지 필자도 고민할 수밖에 없다. 양극화는 경제적으로 부자와 가난한 자, 경제 권력을 쥔 자와 경제 권력에 예속된 자 등과 같이 대칭구도를 가질 때 쓰는 표현이다. 경제적 양극화는 단순히 돈의 많고 적음의 경제적 대립이 아니라, 빈부격차로 인해 수많은 문제들을 야기해 낸다는 점에서 그 폐해가 지적된다.

 경제구조의 양극화는 패션의 영역에서도 예외가 없다. 경제의 양극화라는 측면만이 아니라 패션 산업 자체까지도 기반이 축소되거나 사라질 수밖에 없는 위험에 처하게 된다는 의미이다. 패션 산업이 양극화의 길을 따라야 한다면 우리나라 패션 산업이 존재할 수 있는 곳은 양쪽 어디에도 없을 것이다. 아직 우리나라의 패션 수준이 프랑스나 이탈리아만큼의 고부가가치 제품이 아니라는 점이며, 또 그만한 경쟁력을 갖지 못했다는 이야기도 된다. 국민들은 세계 일류 브랜드들에 대해 웬만한 전문가 수준 만큼 알고 있다. 인터넷도 소비자의 눈높이를 올리는데 한 몫하고 있다.

한국 패션은 산업적으로 양극의 압력에 끼여 있는 상태이다. 여기서 빠져 나오기 위해서는 절대적으로 감량을 하든가, 아니면 중국이나 인도 등에 맞설 수 있게 덩치를 키워야 하는데, 그렇게 간단하지 않은 일이다. 이 상황에서 우리나라에서 유통되는 패션 제품들을 보면 고가의 수입품과 저가의 중국산이 공존하면서 우리나라 상품이 중간 다리 역할을 하는 구조를 갖고 있다.

따라서 한국 패션은 외부의 힘이나 의지에 끌려 다닐 수 있는 가능성이 많다. 생산기지는 외국이고 소비는 국내에서 이루어지면서 여러가지 문제가 발생하고 있다. 컴퓨터, 자동차, 심지어 선박을 만들어 팔아야 패션 제품을 살 수 있는 상황이라면 얼마나 우스꽝스러운가. 결국 단순히 국가경쟁력을 위해 한쪽을 폐기하거나 '알아서 살아 남으라' 라고 이야기하기 어려운 이유인 것이다.

국가 간에 무역자유화라는 이름으로 하나를 주고 하나 이상을 얻으려고 하는 것도, 결국에는 그 잃은 하나를 위해 얻은 두 개가 아니라 그 이상을 잃을 수도 있다는 이야기가 되는 것이다. 양극화는 어쨌든 바람직한 것이 아니다. 국민이 잘 사는 사람과 가난한 사람 두 부류만 있고, 그 격차가 크면 클수록, 그리고 가난한 사람이 많으면 많을수록 나라 자체가 어려워진다는 것은 명확관화하다.

나라의 부가 소수에게 집중되면 집중될수록 사회가 불안정해
지고 소요와 폭동의 가능성이 높아진다는 것은 서양의 숱한 역
사적 예에서도 충분히 확인된다. 패션의 양극화가 혁명을 불러
올 만큼의 위험 요소가 되지는 않겠지만, 외형으로 사람을 판단
하는 우리 사회에서는 생각보다 깊게 편견과 위화감을 야기시킨
다. 가끔 신문지상에 백화점에서 옷을 훔치는 사건에 대한 기사
가 등장하는 것도 이런 분위기의 반증이다. 명품 의상을 위해 월
급을 모두 투자하거나, 신용불량자가 되면서까지 명품에 투자하
는 것은 바로 이런 이유인 것이다.

　　사회적으로 대접받기 위해 사람들이 가장 먼저 생각하는 것
이 외형적으로 보여지는 것, 곧 자동차, 복장, 핸드폰, 액세서리,
구두, 핸드백 등이 폼 나는 것이어야 한다는 강박관념이다. 외형
을 중시하는 것은 패션 자체를 '모 아니면 도' 식의 양극으로 몰
고 간다. 자신에게 맞는 패션이 아니라 비싸고 좋은 패션만 인정
된다는 의미이다. 이분법적 사고가 지배적일 때 패션의 양극화
는 고착될 수밖에 없는 것이다.

　　점퍼나 외투에 꾸겨진 바지 차림이 없는 이들의 한 계절 패션
이라면, 고가의 브랜드로 몸을 감싼 사람들의 한 계절 패션은 이
런 패션 양극의 전형적인 모습이라 할 수 있다. 이런 의상들은
주로 겨울에 나타나는데, 옷을 많이 겹쳐 입는 겨울에는 보온성
이 뛰어날수록 비쌀 수밖에 없고, 여름만큼 자주 갈아입지 않아
도 되기 때문에 의상의 값어치가 분명하게 드러난다. 여름에는
티셔츠나 가벼운 옷 하나만 입게 되므로 옷에 대한 차별성이 그

리 크지 않아 옷차림으로 있는 사람과 없는 사람의 차이를 쉽게 구분할 수 없다.

　패션의 양극화는 우리 사회에서 아직 큰 문제로 나타나지는 않고 있다. IMF 이후 노숙자나 극빈층이 증가하면서 극단적 형태의 '연중 그대로' 패션이 등장한 것을 포함하여, 1년 내내 중국에서 만든 값싼 옷만 입어야하는 'Made in China' 스타일도 소득 저하에 따른 패션 양극화의 한 현상이다. 부에 따라 선진국에서 만든 옷과 개도국이나 저개발국가에서 만든 옷을 입어야 하는 상황 역시 부자 나라와 가난한 나라로 구분하는 현실을 그대로 반영하고 있다. 소득 격차가 제품의 생산국까지도 결정해버리는 소비행태가 나타난다는 것은 양극화가 모든 일상을 지배하는 실증인 것이다.

　경쟁력 있는 기업, 경영혁신, 기업 활동의 보장, 해외자본의 자유로운 이동, 국가 기반산업의 육성 등은 세계화의 밝은 면을 대표한다. 그러나 세계화를 위해 희생되어야 하는 어두운 면은 인건비를 줄이기 위한 대량해고, 정규직 노동자의 축소, 비정규직이나 임시직 노동자의 대체 등이거나, 해외자본에 의한 국내 자본의 위축과 자본의 종속화가 발생하기도 하며, 국가 기간산업의 육성을 위해 국민의 의식주에 관련된 농수산업이나 패션산업 등을 도태시키고 해외의존도를 높여야 하는 것 등이다. 산업과 노동, 국민과 기업에서 있는 쪽과 없는 쪽을 만드는 것이 양극화의 솔직한 모습이기 때문에 건강한 나라를 위한 기반인 중산층이 줄어들 수밖에 없다.

경제의 양극화는 모든 면에서 양극화를 재생산한다. 패션도 예외가 아니다. 그런데 더 어려운 문제는 이런 상황이 지속될 가능성이 크다는 것이다. 사회의 양극화를 해결하지 못하면 국민의 삶이 확연히 구분되는 두 가지 방식으로만 존재할 수밖에 없다는 것이 이제 분명하게 되었다. 특히 한국사회의 천민 자본주의적 특성과, 한번 일기 시작하면 걷잡을 수 없는 냄비근성이 이러한 양극화를 떠받칠 때 사회 전체는 소수의 가진 자들만이 살아남을 수 있다. 모든 사람이 함께 할 수 있고, 있는 그대로의 모습으로 인간다울 수 있는 다극적이고 다원적인 패션사회의 도래는 요원한가.

04

경제적 욕망과
막장사회의
경계에 놓인
패션

2007년 제 17대 대선의 화두는 '잃어버린 10년'을 보상해 줄 경제적 가치의 증대와 부를 보장하겠다는 '경제 대통령'이었다. 그렇게 하여 수많은 지역개발정책을 펴고, 국민의 재산을 증식시켜주겠다는 '욕망의 정치'가 작동하여 이명박 대통령이 당선되었다. 청계천 개발의 '신화'는 BBK를 비롯하여 군 미필, 비리 백화점 같은 도덕적 흠결을 덮어버렸고, 국민들은 성공한(?) CEO 출신 대통령에 환호하였다. 이로써 한국 사회는 경제 대통령의 이미지에 걸맞는(?) 개발이 난무하였고, 목표를 위해서는 과정상의 웬만한 흠결은 그다지 문제가 되지 않는 막장사회로 가게 되었다.

한국 사회에서 경제적 욕망이 민주적 가치를 앞선 사례는 많이 있다. 고무신 한 켤레에 소중한 한 표를 팔아먹은 일이나, 기득권층이나 중산층은 물론 서민층까지 자기 이해에 따라 민주주의를 왜곡했던 일도 비일비재했다. 2007년 대선은 이러한 한국 사회의 병폐를 총체적이고 집약적으로 보여준 사건이었다.

'어렌쥐'로 시작된 영어몰입교육, 자사고를 통한 무한 경쟁 사회로의 전환 등 일련의 흐름에서 최소한의 윤리조차 경제적 이해관계를 위해서는 눈감아줄 수 있는 것으로 인식되었다. 또 어떻게 성취하느냐보다는 어떤 지위에서 얼마만큼의 보수를 받느냐가 개인의 미래와 발전의 덕목이 된 것도 그즈음이었다. 지도자의 부도덕이 오히려 사회적 성공의 기준이 되자 이를 찬양하는 프로그램이 등장하고, 처세술이나 실용학문이 인문학보다 더욱 중요한 분야로 평가받기 시작하였다.

"강한 자만이 살아남는다"는 원칙은 "살아남는 자만이 강한 자다"로 바뀌었고, 이 원칙은 돈으로 가능할 수 있는 영역으로 치부되었다. 이러한 풍조는 개인의 삶의 방식마저도 바꾸어 놓았다. 불륜과 혼외정사, 겹사돈 등 얽히고설킨 가족관계를 다룬 드라마가 인기를 얻는 막장사회가 그렇게 시작되어졌다.

시대의 흐름처럼 패션도 혼란스러운 우리 사회의 가치관을 그대로 반영하여, 계층 사이가 구분되고 유행 패턴이 짧은 주기의 패션이 주류로 등장하였다. 아주 비싸거나 아주 싸거나 한 것이 소비 선택의 기준이 되었던 것도 그런 흐름과 무관하지 않다. 곧 소비계층의 특정화가 형성된 것도 바로 이 시기였다. 활황기나 부모들이 여유가 있던 때는 영유아들이 패션의 흐름을 좌지우지한 소비층이었지만, 2008년 이후 경제위기가 닥치면서 능력 있는 3,40대 싱글족이 패션 시장의 흐름을 좌우하였다.

골드미스나 루비(RUBY)족, 곧 신선함(Refresh), 비범함 (Uncommon), 아름다움(Beautiful), 젊음(Young)의 첫 글자로 조합한 RUBY족은 푸근하고 수더분한 전통적인 아줌마상이 아닌, 세련되고 자기만의 스타일을 고집하는 개성 만점의 40~50 대 여성을 일컫는다. 이들의 소비 풍조와 패션 흐름은 자기를 과시하는 개성에 그 특성이 있다. 이런 흐름은 경쟁사회에서 돋보여야 살아남고, 경제적 성공은 남성의 전유물이 아닌 것이고, 능력 있는 알파 걸, 여성들에 의해서도 사회가 주도될 수 있다는 사회 흐름을 보여주는 패션 경향이다.

골프와 등산이 한국인의 '국민 취미생활'이 된 점 또한 현 사회의 방향성을 그대로 보여준다. 골프는 돈만 있으면 다양한 인간관계를 추구할 수 있는 대중적 스포츠로 방향을 바꾸었고, 조기퇴직자나 실직자들이 즐겼던 등산도 전 세계 350여 가지가 넘는 아웃도어 브랜드 차림의 다양한 계층이 즐기면서 당당하게 자신의 신분을 표현할 수 있는 국민 스포츠가 되었다.

이와 더불어 한국 사회는 제도적 측면에서도 약자보다는 기득권을 가진 이들에게 유리한 조건이 지속적으로 만들어지고 있다. 사법고시, 외무고시 등 국가고시에 의한 선발제도의 폐지, 입학사정관제도에 의한 대학입시제도, 영어를 최우선으로 하는 선발기준과 영어 강의 강요 등이 그러한 사례일 것이다.

88만원 세대의 대학생들에게 '스펙'이라는 이름으로 끊임없이 새로운 것을 요구하고 있는 기성 사회는, 젊은이들에게 기성질서에 편입되기 위한 노력만을 강요할 뿐이다. 그들은 젊은이들이 미래지향적 가치관을 가진 자유롭고 창의적 인재가 되는 것을 두려워하고 있다. 곧 새벽부터 도서관에서 공부하고, 스펙 쌓기를 대학생활의 가장 중요한 목표로 삼거나, 안정적인 공무원 시험을 지향하는, 길들여지고 기성질서에 안주하는 평범한 소시민을 원하고 있는 것이다. 이와 같은 사회 환경에서 패션은 더 이상 창의적이거나 저항적이지 못하고, 기성질서와 조화를 이루거나 부수적 액세서리가 되는 길을 택하게 되는 것이다.

이는 인간의 행복이나 삶의 가치 기준을 지나치게 물질적이거나 경제적 부에 둘 때 바로 일어난다. 잘 산다는 것이 연봉이나 소득이 기준으로 되는 순간, 그렇지 못한 사람들에 의한 제반 사회적 문제는 돈으로 죽기살기 성공하고자 애썼던 자신에게 돌아온다는 진리를 일깨울 필요가 있다.

부와 가치를 지키기 위해서는 무엇보다 도덕적이고 윤리적인 기준과 원칙이 필요하다는 것을 이명박 정부를 통해 국민 모두 충분히 공감했을 것이다. 무한경쟁과 막장사회는 그저 그런 패션의 흐름이거나 시간의 흐름에 따라 조성되는 변동의 양상이 아님을 지난 이명박 정부를 통해 충분히 확인할 수 있을 것이다.

한국사회와
패션의
미래

2 0 1 2 년 은 한 국 사 회 의 미래를 결정하는데 상당
히 중요한 의미를 갖는 해였다. 제 19대 총선과 제 18대 대선이
치러진 분기점이라는 측면뿐만 아니라 싸이의 〈강남스타일〉이
미국을 비롯한 세계 음악계를 평정하다시피 한 해였으며, 한반
도 주변의 4대 강국의 정치권력 교체가 모두 완성된 해였다는 점
에서도 매우 의미 있었다. 박근혜라고 하는 정치인의 대통령 당
선은 무엇보다 미래에 대한 기대와 우려를 함께 담게 되는 상황
을 만들었다. 2008년 이명박 정권의 탄생 이후 전환기를 맞게 되
는 한국사회가 미래에 어떤 모습으로 투영될지 자못 궁금하지
않을 수 없다.

경제 대통령이라는 미명 아래 '욕망의 정치' 라 할 수 있을 만
큼 경제적 보상과 물질적 부의 증식을 해줄 수 있으리라는 굳건
한(?) 믿음 속에서 압도적 표(약 500만 표) 차이로 당선된 이명박
정권에 대해 많은 국민들이 기대를 가졌던 것도 사실이다. 그러

나 고소영 내각이라는 불명예, 미국산 소고기 수입에 대한 국민의 반대 등이 맞물리면서 새로운 사회 현상들이 등장하는 과도기적 상황이 오고, 이윽고 도래한 세계 경제위기는 한국사회를 걷잡을 수 없는 퇴화의 길로 밀어 넣었다.

이명박 정부는 대운하 사업을 접는 듯 하더니 안창호 선생까지 끌어들여 4대강 사업을 밀어붙였고, 결국 대한민국을 혼돈의 길로 몰아넣고 말았다. 거기에서 끝나는 것이 아니라 국가를 사적 이익 위해 이용하고, 정권 유지를 위하여 민주주의의 근간을 흔들고 대한민국의 정체성을 왜곡하면서 5년이라는 시간을 보냈다. 지금껏 이야기했던 수많은 주제들이 그다지 달라지지 않은 채 다시 전개될 수도 있는 상황에 이른 사실이 당혹스러운 것이다. 국가의 존재가 민주주의, 패션, 그리고 문화적으로 어떻게 작용할 수 있는지에 대한 설명이 시대만 바뀌어 반복되어야 한다는 점이 이 장을 마무리해야 하는 입장에서 당황스럽고 방향을 잡기 쉽지 않은 것이다.

그럼에도 불구하고 이명박 정부 5년을 사회문화적 관점에서 패션과 연관시켜 꼭 짚고 넘어가야 할 것이 있다. 정치적 문제들은 넘치고 넘쳐, 앞의 서술을 다시 한 번 반복한다 할지라도 모자랄 지경이겠지만, 패션의 사회문화적 면을 기술하기 위해서 지난 5년의 분석은 패션의 미래를 전망하는데 분명한 방향과 길잡이를 제공할 것이다.

이명박 정부에서 논란이 되었던 색깔은 어떤 것들이었을까? 가장 먼저 생각나는 것은 오렌지일 것이다. 따뜻하고 인간적인 색으로 알았던 오렌지가 아닌 오렌지라는 사실에 필자를 비롯한 많은 사람들이 놀랐다. 오렌지족이라는 이미지로부터 오는 부정적 이미지와는 달리, 따뜻하면서 인간 친화적인 색이었던 오렌지색이 경쟁 지향적이고 미국식의 천박함이 담긴 색이라는 것을 필자는 처음 알았다. 어쨌든 그 덕분에 우리 사회는 영어 교육과 영어 경쟁력의 열풍이 불었고, 국어를 경시하는 것을 넘어 급기야는 한글날을 공휴일에서 제외하는 일까지 벌어졌다.

두 번째로 등장한 색은 녹색이다. 이명박 정부는 녹색성장이라는 환경친화적 발전론의 모토를 국정의 주요 지표로 삼으면서 녹색을 모든 분야에 갖다 댔다. 녹색성장, 녹색에너지, 녹색먹거리, 녹색관광 등 이루 헤아릴 수 없는 분야에서 녹색이 대세를 이루게 되었다. 바야흐로 녹색 시대였다. 그런데 이를 어쩌란 말이냐. 필자에게 녹색은 파괴적이고 인위적이며, 관료적인 느낌이 너무 진하게 다가왔다. 결국 자연친화적이고 환경에 가장 가깝다고 생각하는 녹색이 우리 환경과 자연을 보호하는 것이 아니라 인위적이고 파괴적인 것으로 만든 것은 오렌지색만큼이나 파격적이었다. 이제 녹색은 인간에게 고통을 줄 수 있는 색이라는 의미로 받아들여지고 있다. 왠지 모를 거부감이 녹색을 통해 형성되었다고 하는 편이 맞을 것이다.

세 번째로 등장한 것은 빨간색이다. 이명박 정권 5년간 가장 파격적인 변신은 빨간색이었고, 이 색은 제18대 대통령 박근혜까지 연결된다. 집권 여당 한나라당은 2012년 새해 벽두부터 당의 절체절명의 위기를 당명 개정이라는 극약을 처분하여 새누리당으로 바꾸고, 아울러 당의 상징 색이었던 파란색을 빨간색으로 바꾸었다. 당명 개정이야 전신이었던 민정당 이후 위기에서 항상 있어 왔지만, 사람들을 경악시켰던 것은 파란색을 빨간색으로 바꾼 일이었다.

대한민국에서 빨간색이 어떤 의미인지는 세 살배기 아기도 잘 안다. 그런데 그런 색을 다른 사람도 아닌 빨갱이를 수없이 양산한 박정희 전 대통령의 딸이 당의 색으로 채용했다는 전대미문의 사건이 일어난 것이다. 빨갱이를 그토록 싫어하고, 선거 때마다 북풍이니, 종북이니, 공산당이니 하는 빨갱이 타령을 입에 달고 다니는 한나라당이 새누리당으로 당명을 바꾸면서 빨간색을 당의 색으로 채택했다는 사실은 천지개벽할 만한 변화였다. 그런데 더 재미있는 것은 국민들이 한나라당의 당명 개정을 진정성 있는 것으로 받아들였을 것이라는 점이다.

연찬회, 전당대회, 혹은 선거운동 기간 내내 빨간색 점퍼나 띠를 두르고, 혹은 빨간색 티를 단체로 입고 빨갱이들처럼 유세를 하거나 회의를 하는 새누리당의 모습을 접한 국민들은 빨간색이 주는 억압과 가위눌림에서 해방되었다는 착각을 했을 것이다. 사람 하나 바뀌지 않고, 정당의 강령이나 기본적 이데올로기의 색깔은 전혀 바뀌지 않았는데도, 국민들은 그들의 가식적이고 외형적인 변화를 야당인 민주당보다 낫게 평가했다. 정치가 이미지로 좌지우지 된다고는 하지만, 이 정도 가늠할 수 없을 만큼의 충격과 변화를 준 경우는 아마 신한국당을 만들기 위한 3당 합당 이외에는 없었을 것이다.

    그러한 변화는 박근혜에게 '선거의 여왕'이라는 타이틀을 지키게 해주었다. 새누리당은 예상을 뒤엎고 총선에서 제1당이 되었으며, 이를 기반으로 대선에서 대통령에 당선되었다. 빨간색이라는 적대적인 색을 자기에게 유리한 색으로 만들어낸 박근혜의 정치 감각은 패션에서 이야기되는 파격이나 반전의 극대화 효과를 제대로 재단한 천재적 수준이라고 할 수 있다. 새누리당이 빨간색이 갖는 이데올로기적 특성까지 버리지 않았음은 국민 모두 양대 선거 내내 충분히 감지했지만, 그들의 변신과 변화에 국민 대부분이 용서했다고 볼 수 있다. 그런 점에서 본다면 적어도 빨간색이 문화 안에서 차지하는 색조로서의 중요성이 더욱 커질 것이라고 어렵지 않게 예상할 수 있다.

    네 번째로 이야기될 수 있는 색은 보라색이다. 빨간색의 이데올로기적 특징을 고스란히 물려받은 색이 보라색이었다. 보라색은 이정희 전 대표의 통합진보당 상징 색이다. 통합진보당 문제는 지난 총선과 대선에서 이정희 대통령 후보자의 TV 토론회 등을 통해 충분히 알려져 있다. 전통적으로 종북주의 집단으로 평가받고 있는 통합진보당이 빨간색이 아닌 난해하고 가늠하기 힘든 보라색을 꺼내들고, 빨간색은 새누리당이 점하는 이 코미디 같은 정치상황은 색이 부여하는 이미지의 각인 효과가 너무나 크다는 것을 느끼게 해준 사건이기도 하였다. 좌파와 우파를 구분했던 빨간색과 파란색의 전통적 구분이 무너지고, 탈이데올로기적 색깔의 배합이 정당의 분화만큼이나 새롭게 재편된 2012년이었다.

다섯 번째로 기억에 남는 색은 노란색이었다. 노란색은 전통적으로 민주당의 상징 색이었고, 변화와 개혁의 이미지가 강한 의미로 각인되었다. 노무현 전 대통령의 열린우리당 시절부터 사용되었던 민주주의와 평화의 이미지가 강했던 그런 색이었다. 그런데 그 색이 어느 순간 용서받아야 할, 기억하고 싶지 않은 멸시와 수모를 상징하는 색으로 느껴지게 만들었다. 노무현 전 대통령의 서거 전까지 노란색은 쇠락과 패배를 의미하는 색으로 전락했었다. 그런 색이 다시 부활한 것은 아이러니하게도 노무현 전대통령의 서거였고, 그 대미는 문재인 민주당 대통령 후보와 안철수라는 대통령 후보직을 사퇴한 자연인이 대선을 앞두고 광화문에서 극적으로 만나 걸어주던 노란색 목도리였다. 그러나 결국 노란색은 부활하지 못하고 또 다시 패배와 실패로 귀착됨으로써 그 색이 갖는 본래의 귀엽고 따뜻하며 새로운 생명의 기운과 같은 느낌이 사라져 버렸다.

이명박 정부 5년을 훗날 역사가들이 어떤 평가를 내릴지는 정확하게 이야기하기 어렵다. 그러나 한 가지 분명한 것은 지금까지 많은 사람들이 희생하고 노력해서 얻었던 제도적 민주주의와 한국적 패션의 토대가 거의 붕괴하였다는 사실일 것이다.

패션이라는 측면에서의 이명박 정부의 극명한 퇴행성은 다양성의 기반이 되는 인터넷, 방송, 그리고 자유로운 의사표현 같은 패션의 기본을 구성하는 개념을 법과 질서라는 미명 아래 통제하고 규제하려 했던 일이다. 너무나 많은 사건들이 있었기에 일일이 거론할 수는 없겠지만, 불통과 통제, 그리고 왜곡을 위한 수많은 시도와 노력들만큼은 타의 추종을 불허할 만큼 대단했다. 한식의 세계화를 위해 대통령 부인이 나선 점이나, 녹색성장의 전도사를 자칭하고, 2000년대의 88만원 세대를 G20세대라고 부를 만큼 각종 유행어와 패턴을 만들어 낸 공로(?) 역시 작다고 할 수 없을 것이다.

'욕망의 정치'와 '옛날에 해봐서 아는데'로 이야기되는 얼치기 경험과 경륜의 지도자 이미지를 새롭게 만들어 낸 것도 흔치 않은 상황이다. 대학은 학문의 전당, 인생을 준비하는 추억과 낭만의 공간이 아니라 신입생 때부터 스펙을 쌓기 위해 노력해야 했고, 취업을 위한 필요한 간판 제작소로 만들어 버렸다. 이러한 상황이 모두 이명박 정부에서 시작된 것은 아니었지만, 적어도 이명박 정부가 상황을 심화시키고 악화시킨 것은 분명한 사실이다. 정규직보다는 비정규직이 넘쳐나고 아르바이트 등으로 생활해야 하는 젊은층의 증가는 패션의 자생력이나 발전의 토대를 약화시킬 수밖에 없는 요인임에 틀림없다.

참여와 열정이 넘치는 젊은이나 여유와 중후함을 느낄 수 있는 중년은 더 이상 없을 만큼 사회 분위기와 계층적 건전성이 크게 추락하였다. 경제위기 시대에 한국만큼 외형적 성장과 경제 발전을 이룬 나라가 없다고 평가할 수도 있지만, 양극화와 전반적인 민주주의의 후퇴, 21세기 국가경쟁력의 약화나 비전의 부족은 대한민국의 미래에 부정적 전망을 지배적이게 할 수밖에 없다.

이명박의 뒤를 이은 박근혜 정권 초기의 모습도 크게 다르지는 않다.

먼저, 법과 질서를 중시하는 권위주의로의 회귀로 사회 전반의 분위기는 패션에서도 보다 엄격하고 권위적인 스타일이 대세를 이루었다.

두 번째, 박근혜 대통령과 주변 사람들의 면면을 보면 1960, 70년대의 복고풍이 더욱 기승을 부리고 있다. 이는 박근혜 대통령이 아버지인 박정희를 기리는 '잘 살아보세'나 '새마을운동' 같은 것을 강조하고 복원하는 데서도 알 수 있다. 아버지 시대에 대한 향수를 자극하고, 어머니의 단아하고 자애로운 이미지를 강조하는 패션이 부각될 수 있을 것이다.

세 번째, 이미지 정치를 통한 신비주의가 하나의 흐름과 유행으로 자리 잡았다. 현재의 정치 상황이나 박근혜 대통령의 스타일을 본다면 앞으로도 크게 변할 가능성은 없다. '대통령 따라하기' 스타일이 사회 전반의 주요한 패션 기준과 척도가 될 수 있을 것이다.

네 번째, 경제는 더욱 어려워질 것으로 예상되기 때문에 IMF 시대 이후로 돌아가 근검절약 정신이 반영된 상품과, 기존 의류나 물건을 리폼하거나 변형해서 사용하는 재생 패션이 유행할 수 있다. 특히 이러한 흐름은 패션의 양극화를 심화시킬 가능성이 높을 뿐만 아니라, 상위 계층에서도 부분적 패션에 계층적 분화가 발생할 것이다. 부자들에게는 폭넓은 패션 선택의 가능성이 높아지겠지만, 그 외에는 협소하고 단순한 패션 제품의 유통을 예상할 수 있다.

여섯 번째, 국내 시장과 패션의 다양성은 한국인에 의해 소비되기보다는 한류나 한국적 패션을 선호하는 세계인들이 더 찾게 될 것이다. 그 때문에 외화내빈형 패션의 흐름이 이어질 가능성도 높다.

그 외에도 다양한 영역에서 예측 가능한 전망들이 있겠지만, 패션이 갖는 예측 불가능성에 따른 가변성이 더욱 클 수밖에 없다는 점이 중요하다. 현재의 한국 패션의 수준을 고려한다면 제2의 싸이나 전통 한국의 미가 세계 패션계의 중심에 우뚝 설 수 있을지도 모를 일이다. 뜬금없는 이야기일지 모르지만 한국 패션과 한국적 패션이 더 이상 변방에 머무르지 않고, 세계적 문화 아이콘으로 성장함으로써 문화적으로나 패션의 세계에서만큼은 대한민국만의 색깔과 스타일을 창출할 수도 있다.

글을 마무리지으면서 이 책이 한국적 글로벌 패션의 도래에 끊임없는 아이디어를 제공할 수 있는 원천이 되기를 소박하게나마 바란다.

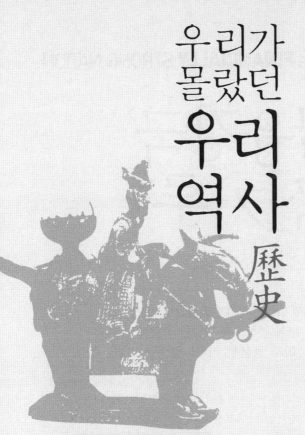

우리가 몰랐던 우리 역사 歷史

나라 이름의 비밀을 찾아가는 역사 여행

한반도에 존재했던
고구려, 백제, 신라 삼국부터
대한민국까지 국호에 대한 연구서

**우리가 간과하고 있던 우리 역사와,
중국과 일본이 왜곡·날조한 동아시아
역사에 대해 새로운 인식을 갖는 계기!**

우리 역사에 직간접으로 영향을 끼쳤던 일본과 중국 땅에서 흥망성쇠 했던 국가들의 국호에 대해서 살펴보면서, 이들 국가들이 추구하고자 했던 국격과 정체성을 알아본다. 그 결과, 고구려는 태왕국이자 동아시아의 맹주로서 팍스 코리아나(Pax Koreana) 세계를 형성했고, 백제는 대해상제국이었으며, 발해와 고려는 황제국이었다는 장중하고 당당한 우리 역사가 드러난다. 전라도는 훈요십조에서 말하는 배반의 땅이 아니라 유사 이래 지금까지 한반도를 굳건하게 지탱했던 충절의 땅이며, 우리나라 제1성씨 김씨는 황금을 뜻하는 '금' 씨였다는 사실도 확인할 수 있다. 조상들이 남겼던 하늘을 찌르는 눈부신 역사와 자부심을 우리 아들딸들에게 전해주어 그들이 다가오는 동아시아 시대에 당당한 주역이 되었으면 한다.

송 성표 지음
값 18,000원

학민사
Hakmin Publishers

The MIRAGE of a FINANCIALLY STRONG NATION

'금융강국' 신기루

지은이 | 김학렬

**'금융강국 건설'이라는 신기루에 홀려 나라 전체가
경제위기 국면에 봉착하게 되었던 상황에 대한
입체적 분석이자 생생한 기록! 엄중한 고발!**

이 책은 금융 강국 건설이라는 신기루에 홀려 우리실정에 맞지 않는 제반정책을 무리하게 추진한 결과 우리나라 금융기관들의 건전성이 현저히 약화되고 나라전체가 거의 외환위기 국면에 봉착하게 되었던 상황에 대한 최초의 역사기록이자 엄중한 고발로서의 의의를 갖는다.

저자의 30년이상 재직한 한국은행에서의 실무 경험과 대학에서의 연구 강의 경험을 살려 차분하고 생생하게 이야기보따리를 풀어 나가고 있는 점이 이책의 장점이다. 전공자가 아니더라도 국민이라면 누구나 꼭 알아야 할 정책들에 대해 알기 쉽게 읽을 수 있는 이 책을 통해 '금융강국 대한민국'의 허망한 꿈과 가혹한 현실에 냉철한 교훈을 얻을 수 있다.

판형 | 신국판
면수 | 416면
값 | 19,000원

학민사
Hakmin Publishers　www.hakminsa.co.kr　전화 02-3143-3326~7　팩스 02-3143-3328